La Historia universal en 100 preguntas

La Historia universal en 100 preguntas

Luis E. Íñigo Fernández

Conoce toda la colección en:
Books.AmericanBookGroup.com

LA HISTORIA UNIVERSAL EN 100 PREGUNTAS

Fecha de publicación: Mayo 2023

Autor: © Luis E. Íñigo Fernández

Elaboración de textos: Santos Rodríguez

Copyright del editor de la presente edición:
© 2023 American Book Group

Copyright del editor original:
© 2023 Ediciones Nowtilus, S.L.

Fotografía de cubierta: © Wirestock / Freepik

Cualquier forma de reproducción, distribución, comunicación pública o transformación de esta obra solo puede ser realizada con la autorización de sus titulares, salvo excepción prevista por la ley. Para solicitar permisos, contactar con el editor en info@trialtea.com.

ISBN ABG: 978-1681656-72-4

Impreso en los Estados Unidos de América

AmericanBookGroup.com

A quienes buscan en el remoto pasado la luz que ilumine las espesas tinieblas del futuro.

Índice

¿Por qué un libro como este? 15

I. El alba de la civilización

    1. ¿Por qué no somos neandertales? 19
    2. ¿Por qué el ser humano se hizo agricultor? 23
    3. ¿Cómo surgieron los primeros jefes? 28
    4. ¿Por qué los jefes se convirtieron en reyes? 31
    5. ¿Y qué le pasó a la igualdad? 35
    6. ¿Cómo nació la religión? 39
    7. ¿Cómo surgió la escritura? 43
    8. ¿Cuál fue el origen de los imperios? 46
    9. ¿Por qué cayeron los imperios? 51
    10. ¿Por qué los griegos, siendo tan avanzados,
        no tuvieron su propio imperio? 54
    11. ¿Por qué los persas odiaban tanto a los griegos? 56
    12. ¿Por qué ganaron los griegos las Guerras Médicas? 59

II. La época clásica

13. ¿Cómo surgió la democracia? 63
14. Pero ¿era de verdad democracia? 66
15. ¿A qué se debió la enemistad
    entre Atenas y Esparta? 69
16. Y, entonces, ¿por qué no ganaron los atenienses
    la guerra del Peloponeso? 72
17. ¿Por qué el arte griego era tan diferente? 74
18. ¿Y por qué se inventó la filosofía? 77
19. ¿Cómo se explican las extraordinarias victorias
    de Alejandro Magno? 79
20. ¿Por qué los chinos edificaron la Gran Muralla? 82
21. ¿Por qué los romanos expulsaron a sus reyes? 85
22. ¿Por qué el pueblo romano
    terminó teniendo emperadores? 88
23. ¿Por qué se enfrentaron los cartagineses
    y los romanos? 92
24. ¿Qué hizo tan poderosas a las legiones de Roma? ... 96

III. La antigüedad tardía

25. Y entonces, ¿por qué cayó el Imperio romano
    de Occidente? 101
26. ¿Eran los «bárbaros» tan bárbaros? 105
27. ¿Por qué triunfó el cristianismo? 108
28. ¿Deberíamos decir que
    el cristianismo murió de éxito? 110
29. ¿Existió el rey Arturo? 113
30. ¿Por qué fracasó Justiniano en su empeño
    de restaurar el Imperio romano? 117
31. ¿Lo consiguió Carlomagno? 120
32. ¿Fueron acaso los musulmanes
    los auténticos herederos de Roma? 123

33. ¿Por qué los califas se mostraron incapaces
    de mantener unido su Imperio? 125
34. ¿Fue entonces la Iglesia la heredera de Roma? 127
35. ¿Por qué había monasterios
    en la Europa medieval? 131
36. ¿Es lo mismo feudalismo que régimen señorial? 133
37. ¿Cuál fue el origen de los siervos medievales? 137

IV. La Edad de las Tinieblas

38. ¿Fue el Medievo en realidad
    la Edad de las Tinieblas? 141
39. ¿Por qué peregrinaban los europeos? 144
40. ¿Por qué resurgieron las ciudades en la Edad Media? ... 147
41. ¿Cómo era la vida del pueblo llano
    en la Edad Media? 150
42. ¿Cuáles fueron las causas de las cruzadas? 152
43. ¿Por qué se enfrentaron el emperador y el papa? 155
44. ¿Por qué la batalla por el poder
    en la Europa medieval la ganaron los reyes? 158
45. ¿Por qué la peste negra mató a uno de cada
    tres habitantes de Europa en el siglo XIV? 160
46. ¿Por qué triunfó el arte gótico? 164
47. ¿Por qué proliferaron las herejías
    en el otoño del Medievo? 166
48. ¿Por qué duró más de cien años
    la guerra de los Cien Años? 169
49. ¿Por qué los aztecas practicaban el canibalismo? 173

V. Descubrimientos y reformas

50. ¿Por qué se «descubrió de nuevo»
    América en el siglo XV? 177
51. ¿Y por qué la descubrieron los españoles? 180

52.	¿Qué fue la revolución de los precios?	184
53.	¿Qué era la alquimia?	186
54.	¿Cuál era la mentalidad de los hombres y las mujeres del Renacimiento?	190
55.	¿Por qué se enfrentó Lutero al papa de Roma?	192
56.	¿Qué provocó las guerras de religión?	195
57.	¿A qué debió España su hegemonía en Europa?	197
58.	¿Y por qué fue tan intensa la decadencia de España?	200
59.	¿Fue en realidad el siglo XVII un período de crisis en Europa?	204
60.	¿Qué provocó la guerra de los Treinta Años?	207
61.	¿Por qué fracasó en Inglaterra la monarquía absoluta?	211
62.	¿Y por qué triunfó el absolutismo en el resto de Europa?	214
63.	¿Por qué el arte barroco es tan recargado?	217

VI. La era del liberalismo

64.	¿Por qué decimos que el XVIII fue el Siglo de las Luces?	221
65.	¿Qué fue el despotismo ilustrado?	224
66.	¿Por qué cambió la actitud de la burguesía en las postrimerías de la Edad Moderna?	226
67.	¿Por qué se alcanzó el equilibrio entre las grandes potencias en el siglo XVIII?	230
68.	¿Por qué la Revolución Industrial empezó en Inglaterra?	233
69.	¿Por qué una vez que comenzó, ya nadie pudo parar la Revolución Industrial inglesa?	237
70.	¿Por qué se rebelaron contra Inglaterra los colonos norteamericanos?	240

71. ¿Por qué los colonos españoles
    imitaron a los norteamericanos? 243
72. ¿Por qué estalló la revolución en Francia? 247
73. ¿Por qué la revolución
    estalló tan tarde en Rusia? 250

VII. La Primavera de los Pueblos

74. ¿Por qué Napoleón humilló a toda Europa? 255
75. ¿Por qué Napoleón
    fue vencido por los españoles? 258
76. ¿Qué pretendió hacer el Congreso de Viena? 261
77. ¿Eran iguales todos los nacionalistas? 265
78. ¿Por qué creció tanto la población
    en el siglo XIX? 269
79. ¿Cuál fue el origen del movimiento obrero? 271
80. ¿Quiénes fueron los socialistas utópicos? 275
81. ¿Por qué los anarquistas y los marxistas
    se odiaban tanto? 278
82. ¿Y qué opinaba la Iglesia católica
    de la cuestión social? 282

VIII. El fin del antiguo orden

83. ¿Por qué los europeos se convirtieron
    en dueños del mundo? 285
84. ¿Cuáles fueron las causas
    de la Primera Guerra Mundial? 289
85. ¿Y por qué perdió Alemania la Gran Guerra? 293
86. ¿Por qué hubo por fin una revolución en Rusia? ... 296
87. ¿Por qué fueron tan felices los años veinte? 300
88. ¿Qué provocó la Gran Depresión? 303
89. ¿Por qué un maestro de escuela

	se convirtió en el amo de Italia?	306
90.	¿Por qué un simple cabo se convirtió en dictador de Alemania?	310
91.	¿Por qué Gran Bretaña y Francia no detuvieron a Hitler?	314
92.	¿Por qué fue tan distinta la Segunda Guerra Mundial?	317

IX. *Quo vadis, humanitas?*

93.	¿Por qué se produjo la descolonización?	321
94.	¿Por qué cuando acabó la colonización dio comienzo el neocolonialismo?	324
95.	¿Cuál fue el origen del feminismo?	326
96.	¿Qué fue la Guerra Fría?	330
97.	¿Y quién la ganó?	333
98.	¿Por qué quieren unirse los europeos?	336
99.	¿De verdad ha llegado el fin de la historia?	339
100.	¿Se aproxima el fin de la humanidad?	343

Bibliografía 347

¿Por qué un libro como este?

Parece una pregunta obligada. En un mercado editorial tan saturado como el español actual, con más de setenta mil nuevos títulos cada año, muchos de ellos dedicados a la historia, es necesario justificar la necesidad de uno más. Y estoy convencido, querido lector o lectora, de que este que ahora sostiene en sus manos o ha llamado su atención desde las estanterías virtuales de internet, quizá dudando si adquirirlo o no, es necesario, interesante, entretenido y útil. O al menos esa fue mi meta cuando lo escribí.

Las tres últimas virtudes serán quienes lean este breve libro los que han de juzgar si las posee o no; respecto a la primera, creo que les debo una explicación. ¿Por qué considero necesaria una obra como esta? Sencillamente, porque no existe ninguna similar en el terreno de la historia.

La hay, dese luego, y magnífica, en el de las ciencias naturales. Isaac Asimov, gran divulgador científico, amén de maestro consumado de la ciencia ficción, publicó ya hace más de cuatro décadas sus *Cien preguntas básicas sobre la ciencia*, una obra muy breve, de poco más de trescientas páginas, que ha ayudado en buena medida a incrementar la cultura científica de los profanos del mundo entero.

En el terreno de la historia existen, por supuesto, buenas obras de síntesis. Se trata, casi siempre, de crónicas de la humanidad en un solo volumen que, con ambiciosas o humildes pretensiones literarias, pueden servir de manera excelente como introducción al conocimiento del pasado, o como mero divertimento erudito, pero sin duda han venido a mejorar también el saber histórico de muchos lectores, aficionados o no a la disciplina. Pero su formato es el de una narración continua; si se responden preguntas que pueden surgir en la mente de quien a ellas se acerca, no es de modo sistemático y explícito. Y esto supone un problema: a veces el lector no se hace las preguntas adecuadas y a veces se las hace, pero quedan sin respuesta.

En los últimos años han proliferado también libros que, aunque resultan en apariencia similares a los anteriores, son, a mi entender, todo lo contrario: una suerte de reverso tenebroso y perverso de la literatura de divulgación. Se trata de los célebres *Los mil libros que todo el mundo debería haber leído...* Desde mi punto de vista, por supuesto del todo personal y sin pretensiones de infalibilidad, estas obras ponen en evidencia algo muy triste sobre la sociedad actual. A diferencia de los otros, que pueden y deben servir de introducción culta a lecturas posteriores, e incluso, cuando están bien escritos, animan a llevarlas a cabo, estos libros alimentan una peligrosa tendencia en imparable crecimiento en los últimos tiempos: el adocenamiento y la superficialidad de la actual cultura de masas.

En un mundo como el actual, en el que tantas personas, víctimas del estrés y los horarios laborales irracionales, no son capaces de encontrar tiempo para la lectura, libros como esos pueden servir para aparentar que se posee el mínimo de conocimiento que llevaría mucho tiempo adquirir por medios convencionales, esto es, leyendo las obras, ya originales, ya de alta divulgación, que permiten adquirirlo de verdad. Su resultado se aprecia enseguida en las charlas de café y las tertulias de salón, pero no donde debe apreciarse de verdad: en la formación de una opinión propia sobre la realidad, en la actitud, en fin, de las personas hacia el mundo que les rodea.

Y eso es, precisamente, lo que este pequeño libro persigue: ayudar a quienes lo lean a comprender mejor el mundo en el que viven, a formarse opiniones propias sobre él. Porque interrogarse sobre el pasado es interrogarse sobre el presente, y comprender la historia es comprendernos mejor a nosotros mismos, no como individuos, pero sí como sociedad. Y es que, como ya escribiera José Ortega y Gasset, los seres humanos no tenemos naturaleza, tenemos historia.

Almorox, Toledo, 15 de julio de 2016

I

EL ALBA DE LA CIVILIZACIÓN

1

¿POR QUÉ NO SOMOS NEANDERTALES?

Quizá, de algún modo, sí lo somos, aunque no tengamos conciencia de ello. De hecho, muchas preguntas fundamentales sobre la evolución humana se encuentran todavía muy lejos de contar con una respuesta definitiva. Una de ellas es esta: ¿cómo terminó la larga, y bastante intensa, relación entre nuestros hermanos neandertales y nosotros, esa especie que, con tan poco pudor, hemos llamado *Homo sapiens*? O, en otras palabras, ¿por qué no fueron ellos los que sobrevivieron?

Empecemos por recordar aquello en lo que la gran mayoría de los científicos está de acuerdo: las dos últimas especies humanas sobre la faz de la tierra, los neandertales y los sapiens, descienden de un único antepasado común. Se trata del denominado *Homo heidelbergensis*, un individuo que nos resulta muy bien conocido gracias, sobre todo, a los más de treinta ejemplares casi completos descubiertos en el más célebre yacimiento paleoantropológico de Europa: la Sima de los Huesos de Atapuerca, cerca de la ciudad española de Burgos, aunque su nombre, como no resulta difícil suponer, derive de

Reconstrucción de un hombre de neandertal elaborada por Viktor Deak en 2012. Para ello el célebre paleoartista norteamericano tomó como base los restos de un individuo encontrado en Francia en 1909 en la cueva de La Ferrassie y llenó los huecos con copias de huesos de otros individuos hallados en muchos otros lugares para lograr un esqueleto completo. Luego aplicó las técnicas forenses de reconstrucción facial más avanzadas y obtuvo el resultado que se muestra en la imagen.

la localidad alemana de Heidelberg donde fueron hallados, en fecha tan temprana como 1907, sus primeros fósiles conocidos. En cualquier caso, estos antiguos humanos eran seres magníficos, con un cerebro medio de 1.250 centímetros cúbicos, casi equiparable al del humano moderno, y un cuerpo que, en los individuos de sexo masculino, podía alcanzar 180 centímetros de estatura y un peso cercano a los cien kilogramos.

Pero no fue en Europa, sino en África, donde dieron sus primeros pasos, creemos que en torno a seiscientos mil años antes del presente. Allí, mimados por su suave clima y sus abundantes recursos naturales, permanecieron nada menos que cien mil años, diseminándose poco a poco por todo el continente, hasta que hace unos quinientos mil años desbordaron por fin sus límites y comenzaron a moverse poco a poco por Europa y Asia.

En Europa se encontraron con un mundo muy distinto al que conocían. El que ahora es nuestro hogar era entonces, en plena Edad del Hielo, un lugar inhóspito y exigente, de inviernos largos, días cortos y escasas y tímidas plantas que se dejaban recolectar sólo durante unos pocos meses al año. Aquel páramo helado sólo ofrecía una fuente más o menos segura de alimentos: la carne. Por ello, el *Homo heidelbergensis* no tuvo otra alternativa que la de convertirse en un experto cazador. Diseñó mortíferas jabalinas, desarrolló complejas tácticas de acoso a las presas y selló con más fuerza, en torno al fuego de sus cuevas, una cohesión social que le permitió sobrevivir en un entorno tan adverso.

Su vida había comenzado a cambiar; pronto lo harían también su cuerpo y su mente. En África, donde se habían quedado los más afortunados, el pasar de las generaciones y el caprichoso azar de las mutaciones genéticas los convirtió en una nueva especie, más inteligente, esbelta y grácil: el *Homo sapiens*; en Europa, el frío pertinaz de las glaciaciones hizo de ellos esos individuos achaparrados y corpulentos, de potentes músculos y robustos huesos, que conocemos como neandertales.

Pasaron centenares de milenios sin que las dos especies hermanas llegaran siquiera a conocerse. Los neandertales se erigieron en señores incontestables de una Europa glacial a la que se hallaban perfectamente adaptados. Su nariz, ancha y prominente, les permitía atemperar el aire frío antes de introducirlo en sus pulmones, previniendo así las afecciones respiratorias. Sus dientes, en especial sus fuertes y grandes incisivos, arrancaban sin esfuerzo los pedazos de carne que les aseguraban la energía necesaria para mantener calientes sus grandes cuerpos en un ambiente casi siempre gélido. Su fuerza física, su gran cerebro y su notable capacidad para la elaboración de eficaces instrumentos líticos hacían de ellos expertos y letales cazadores. Sus fuertes lazos sociales, su sensibilidad hacia los enfermos y los impedidos, y las trascendentes preguntas que sin duda brotaban en la intimidad de su espíritu acerca del sentido de la vida y la cruel inevitabilidad de la muerte los convertían en seres que merecían el apelativo de humanos al menos tanto, o quizá tan poco, como lo merecemos nosotros mismos. Aunque su extrema dureza les impusiera en ocasiones temporadas de escasez que han dejado terribles huellas en sus restos fósiles, ninguna amenaza parecía capaz de perturbar su perfecto dominio del medio en el que habitaban.

Sin embargo, no fue así. El rival que terminaría por desplazar a los neandertales del escenario de la historia crecía en silencio en las cálidas tierras del sur. En África, el *Homo sapiens*, que se había mantenido hasta entonces confinado en su hogar originario, comenzó a moverse. Cincuenta mil años antes del presente, nuestros remotos antepasados dieron principio a la conquista del mundo. Poco a poco, en una marcha lenta pero continua, nutridas oleadas de inmigrantes africanos penetraron en Europa por tierra, a través del Cáucaso. Los antiguos dueños del continente, en el que habían vivido solos por completo durante más de cuatrocientos mil años, se toparon de repente con seres a un tiempo semejantes y distintos, y enseguida dedujeron que en los profundos ojos de aquellos individuos altos, delgados y de extrañas cabezas brillaba una inteligencia al menos tan poderosa como la suya.

Durante doce mil años, ambas especies convivieron. A lo largo de un período tan dilatado, los contactos entre ellas tuvieron por fuerza que ser frecuentes y estrechos, y fecundos los intercambios culturales. Como sucede siempre con los humanos, la discordia y la amistad, la alianza y la afrenta, sin duda se sucedieron con irregular cadencia. Quizá, en ocasiones, hubo incluso momentos de amor, encarnados en fósiles de individuos en los que conviven rasgos propios de ambas especies, aunque en modo alguno terminaran estas por fundirse en una sola.

Lo que sucedió fue todo lo contrario. Poco a poco, los grupos de *sapiens* fueron ocupando el territorio europeo mientras los clanes neandertales iban retirándose con igual parsimonia, hasta que terminaron por concentrarse en unos pocos enclaves aislados. Finalmente, hace sólo unos veinticuatro mil años, las hogueras acallaron para siempre su crepitar en la remota cueva de Gorham, el último reducto habitado por neandertales, cerca del peñón de Gibraltar, al borde del mar y del olvido. El *Homo sapiens* se había quedado solo.

¿Qué sucedió? ¿Acaso nuestros ancestros eran tan belicosos como nosotros y no cejaron hasta dar muerte al último de sus hermanos neandertales? No parece que fuera así, al menos no se han hallado evidencias arqueológicas que permitan afirmarlo. Más bien debió de tratarse de una mera cuestión de respuesta a los retos del entorno natural. Aunque los neandertales, verdaderos «hijos del hielo», habían logrado una perfecta adaptación al inhóspito entorno de la Europa glacial, nuestros ancestros africanos pronto la superaron. El crecimiento, paulatino pero continuo, de la población y la consiguiente escasez de recursos hicieron el resto: sólo los mejores sobrevivieron, y los mejores eran los *sapiens*.

Pero ¿por qué? ¿Cómo pudieron aquellos individuos de piel oscura, cuerpo frágil y estrecha nariz, recién llegados de tierras cálidas, competir con mayor éxito que los venerables «hijos del hielo» en el invierno casi perpetuo de la Europa glacial? El debate sigue abierto. Una de las razones podría encontrarse en su mayor capacidad para la cooperación, tanto entre individuos como entre grupos, así como en la mayor perfección de su tecnología lítica, que les permitía fabricar herramientas más eficientes. La palabra pudo quizá desempeñar un papel fundamental en todo ello. Gracias a una laringe más idónea para la producción de sonidos articulados, el *Homo sapiens* era capaz de desarrollar un lenguaje más rico y complejo que facilitó en gran medida que sus clanes fueran, en circunstancias similares, mucho más eficientes que los neandertales a la hora de obtener recursos. Pero no debemos tampoco despreciar el efecto de los factores de índole evolutiva. Cuando sus poblaciones llegaron a ser lo bastante pequeñas, la dificultad de los neandertales para limpiar mediante cruces las taras genéticas pudo convertirse en un problema tan grave que terminó por abocar a la especie a la extinción. Por suerte o por desgracia, no, no somos neandertales. Como sabemos hace tan solo unos años, algo queda en nosotros, en nuestros genes, de aquella especie poderosa y longeva que holló con sus pisadas los campos de la Europa glacial. Pero aunque así no fuera, para bien o para mal, ambos somos humanos.

2

¿POR QUÉ EL SER HUMANO SE HIZO AGRICULTOR?

Parece una pregunta fácil, pero es muy probable que la mayoría de nosotros le diéramos una respuesta equivocada. Por desgracia, nuestros prejuicios culturales entorpecen a menudo nuestro entendimiento sin que lleguemos siquiera a darnos cuenta de ello.

Algo parecido les sucedía a las gentes de los siglos XVIII y XIX, cuando la historia científica empezaba ya a dar sus primeros y torpes pasos. En aquellos años ingenuos en los que la Revolución Industrial y el triunfo del liberalismo parecían garantizarle a la humanidad un futuro de progreso indefinido, los intelectuales burgueses se permitían aún el lujo de ser optimistas. Para ellos, la historia era, más allá de cualquier duda, un proceso ascendente y positivo. Su ritmo podía verse de vez en cuando ralentizado por alguna crisis económica, o incluso frenado por la aparente victoria de las fuerzas de la reacción, pero se trataría siempre de una parada momentánea, casi un mero descanso del que la humanidad saldría con fuerzas renovadas, dispuesta a continuar con su desarrollo imparable. Incluso la Edad Media, que se extendió durante un milenio, podía ser considerada, desde este punto de vista, un simple parón, aunque, eso sí, un poco más largo de lo habitual, en la marcha del ser humano hacia un futuro mejor.

Pensando de ese modo, no debe sorprendernos que aquellos historiadores tendieran a interpretar de forma casi mecánica todo cambio duradero experimentado en el pasado por la sociedad humana como un testimonio de su progreso global. Y, en última instancia, la aparición de la agricultura hace diez mil años en algunas regiones del Próximo Oriente –de otras tierras más alejadas de Europa ni se acordaban– no sería sino el primero, y quizá el más importante, de esos cambios.

En palabras sencillas, para los primeros historiadores burgueses, la humanidad dejó sin más un buen día de errar de un lugar a otro en pos de las manadas de animales salvajes que le daban sustento y se cansó de recolectar pacientemente las raíces, frutos y bayas que venían completando su dieta desde hacía millones de años. Lo hizo porque, al fin, después de muchos intentos, había descubierto la forma de cultivar la tierra y criar ganado. Como estas actividades garantizaban a los seres humanos una alimentación más segura y abundante, las abrazaron con entusiasmo y dejaron para siempre de ser cazadores y recolectores; se establecieron en un lugar fijo, construyeron aldeas y, en suma, empezaron a caminar por una senda, la del progreso, que no abandonarían jamás. El salvajismo, como se decía en aquella época, había dejado paso a la barbarie. Era mera cuestión de tiempo que tras ella llegara la civilización.

Reconstrucción del poblado neolítico de Hacilar, en la actual Turquía. Fundado hacia el octavo milenio antes de nuestra era y formado por viviendas de madera y adobe con argamasa de cal, es uno de los poblamientos humanos estables más antiguos del mundo.

Pues bien, se preguntarán ustedes, ¿es que acaso no eran correctas las teorías de aquellos primeros historiadores? ¿No fue un progreso incontestable para la especie humana la invención de la agricultura y la ganadería? ¿No se hizo el hombre agricultor y ganadero tan pronto como dominó las técnicas necesarias porque su vida mejoraba objetivamente con ello?

Pues no, no sucedió así. En primer lugar, la vida del agricultor no tiene por qué ser mejor que la del cazador y, en la mayoría de los casos, no lo es. Como bien sabemos hoy gracias al estudio de las sociedades actuales que viven aún de ese modo, los pueblos cazadores y recolectores que cuentan en su entorno con recursos suficientes destinan muy poco tiempo al trabajo. Sus jornadas transcurren en un ocio casi permanente que entretienen comiendo, bebiendo, danzando, manteniendo escarceos sexuales o, por qué no, acicalándose. Cuando, pasado el tiempo, la comida se termina, unos pocos de ellos, por turnos, salen del poblado y recolectan o cazan lo suficiente para unos días más. Y vuelta a empezar. Como la comida les sobra y no conocen la manera de almacenarla mucho tiempo ni de prohibir el acceso a ella –al campo no se le ponen puertas, como dice el refrán–, no se necesitan jefes ni impuestos, ni tampoco soldados, policía o jueces. Cuando hay conflictos se resuelven de modos diversos, casi siempre pacíficos. En algunas culturas se trata al infractor o al vago como si, literalmente, no existiera, considerándolo invisible durante un tiempo, o incluso para siempre. Otros pueblos, más originales o sensibles, organizan duelos de canciones para determinar quién tiene razón en una disputa. Casi nunca se llega a las manos. Dado que no existen apenas bienes materiales distintos de los de uso personal, no hay tampoco motivos para los enfrentamientos serios. En estas culturas, la violencia es una excepción, y la guerra, las más de las veces, un juego ritual en el que la sangre, por decirlo de forma sencilla, no suele llegar al río.

    La vida transcurre de forma del todo distinta en las sociedades de agricultores y ganaderos. Frente al ocio casi continuo de los cazadores y recolectores, los pastores y campesinos casi siempre tienen mucho que hacer y bastante de lo que preocuparse. Para empezar, deben preparar la tierra para la siembra, oxigenándola y arrancando de ella las malas hierbas. Después han de esparcir las semillas, asegurándose de que los pájaros o los herbívoros no se dan con ellas un festín. Toca luego mirar al cielo, suplicando lluvia y buen tiempo a las caprichosas deidades que lo gobiernan. Y, si todo ha ido bien y una helada que se retrasa o una tormenta que se anticipa no han terminado con las espigas, llega por fin el trabajoso momento de cosechar el grano, almacenarlo en los silos o graneros y separar de él lo necesario para garantizar la siembra del año próximo. La ganadería no es mucho menos exigente. Se necesita alimentar a las reses, incluso cuando las inclemencias del tiempo hacen imposible llevarlas hasta los pastos. Hay también que ordeñar a las hembras, seleccionar los ejemplares más aptos para la reproducción, esquilar la lana de ovejas y cabras, proteger los rebaños de los depredadores y, en fin, llevar a cabo una infinidad de tareas de mantenimiento y limpieza de las múltiples instalaciones que el ganado necesita.

Una y otra actividad presentan, además, dos problemas añadidos. El primero es la necesidad de realizar una enorme inversión de tiempo y recursos en la erección de viviendas estables, almacenes y graneros, cercados y majadas, caminos y muchas otras infraestructuras que la agricultura y la ganadería requieren para el desarrollo de sus actividades. El segundo es la urgencia de defender todo ello de las posibles agresiones exteriores. Como es fácil deducir, siempre habrá alguien –parece formar parte de la naturaleza humana– que prefiera beneficiarse sin esfuerzo del trabajo ajeno que arrimar el hombro para ganarse su propio pan con el sudor de su frente. Así, la agricultura y la ganadería traen de la mano la guerra, y la guerra exige guerreros, jefes que los manden y comida que los mantenga. ¿Es en verdad la vida del agricultor mucho mejor que la del cazador?

Y bien, dirán ahora ustedes, si las cosas no sucedieron de ese modo, ¿cómo sucedieron entonces? ¿Por qué razón se convirtió en agricultor el ser humano si no lograba con ello ventajas apreciables sobre la vida que venía llevando hasta entonces?

La respuesta es sencilla: porque no tuvo otra salida. De hecho, es probable que, al menos en algunos lugares donde existían las especies vegetales y animales adecuadas, como los cereales, la cabra y la oveja, los pueblos que allí habitaban conocieran desde mucho antes la manera de cultivar la tierra y criar ganado. Si no lo hicieron, fue porque no tenían ninguna necesidad de ello. La caza y la recolección les ofrecían una forma de vida mucho más cómoda y relajada.

De hecho, tan cómoda y relajada era que, a pesar de las enfermedades y la escasa esperanza de vida, la población humana creció hasta alcanzar, unos diez mil años antes del presente, un volumen importante. Además, los recursos, que habían sido muy abundantes, empezaron a escasear como resultado, ya entonces, del inesperado cambio climático. La sequía hizo que los animales grandes –la «megafauna», en un lenguaje más técnico– como el reno o el rinoceronte lanudo, emigraran hacia el norte o se extinguieran. Muchas especies vegetales desaparecieron también. Si querían seguir viviendo como hasta ese momento, los seres humanos tendrían que trabajar un poco más.

Eso hicieron. Los testimonios arqueológicos nos dicen que durante un par de milenios subsistieron cazando con mayor esfuerzo presas más pequeñas, recolectando frutos y raíces que antes habían despreciado, recogiendo en las costas el trabajoso marisco y, sobre todo, ofreciendo a otros grupos lo que les sobraba para obtener de ellos los recursos que no estaban a su alcance.

Por supuesto, no fue más que una solución temporal. El equilibrio entre la población y los recursos se había alterado. La humanidad se encontró ante un difícil callejón sin salida: o controlaba el crecimiento de la primera o aumentaba el volumen de los segundos. Como no conocía todavía métodos de control de la natalidad que no exigieran un desagradable sacrificio —el aborto, el infanticidio, la prolongación de la lactancia o la temida abstinencia sexual eran los únicos que se encontraban de hecho a su alcance—, no tenía otra salida que incrementar los recursos a su disposición. La caza y la pesca, incluso intensificadas como hemos dicho, ya no eran suficientes, así que los grupos humanos se vieron forzados a poner en práctica técnicas que con seguridad conocían desde mucho tiempo atrás, pero que hasta ese momento nunca habían necesitado. Contra su voluntad, y no por gusto, como creían los optimistas historiadores burgueses, la humanidad empezó a cultivar la tierra y a cuidar ganado. El inmovilismo había acabado. La historia daba sus primeros pasos.

3

¿Cómo surgieron los primeros jefes?

Aunque la sabiduría popular suele decir que siempre ha habido clases, esta afirmación dista mucho de ser cierta. De hecho, en las primeras sociedades humanas, los pueblos de cazadores-recolectores del Paleolítico, no sólo no las había sino que no podía haberlas.

Para que existan jefes, es decir, para que una persona o un grupo reducido de ellas puedan imponer su voluntad a los demás y obligarles a hacer cosas que no quieren, se requieren algunas condiciones que en estas sociedades primitivas no se daban. Para empezar, es necesario que el díscolo, el rebelde, el que se niega a acatar las órdenes, pueda ser castigado de algún modo lo bastante convincente para que la mayoría de las personas prefieran obedecer antes que exponerse a provocar las iras del cabecilla. Pues bien, en las sociedades del Paleolítico esto no sucedía. Cualquier individuo que se negara a prestar su obediencia no podría ser privado del acceso a los recursos, ya que estos —los animales salvajes, la pesca, los frutos, las bayas o las raíces— no podían someterse al control absoluto de un grupo de individuos ni mucho menos almacenarse en un granero con un soldado en la puerta.

En consecuencia, en las sociedades de este tipo no existen jefes, sino tan sólo individuos que gozan de algún tipo de ascendiente sobre el resto, las más de las veces como resultado de su valía personal y, en consecuencia, de su utilidad para el grupo. Así, los cazadores más hábiles, los hechiceros, o hechiceras, tenidos por poderosos o los más sabios entre los ancianos serían objeto del respeto general y obedecidos de buen grado. Podríamos decir que no poseen poder, ya que carecen de capacidad para obligar, pero sí autoridad, ya que son capaces de persuadir. De algún modo, representan esa forma natural de preeminencia que surge en el seno de lo que la sociología denomina *grupo de iguales*, y que se atribuye de manera espontánea —como bien saben los niños y los adolescentes— al individuo que demuestra poseer en mayor grado un rasgo que el grupo tiene en especial aprecio.

Mucho después, en las sociedades aldeanas de pastores y agricultores, las cosas empezaron a cambiar. Al principio, la igualdad entre las personas se mantuvo. Los campos de cultivo pertenecían a todos, y todos los trabajaban y tomaban cuanto necesitaban del almacén común. El trabajo estaba poco especializado. Cada familia labraba la tierra, tejía sus propias ropas y elaboraba las vasijas de arcilla que necesitaba en sus actividades cotidianas. En el mejor de los casos, los hombres siguieron mostrando cierta predilección por la caza mientras las mujeres prestaban más atención al cultivo de la tierra y el cuidado de los rebaños. Los sacerdotes también aparecieron pronto, pues la urgencia de aplacar en lo posible la caprichosa voluntad de los dioses de los que dependían las cosechas justificaba de sobra su existencia. Pero se trataba de una sociedad muy simple. No

El alba de la civilización

Imagen de Jericó (en la actualidad Tell es-Sultán, Palestina). El antiguo poblado neolítico contaba ya hacia el año 8000 a. C. con una muralla de tres metros de anchura y cuatro o cinco metros de altura, y una gran torre de diez metros de altura y unos cinco metros de diámetro. Las evidencias arqueológicas apuntan, pues, a que la guerra no debía de ser infrecuente en aquella época remota.

existían todavía las leyes. La costumbre y la sola autoridad de los ancianos bastaban para resolver los conflictos. Tampoco eran necesarios la policía ni los jueces. La violencia, por fortuna, continuaba siendo casi desconocida.

Pero, mejor alimentada, la población siguió creciendo y ocupando nuevas tierras. Pasado mucho tiempo, las zonas más productivas se agotaron, y algunos grupos hubieron de establecerse en terrenos marginales, menos adecuados para el cultivo, que exigían más trabajo a cambio de un rendimiento mucho menor. Pronto, la tensión entre grupos empezó a crecer. Nadie estaba dispuesto a renunciar a la tierra en la que había invertido tanto tiempo y esfuerzo, así que cada aldea y cada poblado se organizaron para defenderse de otros menos afortunados o con menos ganas de trabajar. Al principio, todos tomaban las armas cuando era necesario y las dejaban cuando regresaba la paz. La misma piedra que servía de materia prima para confeccionar azadas y hoces sirvió ahora para fabricar hachas y azagayas.

Pero pronto se hizo evidente que aquellos soldados a tiempo parcial no eran muy eficaces. La guerra no era para ellos una profesión, sino un quehacer temporal que pronto abandonaban para regresar a sus tareas cotidianas. Para solucionar el problema, los excedentes, la parte de grano que se almacenaba en previsión de las inevitables malas cosechas, empezaron a invertirse en el sostenimiento de especialistas en la defensa, personas que ya no trabajaban la tierra, sino que dedicaban todo su tiempo al ejercicio de sus habilidades marciales. Así nacieron los primeros soldados de verdad. El descubrimiento del metal, cobre primero, más tarde bronce, aceleró el proceso, ya que hizo posible el desarrollo de armas más eficaces, sólidas y duraderas que las hechas de piedra pulimentada. Pero las flamantes tropas no podían combatir en desorden. Necesitaban alguien que las organizara y las dirigiera en el campo de batalla. Así nacieron los jefes.

Los primeros jefes no eran más que eso, caudillos militares elegidos para dirigir la defensa de la aldea contra los agresores externos. Pero el daño estaba hecho. Había surgido la combinación letal que daría al traste para siempre con la igualdad original de las personas. El jefe y sus hombres, del mismo modo que dirigían su violencia contra el enemigo exterior, podían usarla contra quien lo desearan, y así imponer su voluntad al resto del poblado. Tenían los medios para ello. Disfrutaban del monopolio de las armas que, como un secreto misterioso sólo transmitido de padres a hijos, forjaban los hábiles artesanos del metal. Y poseían también la capacidad de prohibir el acceso a los recursos a quienes se negaran a obedecer. Los graneros dejaron de ser de libre acceso; las contribuciones se hicieron obligatorias; el reparto del excedente de las cosechas ya no fue equitativo. La igualdad había muerto. El amanecer del Estado se adivinaba en el horizonte del futuro.

4

¿POR QUÉ LOS JEFES SE CONVIRTIERON EN REYES?

Bueno, no faltará quien piense que, en última instancia, un rey no es otra cosa que un jefe con pretensiones. De hecho, la historia está llena de ejemplos de aristócratas o generales que un buen día deciden, desde luego sin mucho esfuerzo, ceder a los ruegos de sus untuosos seguidores y proclamarse soberanos, aunque su territorio no sea algunas veces mucho mayor que una pequeña provincia. Pero sí hay que reconocer que entre los jefes y los reyes existe, al menos, una diferencia de grado. Y es precisamente esa diferencia la que explica cómo, hace unos seis mil años, algunos jefes empezaron a convertirse en reyes, o, en otras palabras, de qué manera surgió esa estructura política llamada Estado que, con el tiempo, ha llegado a parecernos natural.

Las aldeas y poblados de agricultores y pastores del Neolítico, con sus pequeños campos de cultivo, sus graneros exiguos y sus excedentes no demasiado abundantes, podían bastar para mantener a un reducido grupo de individuos apartados de la producción directa de alimentos. Unos pocos herreros, algunos sacerdotes y un limitado contingente de soldados podían rodear al jefe y sostener su pretensión de regir los destinos de la diminuta comunidad.

Pero un rey es otra cosa. Los reyes habitan en enormes palacios repletos de áulicos cortesanos, burócratas, sirvientes y soldados; erigen orgullosos monumentos que mantienen viva su memoria con el correr del tiempo; reclutan ejércitos numerosos con voluntad indudable de asegurar su poder e incluso ampliarlo a los territorios vecinos; se rodean de miles de sacerdotes y funcionarios, y, como todo ello resulta muy costoso, imponen sin escrúpulos a campesinos y artesanos onerosos tributos que, sin embargo, nunca bastan para sufragar sus cuantiosos gastos. ¿Cómo se explica un cambio de magnitud tan importante? ¿Es que, acaso, algunos jefes fueron más hábiles o inteligentes que los demás y terminaron por hacerse, poco a poco, con sus dominios?

Algo de eso sucedió. No podemos negar que algunos estados antiguos nacieron de la conquista militar. Debemos aceptar, incluso, que la guerra estuvo presente, en mayor o menor grado, en la evolución de todos ellos. La tradición nos dice, por ejemplo, que el rey Narmer, el primer faraón, unió por la fuerza de las armas el Alto y el Bajo Egipto, haciendo de ellos un solo reino. Pero no es sólo la guerra la que explica un cambio tan importante. La clave se encuentra, una vez más, en algo mucho más humilde: los excedentes.

Mientras las cosechas fueran exiguas, los excedentes tenían por fuerza que serlo también. Y si los excedentes no eran

Relieve sumerio conservado en el Museo del Louvre que representa a Lugalzagesi, rey de la ciudad-estado de Umma hacia el 2400 a. C. y primer unificador del país de Sumer. Se trata de una de las representaciones artísticas de un monarca más antiguas que se conocen.

abundantes, no resultaba posible mantener a muchas personas que se dedicaran a actividades distintas de la mera producción de alimentos, como sacerdotes, comerciantes, herreros, artesanos o soldados. Fue un enorme incremento en el volumen de las cosechas y, por ende, de los excedentes, lo que permitió a los jefes convertirse en reyes y, de paso, multiplicó de manera exponencial el número de personas que dedicaban su tiempo a tareas distintas de la agricultura y la ganadería, convirtiendo en ciudades a las pequeñas aldeas del Neolítico y, por rendir tributo a las viejas expresiones decimonónicas, sacando a la humanidad de la barbarie para conducirla a la civilización.

Pero, por supuesto, la cuestión es: ¿qué hizo crecer de ese modo las cosechas?

La respuesta es simple: el agua, o, mejor, dicho, los ríos. Las técnicas de las que disponían las que podríamos llamar «culturas de azada» neolíticas no daban para mucho. Pero si esas mismas técnicas, u otras sólo un poco mejores, se aplicaban en tierras más fértiles, como las que rodeaban a los grandes ríos del

Próximo Oriente, China y la India, la cosa podía cambiar. Con toda probabilidad, los valles del Nilo, el Tigris y el Éufrates, el Indo o el Hoang-Ho producirían cosechas muy generosas, y quizá más de una por año, permitiendo un crecimiento acelerado de la población y haciendo posible que una buena parte de ella no se viera ya obligada a entregar todo su tiempo al cultivo de la tierra.

Pero había un problema. Estos ríos se mostraban en exceso caprichosos. En ocasiones se desbordaban, anegando los campos y arrasando cuantas viviendas y construcciones hallaban a su paso. Y otras veces, por el contrario, llevaban tan poco caudal que las gentes que vivían en sus márgenes sufrían el hambre y la necesidad antes de que el voluble señor de las aguas les bendijera de nuevo con su benéfica corriente. Por si fuera poco, en las orillas abundaban los insanos tremedales, infestados de fieras salvajes y virulentos agentes patógenos, que no constituían precisamente un lugar muy atractivo para vivir.

Y sin embargo, a pesar de los inconvenientes, los campos eran tan fértiles que merecía la pena arriesgarse. En la práctica, era cuestión de organizarse bien. Con la dirección adecuada, un número suficiente de hombres podían desecar los pantanos y someter las veleidosas aguas, almacenándolas mediante presas y embalses, o torciendo su curso por medio de canales y acequias, atesorándolas en espera de los años malos y llevándolas allí donde la tierra, un poco alejada del estrecho cauce del río, padecía la aridez extrema de un clima especialmente seco.

Y así fue. La organización permitió a las culturas de azada del Neolítico dar un paso más por el camino del progreso. Las cosechas se multiplicaron de tal modo que la población empezó a incrementarse con rapidez. El excedente era tan cuantioso que permitía ahora mantener a un número enorme de personas ocupadas en tareas muy distintas de la mera producción de alimentos. Las diminutas aldeas de pastores y agricultores se convirtieron en orgullosas ciudades. La apacible quietud se tornó animado bullicio. La artesanía se diversificó. Junto a los herreros y alfareros aparecieron ahora tejedores, ebanistas y orfebres. Artistas anónimos pero geniales embellecieron el mundo con sus obras eternas. La vida se llenó de comodidades y lujos que jamás habrían soñado los esforzados pobladores de las aldeas neolíticas. Intrépidos mercaderes recorrían enormes distancias en busca de las materias primas y los productos más exóticos. Los sacerdotes, ayudados por una densa hueste de funcionarios, dividían su tiempo entre sus misteriosos ritos religiosos, la atenta supervisión de las obras hidráulicas de las que dependían las cosechas, y la celosa administración de los graneros donde, año tras año, se acumulaba el excedente que debía bastar para alimentar a todos. Los soldados, mucho más numerosos ahora, protegían la bien ganada prosperidad de las posibles apetencias de los vecinos. Y por encima de todos, un monarca tenido por dios parecía velar sin descanso por el bienestar colectivo de los hombres.

La barbarie había dado paso a la civilización.

5

¿Y QUÉ LE PASÓ A LA IGUALDAD?

No, no nos hemos vuelto de repente tan optimistas como los viejos historiadores burgueses. La humanidad hubo de pagar un precio terrible por las riquezas con tanto esfuerzo arrancadas a la madre naturaleza. Los colosales beneficios de las ahora enormes cosechas no se repartieron por igual. La distancia entre la élite dirigente de sacerdotes, funcionarios y militares y la gran masa de campesinos y artesanos se había ampliado enormemente. La brecha entre hombres y mujeres comenzó también a agrandarse. La relativa igualdad de las aldeas neolíticas desapareció para siempre. La producción total de alimentos y otros bienes era mucho mayor en los flamantes estados nacidos en los valles de los grandes ríos, pero se repartía de manera más injusta. La cuestión es: ¿por qué no se rebelaban entonces los campesinos y artesanos, siendo como eran la aplastante mayoría de la población?

Muchos de nosotros quizá caeríamos en la tentación de dar una respuesta demasiado rápida y fácil a esa pregunta. Diríamos con toda probabilidad: «Es evidente: porque se lo impedían los soldados que trabajaban a las órdenes del rey y sus funcionarios». Sin embargo, la cuestión no es tan simple. Por supuesto, cualquier Estado basado en un poder despótico

Maqueta en madera policromada descubierta en la tumba del visir Meketre, en una de las necrópolis de Tebas, que representa al propio visir recibiendo los tributos del pueblo. La aparición del estado y el incremento de la desigualdad fueron fenómenos históricos concomitantes.

se apoya siempre, en mayor o menor medida, en la violencia. Un gran número de súbditos descontentos desearía rebelarse para cambiar las cosas, pero no lo hace porque sabe muy bien que su vida y la de su familia correrían peligro. Pero no es menos cierto que, antigua o moderna, ninguna tiranía de la historia ha sobrevivido mucho tiempo apelando tan sólo al uso de la violencia. Por otra parte, en una sociedad donde la agricultura y la ganadería constituían todavía la actividad propia de al menos el noventa por ciento de la población, y las fronteras no eran sino líneas difusas trazadas sobre rudimentarios mapas, deberíamos preguntarnos también por qué muchas personas no huían sin más a otras tierras donde podrían continuar viviendo sin tener que soportar la tiranía del Estado naciente. El problema es, pues, un poco más complejo de lo que parecía en un principio, ¿verdad?

Es cierto, pero la respuesta no es demasiado difícil en realidad. No lo es, al menos, si prestamos atención a todos los factores de los que depende la vida de las personas, y no sólo a la simple política. En primer lugar, deberíamos fijarnos en el paisaje.

El entorno ambiental en el que vieron la luz los primeros Estados era bastante peculiar. Como hemos apuntado más arriba, lo constituían estrechos y largos valles avenados por caudalosos ríos de régimen un tanto errático. Pero no sólo debemos observar lo que había en el interior de los valles, sino también en su exterior. Rodeando las fértiles tierras irrigadas por el Nilo, el Tigris y el Éufrates, o los grandes ríos de la India y China, hallamos siempre enormes desiertos como los de Libia y Arabia, mares como el Mediterráneo, o elevadas cordilleras como el Himalaya. En otras palabras, en torno a los feraces valles y llanuras donde la tierra regalaba sus cosechas con gran generosidad sólo había lugares donde la supervivencia era casi imposible. Y en esas circunstancias, ¿quién iba a arriesgarse? ¿No era mejor, después de todo, soportar la tiranía del rey y sus funcionarios que jugarse la vida en un fútil intento de cruzar infranqueables montañas o desiertos interminables?

En segundo lugar, no debemos pensar que el monarca contaba tan sólo con sus soldados para preservar el orden social. La religión, además de ofrecer a las personas, como siempre ha hecho, consuelo y respuestas, desempeñaba un papel fundamental a la hora de persuadirlas de que debían aceptar como inevitable el estado de cosas que tan poco les favorecía. El mundo ultraterreno, poblado de dioses terribles y veleidosos que exigían de los mortales cuantiosas ofrendas para aplacar su cólera pronta a desbordarse, reproducía con cuidadosa exactitud el orden social que se deseaba perpetuar en la tierra. También entre aquellas imaginarias deidades existía un ser supremo, un soberano cuya voluntad había de acatarse sin rechistar. También poseía ese monarca divino, ahora siempre masculino, servidores y ejércitos. De igual modo que entre los simples mortales, existían entre los dioses rígidas jerarquías que incluso ellos debían respetar. Y un halo de tenebroso misterio, robustecido por secretos rituales que sólo los sacerdotes se transmitían entre sí de generación en generación, se ocupaba de infundir en las almas de los crédulos campesinos un terror reverencial que resultaba mucho más eficaz que las espadas y las lanzas a la hora de proteger a los poderosos de la justa ira de los humildes.

Tampoco el arte desempeñaba un papel inocuo. No es casualidad que todas las civilizaciones antiguas destinaran una proporción tan elevada de la producción y la fuerza de trabajo

Reconstrucción ideal del gran zigurat del templo de Marduk, en Babilonia. El tamaño de estas enormes construcciones, su aspecto colosal y el misterio que las envolvía recordaban con su sola presencia a las masas de los imperios antiguos el enorme poder del Estado y la futilidad de cualquier intento de rebelarse contra él.

disponibles a la erección de monumentos gigantescos que han desafiado el paso de los siglos. Tras las pirámides y los zigurats no se hallan tan sólo las creencias religiosas de aquellos pueblos o la insaciable vanidad de sus gobernantes. Construcciones de un tamaño tan vasto debían también servir a una finalidad más sutil, pero no menos importante: la de recordar a los humildes, siquiera de modo inconsciente, el inmenso poder de unos reyes capaces de erigir edificios tan enormes y, en consecuencia, la futilidad de cualquier intento de torcer por la fuerza el inexorable destino de servidumbre al que estaban llamados.

En síntesis, fue la eficaz combinación de un hábitat generoso circunscrito por regiones que lo eran mucho menos, una religión que servía de poderoso refuerzo inconsciente del orden social vigente, una arquitectura colosal ideada para empequeñecer a los individuos y, por supuesto, un cierto grado de fuerza bruta lo que permitió consolidarse a los estados nacientes. De su mano, la humanidad experimentó un notable progreso colectivo, pero sus frutos se repartieron de forma muy injusta. La vieja igualdad imperante en las comunidades de pastores y aldeanos empezó a desvanecerse en las difusas brumas del pasado. Y muchas personas dieron en pensar que, después de todo, siempre ha habido clases.

6

¿Cómo nació la religión?

Es una pregunta fundamental, pero antes de darle una respuesta convendría dejar claras algunas ideas básicas sobre la misma naturaleza de la cultura. En realidad, la manera más simple de acercarse a cualquier civilización creada por la humanidad, desde la lejana Prehistoria a nuestros días, es entenderla, a grandes rasgos, como un conjunto coherente de respuestas a una serie de retos esenciales que nos impone nuestra propia naturaleza social.

Somos seres sociales, quizá no tanto como las abejas o las hormigas, pero lo cierto es que no podemos sobrevivir solos. Como han demostrado los pocos casos conocidos de niños ferinos, criaturas crecidas entre animales salvajes, sin el entorno familiar que todo ser humano necesita, el hombre y la mujer no se convierten en tales más que en contacto con otros hombres y mujeres. Criados lejos de la sociedad, ni siquiera somos capaces de desarrollar el lenguaje cuando retornamos a ella. Pero la necesidad de vivir en grupo plantea una serie de cuestiones a las que es necesario dar respuesta de un modo u otro. Los modos han variado mucho a lo largo de la historia, pero las preguntas son siempre las mismas: ¿Cómo nos organizamos para satisfacer nuestras necesidades básicas de alimento, afecto, seguridad, vivienda o vestido? ¿Qué normas seguiremos para relacionarnos entre nosotros? ¿De qué manera tomaremos las decisiones que nos afectan a todos?

Las respuestas que cada cultura o civilización dan a esas grandes cuestiones determinan, en ese mismo orden, su organización económica, social y política. Pero hay otra pregunta más, la que quizá define mejor la esencia del ser humano, pues se refiere a la curiosidad innata que alberga su mente, su capacidad para indagar siempre más allá de los simples datos que le trasmiten sus sentidos. Desde la noche de los tiempos, nuestros congéneres, quizá al pobre calor de las hogueras, han mirado las estrellas y se han preguntado: ¿Quién soy? ¿Quién o qué me ha dado la vida? ¿Quién ha creado el mundo que me rodea? ¿Acaso la muerte es el fin de todo?

La respuesta a esas cuestiones, digamos trascendentales, y la forma de manejar la inseguridad que despiertan en el espíritu humano han sido, durante mucho tiempo, las que han proporcionado a nuestras diferentes culturas sus señas de identidad más visibles. Para responderlas nacieron la magia, la religión, el arte, la filosofía y, sólo muy recientemente, la ciencia. Hemos avanzado mucho. Nuestros frágiles cuerpos duran ahora más tiempo, e incluso llegamos en ocasiones a creernos capaces de ganar la partida a nuestra naturaleza mortal. Pero las grandes preguntas, y la inseguridad que las acompaña, siguen ahí. Veamos cómo las respondieron las primeras civilizaciones.

Las respuestas iniciales fueron sencillas, como no podía ser de otro modo en sociedades que también lo eran. Se basaron unas en el fetichismo, la atribución a determinados lugares, piedras, plantas o animales de poderes o propiedades especiales cuyo conocimiento y uso contribuía a aplacar la inseguridad de los espíritus, y otras en una suerte de fetichismo avanzado que, como el animismo, dio en creer en la existencia de fuerzas espirituales que anidan en los seres del mundo sensible, o incluso, como el totemismo, en que algunos de ellos eran de hecho los verdaderos progenitores del grupo y merecían por tal causa un culto especial.

Porque, no nos engañemos, el ser humano, que lo institucionaliza todo, no tardó en hacerlo también con la religión. Las creencias fetichistas, animistas o totémicas no habitaban tan sólo en el espíritu del individuo, sino que pronto impregnaron las prácticas de la colectividad entera. Nacieron así los cultos. Primero fue el individuo mismo quien trató de ponerse en contacto con la divinidad mediante la ingestión de drogas o la inducción de estados alterados de conciencia. Luego, o casi a la vez, los hombres y las mujeres se reunieron para tratar de abrir las puertas al mundo sobrenatural y crearon, quizá más unidos que en cualquier otra actividad, los primeros ritos colectivos. Intensas danzas, sentidas invocaciones o conjuros, teatrales representaciones con máscaras o música revistieron de símbolos

Pintura mural de la tumba de la emperatriz Nefertari, esposa de Ramsés II, que representa al dios Ra junto al dios escarabajo Khepri, que simboliza el sol naciente, y la diosa Hathor (siglo XIII a. C.) Las religiones de los imperios antiguos actuaban como refuerzo de la estructura social vigente, pues mostraban a los fieles que al igual que en la tierra, también en el mundo de los dioses existían soberanos, cuya autoridad era inapelable, y divinidades subordinadas sometidas a sus dictados.

la relación de la humanidad con lo sagrado. La emoción parecía en estos primeros momentos ingrediente imprescindible de la religión. ¿Cómo distinguirla, pues, de la magia?

En realidad, la magia y la religión nacieron casi unidas, aunque distan mucho de ser hermanas gemelas. Comparten, por supuesto, la intención de proporcionar seguridad a las personas ante los avatares de la vida; constituyen las dos, en el fondo, conjuntos de creencias acerca de la naturaleza de las fuerzas inmateriales que rigen el destino de la humanidad; incluso cabría pensar que ambas pueden incluirse en la sugestiva definición de religión que hizo en 1917 el teólogo alemán Rudolf Otto: M*ysterium tremedum et fascinans*. Porque magia y religión apuntan hacia lo desconocido, sobrecogen, incluso aterrorizan, y, a un tiempo, atraen. Pero la actitud mental del individuo que las practica difiere en grado sumo. Mientras el mago y sus seguidores esperan una respuesta automática y favorable de las fuerzas que conjuran siempre que los ritos de que se valen se desarrollen con precisión, el fiel espera, cree, anhela, pero no sabe con total seguridad si sus plegarias serán atendidas. Es cierto, no obstante, que en aquellos tiempos remotos la frontera entre ambas prácticas era permeable. El chamán, el hechicero –pues, a la luz de los testimonios arqueológicos, casi siempre se trataba de un varón– sobre cuyas espaldas pronto cargó el clan el peso de lo espiritual, aunaba en sí mismo los difusos roles de mago, curandero e intermediario autorizado entre el grupo y las fuerzas sobrenaturales de las que este creía depender.

No obstante, la era del chamán, en la práctica un intermediario a tiempo parcial que se veía forzado a conciliar sus especiales funciones espirituales con las propias de cualquier otro miembro del grupo, pronto tocaría a su fin. En las sociedades preestatales la escasez de excedente no permitía otra cosa. No era posible mantener con el trabajo de todos a personas liberadas por completo de la obligación de aportar alimentos a la colectividad. Pero las abundantes cosechas que producían los campos avenados por las caprichosas corrientes de los ríos en Mesopotamia, Egipto, la India y China permitieron al fin la especialización del trabajo. Junto a los artesanos y los comerciantes, los funcionarios y los soldados, aparecieron los sacerdotes a tiempo completo, el clero que reunía la doble función de rector único de la religión y administrador de sus recursos, que se confundían con los del propio Estado.

Por supuesto, por el camino, y en un reflejo más o menos distorsionado de los cambios acaecidos en el mundo real, las creencias también se habían ido transformando. El universo poblado por esquivos seres sobrenaturales que encarnaban en animales y plantas o infundían de manera caprichosa de su poder a humildes objetos inanimados había dejado paso a las fuerzas del rayo, la lluvia o el viento, señoras de las cosechas de las que dependía la existencia de los hombres. Y luego, mucho más tarde, cuando estos se vieron forzados a obedecer a monarcas que fundaban su poder en la voluntad de los dioses, a seres con nombre y rostro que formaban en las alturas una corte a imagen y semejanza de la que rodeaba a los reyes en la tierra. Politeísmo y corporaciones sacerdotales marcharon ya en íntima alianza hasta que, en un afán de extender su dominio más allá de las fronteras de quienes los servían, el clero tornó más humana la faz de los dioses. Ética y religión caminaron ya siempre de la mano y no rompieron su vínculo cuando un solo dios terminó por imponer su hegemonía sobre el superpoblado panteón de las divinidades nacidas al calor del Estado. Al correr de los siglos, y mientras la razón destronaba poco a poco a la religión como instrumento de respuesta a las grandes preguntas que seguían haciéndose los seres humanos, incluso esta alianza se rompería.

Pero esa, claro, es otra historia.

7

¿Cómo surgió la escritura?

La mayoría de las personas más o menos cultas darían una respuesta rápida y sencilla a esta pregunta. La escritura, dirían, nació en la antigua Mesopotamia, y en concreto en el seno de la cultura sumeria, tres o cuatro mil años antes de Cristo. Y lo hizo como resultado de la necesidad que tenían los sacerdotes-administradores de llevar un preciso registro de cuantas mercancías entraban y salían de los graneros y almacenes de los templos que gestionaban en nombre de la divinidad. Los más instruidos, o dueños de conocimientos históricos más vastos, añadirían, quizá, que esas primeras manifestaciones de la escritura se denominan «cuneiformes» en alusión al aspecto de cuña que presentan sus signos, grabados con un punzón de sección triangular sobre tiernas tablillas de arcilla sin cocer. Posteriormente, concluirían, la escritura se extendió a Egipto, donde adoptó la forma de los célebres jeroglíficos, en su origen también pictogramas o dibujos que representaban seres y objetos, para figurar después acciones y estados y convertirse más tarde en una escritura fonética. En otros lugares como Mesoamérica, la Creta minoica, China o la India, la escritura habría seguido una evolución similar, también ligada al incremento significativo del volumen de los excedentes agrarios y, desde luego, al nacimiento del Estado.

Esta teoría parece lógica y convincente porque resulta coherente con lo que hemos visto hasta ahora. Casi todo lo que la humanidad inventó tras abandonar por la fuerza su cómoda y milenaria existencia depredadora para encorvar día tras día

Reconstrucción de la técnica de escritura mesopotámica. Con un puntero, el escriba traza los pictogramas sobre una tablilla de arcilla fresca que, al cocerse, se endurece, asegurando así la permanencia del texto. Los primeros sistemas de escritura quizá nacieron para servir de herramienta a la contabilidad de las transacciones comerciales de los templos.

su espalda sobre los caprichosos campos de labor lo hizo por necesidad, y esta necesidad en concreto, la de escribir, no pudo surgir antes. Los clanes nómadas apenas poseían nada duradero que guardar y menos aún nada de lo que llevar cuentas. Los animales, las raíces y las bayas de que se alimentaban estaban ahí sin más; se consumían o no, pero no podían guardarse en graneros, así que ¿para qué contarlos y registrar el resultado?

Se objetará que aquellos pueblos primitivos no tenían, es cierto, nada que «contar», pero sí, desde luego, mucho que «contarse», y esas historias podrían haber propiciado la invención de la escritura. No obstante, vivían en grupos pequeños, de modo que les bastaba con el lenguaje oral para trasmitirse entre ellos lo que quisieran, y también entre su generación y la siguiente. Los mitos, las leyendas y las sagas, nunca escritas pero nunca olvidadas, cumplían con creces esa misión. Y si algo debía hacerse presente de otro modo, más visual, para que todos los integrantes del grupo pudieran contemplarlo o reunirse en torno a ello, simplemente se pintaba o grababa sobre las inmutables paredes de las cuevas. Los antiguos pueblos de cazadores y recolectores, en fin, no necesitaban la escritura; y tampoco precisaban de ella los primeros agricultores y ganaderos, cuyos excedentes eran tan escasos que carecía de sentido registrar su volumen. Son, en suma, las primeras civilizaciones estatales las que pueden con todo derecho reclamar la autoría de los primeros signos merecedores del nombre de escritura.

Sin embargo, no han faltado sugestivos hallazgos que han puesto en tela de juicio tan contundente afirmación. Ya desde hace mucho tiempo se tiene constancia de la existencia de signos de carácter posiblemente simbólico muy anteriores a la escritura sumeria. Sabemos, por ejemplo, que la llamada cultura Vinča, un pueblo de agricultores y ganaderos que habitó en los territorios del sudeste de Europa entre el séptimo y el sexto milenio antes de Cristo, produjo ya caracteres que podrían considerarse pictogramas. Y no hace mucho, en el 2005, se hallaron en la provincia china de Henan signos de carácter geométrico grabados sobre caparazones de tortuga que fueron datados también en época neolítica, hacia el sexto milenio antes de Cristo aproximadamente.

Como era de esperar, los valedores de la teoría tradicional han descartado enseguida que tales hallazgos puedan considerarse una verdadera escritura. En su opinión, no irían más allá de una suerte de «protoescritura» más cercana al arte que a la escritura misma. Pero ¿acaso resulta tan fácil de deslindar la frontera entre una y otra manifestación del espíritu humano? ¿Qué deberíamos decir, entonces, de los signos grabados por los clanes primitivos en las paredes de las cuevas que les servían de hogar? ¿Resultaría también un dislate afirmar que esas primeras manifestaciones artísticas del ser humano fueron algo más que pura y simple estética? ¿No podríamos, en realidad, encontrarnos ante el primer lenguaje escrito de la humanidad?

Aunque parezca sorprendente, es lo que sostiene la más moderna teoría sobre el origen de la escritura, formulada por Emmanuel Anati en la década de 1990. Después de estudiar y registrar más de veinte millones de signos grabados en las paredes de las cuevas de todo el mundo, el paleontólogo italiano llegó a la conclusión de que resultaba posible ver en ellos más que simples dibujos. Bien al contrario, además de pictogramas que representaban objetos, personas y animales, había también ideogramas, que hacían alusión a conceptos como la fecundidad o la caza, e incluso psicodramas, que figuraban estados de ánimo, nada distinto o inferior, pues, a los primeros signos de la escritura sumeria o egipcia.

De ser así, tendríamos que adelantar bastante el origen de la escritura. Ya no hablaríamos de cinco milenios, sino de cuarenta, pues los primeros signos grabados en las paredes de las cuevas, que se encuentran en Tanzania, al sudeste del continente africano, datan de unos cuarenta mil años antes del presente. Y, sobre todo, no nos serviría ya la coherente explicación tradicional que vincula excedente, Estado y escritura. La humanidad quizá ideó la escritura por pura necesidad, sí, pero no se trató de una necesidad económica, sino espiritual, la arraigada y muy humana necesidad de comunicarse. Algo que ya defendiera hace mucho tiempo el prestigioso lingüista Noam Chomsky al afirmar que todos los individuos llevan impresa en su mente infantil los rudimentos de una gramática universal que la relación con los adultos tan sólo despierta. ¿Acaso no poseía esos rudimentos el cerebro del hombre de Neandertal y por ello no produjo su cultura ningún tipo de símbolo en las paredes de las cuevas?

La respuesta es compleja y, como tantas otras que nos demanda este período fascinante de la historia, todavía está en el aire. Es posible que un estudio sistemático del riquísimo arte parietal del Paleolítico Superior, que está aún lejos de completarse, nos permita alcanzar el consenso. Mientras, la explicación tradicional sigue siendo la más convincente. ¿O no?

8

¿Cuál fue el origen de los imperios?

Hemos transitado más arriba los vericuetos históricos que llevaron a la aparición del Estado, al menos en nuestro pequeño, pero para nosotros muy importante, rincón del mundo. Lo que no hemos hecho todavía, no obstante, es explicar por qué y de qué modo esos pequeños estados que hace cuatro o cinco mil años vieron tímidamente la luz en las feraces tierras de Mesopotamia y Egipto, de China y la India, y, más tarde, también en América y África, se entregaron a la sangrienta tarea de expandir sus fronteras a costa de las de sus vecinos y dieron así a luz a los primeros imperios de la historia.

¿Por qué sucedió esto? Para responder a esta nueva pregunta, debemos recordar algo. No todos los estados eran iguales. Los hubo levantados en torno a cortes ambulantes, como el abisinio, e incluso, aunque parezca increíble, estados sin ciudades, como los creados por escitas y mongoles. Pero todos ellos, incluso los más excéntricos, compartían algunos rasgos básicos, como demostraron en 1978 el antropólogo neerlandés Henri J. M. Claessen y su colega checoslovaco Peter J. K. Skalník en un ingente estudio comparativo sobre el origen de veintiún estados repartidos por todo el planeta, hoy tenido por un verdadero clásico.

Esos rasgos siempre presentes en la génesis de todos los estados conocidos no eran muchos; en realidad, sólo dos: la capacidad para asegurar la existencia de un excedente agrario suficiente para mantener a un grupo considerable de personas liberadas a tiempo completo de la producción directa de alimentos y el desarrollo de un conjunto organizado de creencias religiosas capaz de reforzar el ejercicio del poder estatal con una sanción sobrenatural. Otros dos eran también sumamente frecuentes: el aumento de la desigualdad y la intensificación de la violencia.

Esos elementos combinados hacían posible el recurso a la guerra como herramienta de conquista de los territorios vecinos. El excedente se usaba para alimentar a los artesanos y a los comerciantes, a los sacerdotes y a los funcionarios, pero también a los soldados, cuya fuerza, si no se dirigía hacia afuera, podía terminar por volverse hacia adentro. La ideología religiosa amparaba una sociedad muy desigual que trataba de mantener en paz, controlando de ese modo la violencia implícita en una situación de injusticia estructural que la expansión externa podía ayudar a relajar, tanto más si la fe ofrecía una sanción sobrenatural de la violencia contra el extranjero. Si lo quieren los dioses, el asesino bien puede pasar por santo y el extraño perder su humanidad.

Pero la verdadera causa del feroz expansionismo de los primeros estados no es otra que la gran fragilidad inherente al sistema económico sobre el que se asentaban. Las nuevas técnicas de irrigación hicieron posible al principio, como vimos, un rápido y enorme incremento de las cosechas. Pero, en un contexto de deficientes y psicológicamente costosos métodos de control de la natalidad, la abundancia de comida relajó muy pronto los controles demográficos. La tierra, habitada por una población mucho más numerosa, se tornó de nuevo escasa, y el fantasma del hambre planeó una vez más sobre las gentes. Si el monarca no podía cumplir la sagrada misión de alimentar a su pueblo que, de acuerdo con la propia religión que justificaba su poder absoluto, tenía encomendado en el orden divino del mundo, más pronto o más tarde la injusticia implícita en la estructura social vigente estallaría en su contra. Para conjurar ese riesgo sólo existían dos caminos posibles: la introducción de mejoras técnicas capaces de incrementar la productividad de los campos, permitiendo cosechas mayores en la misma superficie, o la expansión del modelo productivo hacia nuevos predios en los que producir nuevas cosechas. Pero el primer camino, como es obvio, no se encuentra disponible siempre que se le necesita, y en realidad los imperios inventaron muy poco. Todos los grandes avances de la antigüedad, como la rueda, el barco a vela, el bronce o el torno del alfarero, vieron la luz en los primeros momentos de la revolución urbana. Y respecto al segundo, constituía una poderosa tentación para unas civilizaciones que se sabían poseedoras, gracias a la organización estatal, de una evidente superioridad militar sobre los pueblos que carecían de ella.

Así las cosas, los monarcas, sentados sobre unos tronos que veían amenazados, cayeron enseguida en la tentación. Mediante la guerra podían arrebatar por la fuerza las materias primas que necesitaban sus artesanos en lugar de obtenerlas mediante el comercio, gravando con un tributo forzado a quienes las producían allende sus fronteras. Podían también incrementar la masa de trabajadores a su servicio sin otro esfuerzo que el que les suponía imponer su dominio sobre nuevas tierras cultivables y forzar a sus pobladores a soportar exacciones más cuantiosas que las que sufrían sus súbditos originales. Y podían, en fin, tornar en esclavos a los soldados derrotados y con ellos levantar nuevos monumentos que apuntalaran su poder, o incluso venderlos sin más para llenar sus arcas exhaustas. La guerra, en suma, era rentable y ¿acaso había otra salida?

De esta manera, al cadencioso son de los tambores y el metálico entrechocar de las espadas, el Estado comenzó a extenderse; se enseñoreó de territorios cada vez más amplios, y, unos pocos siglos después de su aparición, se transformó al fin en imperio. Pero había otros caminos que podían llevar a idéntico destino. Los pueblos cercanos, amenazados por sus agresivos vecinos, pronto descubrirían que sólo les cabían dos opciones. Podían someterse sin más a los dictados de los imperios nacientes, integrándose en condiciones precarias en la desigual red de producción y redistribución de recursos que iba extendiéndose cual mancha de aceite a partir de los núcleos estatales originales. Pero también podían imitarlos, crear ellos sus propios estados y tratar de resistirse por la fuerza a su voluntad imperialista, controlando para sí sus materias primas y rutas comerciales, o incluso servirse de las evidentes ventajas organizativas que el Estado confería para lanzarse a depredar las riquezas de sus vecinos.

Y así, poco a poco, el Estado se extendió por doquier, hasta que fueron muy pocos los pueblos que permanecieron anclados en formas de organización vinculadas al parentesco y la autoridad de los ancianos propias del clan o la tribu. Pero el imperio no transformaba tan sólo la existencia de los pueblos que caían bajo su forzada dependencia, o la de los que habitaban cerca de sus fronteras. También los pobladores del Estado original en torno al que el imperio había nacido pudieron sentir sus decisivos efectos.

La guerra continua tuvo como primer efecto reforzar el poder militar en detrimento del religioso, hegemónico en los estados originales. El rey vicario de los dioses se convirtió en monarca guerrero cuyas conquistas, y no sólo la bendición divina, legitimaban su poder a ojos de su pueblo. El palacio, como ha probado la arqueología, se independizó del templo y se rodeó a su vez de graneros, talleres, almacenes y tierras. Junto a la propiedad colectiva de los campos, en nombre del dios y en beneficio del clero que la administraba, surgió la propiedad privada; de extensión reducida en el caso de los soldados que recibían su parcela tras una campaña victoriosa o una larga vida en la milicia, enorme cuando el beneficiario era un general que había extendido con sus victorias las fronteras del imperio, pero ya individual y por completo libre del control de corporación o gremio alguno. El comercio, antes crecido bajo el manto del Estado, que organizaba las grandes expediciones en pos de materias primas y se valía del trueque como herramienta básica de los intercambios, se liberó al fin del control estatal y, mucho más complejo y diversificado, comenzó a exigir medidas fiables del valor y el precio de las

Faraón egipcio del Imperio nuevo dirigiendo sus tropas desde su carro de guerra. En los imperios del Próximo Oriente asiático, la figura del soberano, revestida en sus orígenes de un halo religioso, fue adquiriendo tintes militares cada vez más marcados, al compás de la expansión territorial de los estados de la zona.

mercancías, unidades que permitieran pasar del simple trueque o el pillaje disfrazado de intercambio al comercio en toda regla. El dinero, bajo la forma de lingotes de metal, pesados primero en cada transacción, sellados después para garantizar su peso y su ley, a un paso tan sólo de la moneda tal como hoy la conocemos, satisfizo tal necesidad.

Y de la mano de las nuevas formas de propiedad y el comercio a gran escala, nuevas clases sociales surgieron junto a los soldados, los sacerdotes y los artesanos. Nacieron por fin los comerciantes independientes, que trabajaban ya en beneficio propio y no tan sólo del templo que antaño requería de sus servicios o del monarca en cuyo nombre cruzaban mares y desiertos. Vio también la luz una clase media de labradores, libres al fin de su dependencia de sacerdotes o monarcas, aunque no por ello menos oprimidos por tributos y cargas. Y surgieron también, por último, en un número nunca visto, los verdaderos esclavos, herramientas parlantes sin derecho alguno que las interminables guerras habían hecho brotar como fruto indeseable de la violencia ejercida a una escala antes desconocida.

Y así, como tantas veces en la historia humana, el bien y el mal, los efectos perversos y los benéficos, caminaron mano a mano por el sinuoso camino del tiempo. A despecho de su terrible apariencia, los imperios, nacidos a golpe de espada, impulsaron también el progreso económico y social de los hombres y las mujeres, aunque en menor medida el de estas últimas, como tendremos ocasión de ver.

9

¿POR QUÉ CAYERON LOS IMPERIOS?

Pero ahora que conocemos de qué modo nacieron los imperios, la siguiente pregunta parece más bien obvia: ¿cómo se producía su decadencia y su muerte? ¿Acaso regía estos fenómenos algún mecanismo común o sólo resulta posible explicar cada caso apelando a sus propias características y circunstancias?

Repasemos brevemente la historia del Próximo Oriente asiático, la de China y la India, la de la tantas veces olvidada América precolombina; la del mundo, en una palabra. Y apreciaremos pronto que, uno tras otro, sucesivos imperios nacen, extienden sus fronteras a lo largo de cruentas guerras con sus vecinos, prueban después la acerba hiel del declive y por último se extinguen entre agónicos estertores de anarquía y desorden, cediendo la hegemonía que detentaban al más enérgico de sus competidores. La historia se repite una y otra vez desde el principio. Sumerios, acadios y asirios se suceden en el control de las feraces tierras de Mesopotamia que habían dado a luz a los primeros estados. Egipto, en su venturoso aislamiento, parece inmune a la tentación imperial hasta que, a principios del siglo XVIII a. C., la invasión de los hicsos lo despierta con violencia del sueño de su insostenible ensimismamiento. Luego, el ritmo de los cambios se acelera. El Reino Nuevo egipcio compite ya en pie de igualdad con sus vecinos por el control de Palestina y Siria, manzana de la discordia entre las grandes potencias, e Imperios más grandes y poderosos se enseñorean, uno tras otro, del Próximo Oriente. Hurritas e hititas, asirios y babilonios, persas y griegos se alternan en su control hasta que, cercano ya el comienzo de nuestra era, los romanos imponen su dominio universal sobre las riberas del Mediterráneo.

Pero ¿por qué morían los imperios? ¿Qué suerte de arcana ley histórica, en caso de existir alguna, imponía un hado tan aciago a edificios políticos de fábrica tan sólida? Olvidemos las apariencias y, siguiendo con nuestro ejemplo, rasquemos bajo la opulencia superficial de las distintas civilizaciones que durante más de cinco milenios fueron desarrollándose, una tras otra, en las tierras del Próximo Oriente. Pronto repararemos en que la solidez de los imperios antiguos era sólo aparente. Sus cimientos estaban podridos, y la misma causa que originó su nacimiento contenía ya las semillas inexorables de su muerte.

Como vimos, todos los imperios antiguos respondían a la misma estructura sociopolítica. Bajo el impactante oropel de sus formas externas, en absoluto gratuitas, se ocultaba una enorme desigualdad en el acceso a los recursos. Una siempre minúscula burocracia entregada a la administración de las cosechas imponía su dominio inapelable sobre una enorme masa de campesinos cuyo excedente gestionaba en realidad en beneficio propio mientras los mantenía tan sólo un poco por encima del límite de la supervivencia.

Hubo, es cierto, mejoras en el nivel de vida del común de las gentes, pero se produjeron sólo al principio, cuando la población era todavía escasa en relación con el umbral máximo que el entorno podía soportar. Más tarde, cuando la presión demográfica arreció y la estabilidad del Estado empezó a resultar amenazada, la guerra de conquista pareció apuntar como la solución óptima. Los imperios así creados actuaban como mecanismo de reequilibrio. Las numerosas muertes que provocaban reducían la presión sobre el medio; la extensión de las tierras cultivables incrementaba el volumen de las cosechas. Pero, además de tratarse en el fondo de una solución temporal porque mientras no se produjeran mejoras técnicas capaces de incrementar la productividad de la tierra era cuestión de tiempo que la población volviera a crecer por encima de los recursos disponibles, los imperios poseían sus propios y nuevos problemas.

En realidad, el control de un territorio más extenso exigía más sacerdotes, más funcionarios, más soldados, y, por supuesto, más tributos para mantenerlos. Y ahora todo ello debía funcionar a una distancia mucho mayor, mientras la tecnología que se empleaba en las comunicaciones no se había alterado. Los representantes del poder central podían, por supuesto, creer sinceramente en lo que hacían y actuar así con escrupuloso respeto a la ley. Pero lo cierto es que las oportunidades de autonomía y enriquecimiento para ellos eran ahora mucho mayores, tanto más cuanto mayor era la distancia que los separaba de la capital. Y cuanto mayor era el número de gobernadores provinciales que sucumbía a la tentación, menor era, en contrapartida, el interés por la preservación de los canales y presas de las que dependía la economía imperial misma.

El imperio, en consecuencia, tendía a devorar con gran rapidez los supuestos beneficios que generaba, pues no era sino un colosal depredador incapaz de generar por sí mismo la riqueza que requería para subsistir. La corrupción de los funcionarios se extendía, crecían la pobreza y el descontento, y la legitimidad del soberano, indisolublemente vinculada a su supuesta capacidad para garantizar el alimento de sus súbditos, comenzaba a debilitarse. Con todo ello, el Estado se tornaba más vulnerable a los ataques externos, que tendían a hacerse más frecuentes, agravando con ello el proceso, pues la consiguiente urgencia de fortalecer el ejército detraía recursos de la actividad productiva y tornaba aún más miserable la situación de la mayoría de la población.

De este modo, más pronto o más tarde, víctima de los embates simultáneos o sucesivos de los enemigos internos y externos, el imperio se derrumbaba en medio de un enorme estrépito de hambre, pillajes, destrucción y caos, dejando paso a una época de anárquico predominio de los poderes locales que, de manera sistemática, concluía cuando uno de ellos, o quizá un invasor, reunía el poder suficiente para imponer de nuevo su autoridad al conjunto. El ciclo se repite una y otra vez; los imperios, uno tras otro, nacen, crecen, envejecen y mueren. Cada uno es más grande que el anterior; las tierras que abarca su dominio se expanden sin cesar. Pero cuando la expansión territorial ya no fuera posible, cuando todo el mundo conocido se hallara bajo el control de un único imperio, sería el propio modelo productivo el que hallaría su sentencia de muerte. La caída del Imperio romano estaba ya escrita miles de años antes de que se produjera. Pero esa es otra historia, ¿no es cierto?

10

¿Por qué los griegos, siendo tan avanzados, no tuvieron su propio imperio?

A vueltas con los imperios, la pregunta parece lógica: ¿por qué la civilización griega, la más adelantada durante siglos en muchos aspectos, no fue capaz de someter a su dominio a los pueblos vecinos? Una primera respuesta sería negar la mayor, como se dice vulgarmente. Los griegos, de hecho, sí habrían desarrollado su propio imperio, o al menos sí lo hizo uno de ellos, Alejandro Magno, que humilló bajo su yugo un inmenso territorio, desde Egipto a la India, entre el 334, fecha en la que cruzó el Helesponto para enfrentarse a los persas, y el 323 antes de Cristo.

Sin embargo, esta afirmación no sería cierta del todo. Primero, porque Alejandro no era exactamente griego, sino originario de Macedonia, un reino ubicado al norte de la península balcánica que los mismos helenos tenían por semibárbaro. Y segundo, porque ese imperio fue en exclusiva una creación suya que se extinguió con su misma vida y que apenas contó con instituciones propias. Se trató, en realidad, de una mera yuxtaposición bajo su mando de territorios que conservaron las instituciones y la cultura que poseían, y que se desarticuló de inmediato tras su muerte para dar lugar a varios reinos independientes gobernados por sus generales, las llamadas monarquías helenísticas. La pregunta, pues, sí tiene sentido. ¿Por qué no hubo un Imperio griego?

La primera razón hay que buscarla en la propia naturaleza. El lugar donde vino al mundo la civilización griega, el extremo meridional de la península balcánica, no era precisamente muy acogedor, y no lo eran mucho más las islas que la rodean. Montañosa hasta el hartazgo y rota en cientos de valles mal comunicados entre sí, víctima de un clima seco y sin ríos que compensen la crónica escasez de lluvia, con un suelo pobre y rocoso, poco adecuado para el cultivo del trigo y la cebada, Grecia, servicial tan sólo con el olivo, la higuera o la vid, parecía satisfecha de rechazar la gravosa compañía del ser humano.

Los supuestos sobre los que se había desarrollado la revolución urbana y la aparición del Estado en el Próximo Oriente no se daban, pues, en Grecia. Su medio físico era, quizá, menos exigente que en Mesopotamia o Egipto, pero, a cambio, también era mucho menos generoso. Se requería un esfuerzo mayor para obtener de la tierra un premio menor. Las cosechas, muy escasas, no bastaban para alimentar a unos moradores forzados a contener su crecimiento demográfico dentro de unos límites reducidos, muy lejanos del exuberante incremento de la población del Creciente Fértil. La aldea, el pueblo o, en el mejor de los casos, la pequeña ciudad que apenas merecía ese nombre eran, en consecuencia, las formas lógicas de poblamiento, tanto más cuando las montañas y valles dificultaban la comunicación y tornaban casi imposible la aparición de grandes urbes.

¿Cómo, así las cosas, iban los griegos a someterse con mansedumbre a los dictados de un Estado omnipotente? Es probable que, dejados a su propia suerte, hubieran tardado mucho en desarrollarlo por sí mismos, al igual que sucedió en las regiones más occidentales de Europa, donde llegó de fuera, de la mano de los colonizadores fenicios, griegos o incluso romanos. Sólo la proximidad de sus tierras a los territorios donde vieron la luz las primeras culturas estatales impulsó, quizá por razón de supervivencia, la imprescindible emulación de unas instituciones políticas en principio tan ajenas.

La copia no resultó en exceso distinta del original, aun con las adaptaciones impuestas por un entorno tan distinto al de los valles de los grandes ríos. La cultura minoica, primero, y la micénica, más tarde, adoptaron formas estatales que recuerdan bastante la organización política y económica de los templos mesopotámicos, si bien la pobreza de la tierra impuso que no fuera la agricultura, sino la artesanía y el comercio marítimo, la actividad predominante, y los talleres y almacenes ganasen protagonismo frente a los campos y graneros.

Pero esa diferencia en la organización económica resultaría determinante. Sin una enorme masa de campesinos desposeídos trabajando los campos bajo las órdenes de la burocracia estatal, no fue posible en Grecia el triunfo de una estructura social tan polarizada como la de sus vecinos. La combinación entre la escasez de tierra y la fortaleza del sector secundario, que la fundación posterior de colonias no hizo sino robustecer, generó una sociedad con unas importantes clases medias urbanas y unos comerciantes opulentos que poco tardaron en reclamar su cuota del poder político. Por fuerza, el Estado que se apoyara sobre estos cimientos había de ser bien distinto al que vio la luz en el Creciente Fértil.

Y lo fue. Forzada por la fragmentación del territorio, la ciudad estado griega, a diferencia de lo ocurrido en Egipto y en Mesopotamia, no perdió su independencia; bloqueada por el influjo de las clases medias, no prosiguió su evolución hacia el despotismo. El desarrollo del pensamiento racional, fruto de la ausencia de una casta sacerdotal poderosa capaz de controlar la difusión y la discusión del conocimiento, aportó una garantía añadida, luego fortalecida por la propia libertad individual. La oligarquía, en el caso de Esparta, o la democracia, de la que ofrece Atenas el mejor ejemplo, fueron las formas políticas dominantes en el mundo griego. La tiranía, cuando existió, supuso en la práctica un estadio intermedio de la evolución política, nunca comparable, por otra parte, ni en sus bases sociales ni en su misma ejecutoria, a los despotismos orientales. La fragmentación geográfica, la complejidad social y, hasta cierto punto, el desarrollo de la filosofía impidieron, en suma, la aparición en Grecia del Imperio.

11

¿Por qué los persas odiaban tanto a los griegos?

«La venganza es un plato que se come frío», dice el adagio. «Y que a veces se indigesta», cabría añadir... Ambas máximas se aplican con sorprendente idoneidad al caso concreto de la ardua relación entre persas y griegos, que se remonta mucho más atrás de lo que el común de los aficionados a la historia suele conocer.

Por lo general, las personas cultas han oído hablar de las célebres Guerras Médicas, que enfrentaron a griegos y persas a comienzos del siglo v a. C. como consecuencia del deseo de los segundos de incorporar las polis griegas a su vasto imperio.

Pero lo que mucha gente no sabe es cuándo dio comienzo en realidad tan acendrada enemistad, que iba mucho más allá de lo político y lo estratégico. A griegos y persas no eran los meros intereses, sino una visión del mundo por completo irreconciliable, lo que les separaba. Más pronto o más tarde, ambos habían de enfrentarse.

El primer choque ocurrió a mediados del siglo VI a. C., casi a la vez que el Imperio persa daba sus primeros pasos de la mano de Ciro II el Grande, su fundador. Ansioso de conquistar cuantas tierras se hallaran a su alcance, y tras someter a asirios y babilonios, el soberano persa derrotó primero a Creso, rey de Lidia, señor de la parte occidental de la actual Turquía, y se apoderó algo más tarde de las ciudades de Jonia, en la costa, un alargado racimo de polis griegas independientes que habían tolerado bien el dominio de Creso, un filoheleno declarado, pero no lo iban a hacer tanto con el de los persas, que no sentían admiración alguna por su cultura.

Así las cosas, la llama de la sublevación prendió pronto entre las polis jonias. Aunque durante un tiempo los tiranos colocados por los persas al frente de ellas colaboraron con los designios de sus señores, enviando sus barcos y sus tropas allí donde se les demandaba, llegó un día en que trataron de aprovechar la oportunidad que se les ofrecía para arrojar de sí el dogal que les aprisionaba. Fue ese día aquel –corría el año 502 a. C.– en que los nobles de la isla de Naxos, cerca de la costa de Jonia, pidieron ayuda a Aristágoras, tirano de Mileto, para recuperar el poder que les había arrebatado una rebelión popular. Aristágoras aceptó y solicitó para ello la ayuda de Artafernes, sátrapa o gobernador persa de la provincia, que le envió doscientos buques con la promesa de añadir al Imperio las posibles conquistas.

Sin embargo, la frágil concordia entre ambos se reveló efímera, y cuando las primeras disputas acabaron con ella, el tirano griego optó por cambiar de bando: no sólo avisó a los habitantes de Naxos del ataque que se preparaba contra ellos, sino que levantó en armas contra Persia a todas las ciudades jonias, seduciéndolas con la promesa de abolir a un tiempo en ellas la tiranía y el dominio extranjero.

Así, en el año 500 a. C., daba comienzo la sublevación de Jonia, y es ahora cuando sucede algo que Darío I, el soberano persa, no va a olvidar jamás y que explica el terrible deseo de

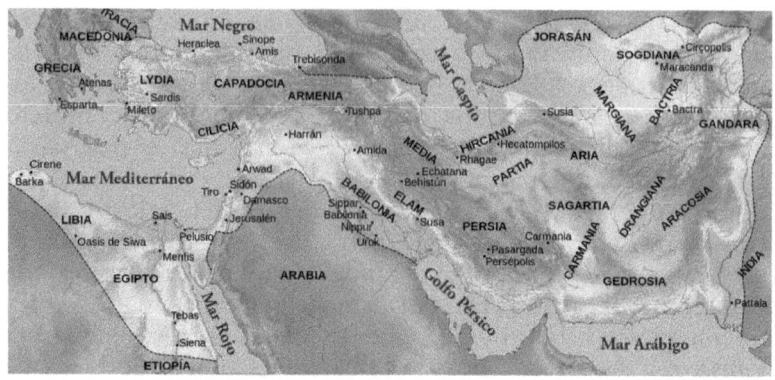

Mapa del Imperio persa bajo la dinastía de los aqueménidas. A pesar de su enorme extensión, el estado persa era un gigante con pies de barro que dependía en gran medida de la lealtad de los gobernantes locales, como demostraría la facilidad con la que se desmoronó ante el embate de las tropas de Alejandro.

venganza que más tarde va a apoderarse del ánimo del monarca. Aristágoras, consciente de la magnitud de los ejércitos que sus antiguos amos pueden enviar contra él, marcha a Grecia en busca de ayuda. Esparta, orgullosa o prudente, se la niega, pero Atenas, quizá más imbuida de solidaridad hacia sus hermanos amenazados por el odiado déspota oriental, le concede veinte buques. Con esta ayuda, Aristágoras marcha sobre Sardes, la capital de la satrapía, y la incendia.

De poco le sirvió la sorpresa. Los persas reunieron enseguida un gran ejército y pusieron en fuga a los griegos. Atenas, al saberlo, hizo regresar de inmediato a sus naves, y los jonios hubieron de continuar solos con su imprudente revuelta, que no podía tener otro destino que la derrota. Tras cuatro años de lucha a la desesperada, se jugaron los jonios su última carta en una batalla naval. Reunieron con gran esfuerzo una enorme armada que sumaba más de trescientos cincuenta barcos y la lanzaron contra los persas que sitiaban Mileto, esperando así romper el asedio. Pero los persas se defendieron llamando en su auxilio a la flota de sus súbditos fenicios, que derrotaron con facilidad a los jonios, muchos de cuyos barcos habían desertado en plena refriega.

Nada pudo ya parar a los persas. Mileto fue tomada al asalto y su población pasada a cuchillo o esclavizada, y tras ella, una tras otra, todas las ciudades de la Jonia y las islas que las habían ayudado en la rebelión fueron reconquistadas y sometidas a espantosas masacres y vejaciones. El dominio persa se había restablecido a sangre y fuego, y el pueblo jonio, más dado al orgullo y los placeres mundanos que al sacrificio y la unidad que habrían sido necesarios para ganar una guerra como aquella, fue sometido a una tan esperada como terrible humillación.

Pero en el ánimo de Darío, el susceptible emperador de los persas, la guerra había dejado un asunto pendiente. Según cuenta Heródoto, el más grande de los historiadores griegos, tanto ofendió a Darío la ayuda ateniense a los rebeldes que, tras haber preguntado a uno de sus consejeros quiénes eran esos extranjeros que se hacían llamar atenienses, clamó en alta voz: «¡Oh, Ormuz, dame ocasión de vengarme de los atenienses!», y enseguida ordenó que cada vez que se sentara a la mesa uno de sus servidores le repitiera tres veces al oído «¡Señor, acordaos de los atenienses!».

Y a fe que se acordó. No mucho después, en el 491 a. C., un embajador persa llevaba a las ciudades griegas la petición de su señor: la tierra y el agua, o, en otras palabras, la sumisión incondicional. Atenas se limitó a ofrecer una contestación, por supuesto, negativa; los espartanos, según se dice, no se conformaron con tan diplomática respuesta y optaron por una más contundente: arrojaron a un pozo al embajador persa y le dijeron con sorna: «Ahí tienes ambas».

No cabe duda de que en aquellos tiempos sabían cómo empezar una guerra.

12

¿Y POR QUÉ GANARON LOS GRIEGOS LAS GUERRAS MÉDICAS?

No se puede negar que la pregunta resulta pertinente, pues la victoria de los helenos sobre los persas nos recuerda casi al instante el triunfo de David frente a Goliat. Pero todo tiene su explicación. Al comienzo de las llamadas Guerras Médicas, en el 491 a. C., la diferencia de fuerzas entre ambos contendientes era, sencillamente, inmensa. Grecia no podía nombrarse en singular; no constituía de ningún modo una unidad política, sino una miríada de pequeñas ciudades independientes poco o nada acostumbradas a cooperar entre sí, como hemos tenido ocasión de ver. Y aunque lo hubieran estado, incluso en el caso de que los griegos hubieran sido capaces de allanar sus diferencias seculares y forzar su arisco espíritu particularista para formar una única entidad política, la desproporción habría seguido siendo enorme. Persia era un imperio de dimensiones nunca vistas con anterioridad. Su vasto territorio se extendía desde Egipto al Danubio, entre el Mediterráneo y la India, a lo largo de más de cuatro mil kilómetros que incluían las tierras más habitadas y fértiles del mundo, como los valles de los ríos Tigris, Éufrates y Nilo. Su población, inmensa, le permitía nutrir potentes ejércitos, y sus riquezas, incalculables, equiparlos con las armas más modernas y eficaces.

¿Cómo fue posible, entonces, que los humildes griegos, poco numerosos y con ejércitos que se contaban por unos pocos miles, pudieran derrotar a los persas hasta en tres ocasiones, y, a la larga, conquistar todo su imperio?

La respuesta romántica, e incluso eurocéntrica, pero nada histórica, sería aludir a la innata superioridad de la democracia sobre el despotismo, o, peor aún, de los valores occidentales, apegados al individualismo y al racionalismo, sobre los orientales, gregarios y supersticiosos. Pero nada de esto tiene cabida en el argumentario de un historiador que merezca tal nombre. Para responder a la pregunta no nos sirven los valores, sino tan sólo los datos objetivos.

Veamos, por ejemplo, lo que sucedió en el año 490 a. C. en la batalla de Maratón, la primera gran victoria de los griegos. El ejército persa era inmenso. Lo componían, según los historiadores griegos y romanos, entre cien mil y quinientos mil infantes, aunque hoy se tiende a reducir la cifra a menos de cien mil y no más de diez mil jinetes. Frente a ellos, los atenienses y sus aliados de la ciudad de Platea no pudieron reunir sino unos diez mil hombres en total. Pero el número no lo es todo. Los griegos se sentían como tales, aunque no fueran ciudadanos de un estado único; hablaban la misma lengua, poseían la misma cultura, y llegaban al campo de batalla espoleados por la poderosa motivación de defender su independencia y su modo de vida, que sabían amenazados de muerte por el invasor persa. Frente a ellos, la enorme masa del ejército de Darío constituía una heterogénea amalgama de individuos de todos los rincones del imperio, gentes que hablaban lenguas distintas, no se entendían entre sí y no estaban habituados a combatir juntos.

El armamento tampoco es un dato despreciable. Los griegos estaban muy bien pertrechados para la lucha cuerpo a cuerpo. Las armas de sus hoplitas, un escudo redondo, una lanza de casi tres metros de longitud y una espada corta, todo ello de bronce, así como su densa formación de combate, los convertían en especialmente aptos para las batallas cortas y sangrientas donde todo se jugaba a la ruptura de las líneas enemigas. Por el contrario, el equipamiento de la infantería persa, basado en un escudo de mimbre y una lanza corta, la hacía muy vulnerable y poco eficiente frente a ejércitos bien pertrechados y entrenados.

Las diferencias se agudizaron en la época de Alejandro Magno, en la segunda mitad del siglo IV a. C. La genialidad táctica y estratégica del joven monarca macedonio, sumada a su clarividencia política, multiplicó las ventajas griegas y colocó a su pequeño ejército, apenas cuarenta mil hombres, en condiciones de derrotar en repetidas ocasiones a tropas muy superiores en número. Los sátrapas persas formaban una estructura política ajena e impuesta por la fuerza a una multitud de pueblos –jonios, fenicios, egipcios, babilonios y muchos otros– que recibían con los brazos abiertos al joven conquistador a poco que les prometiera unas condiciones más ventajosas que las que padecían bajo los persas y un poco más de respeto por su fe y sus tradiciones.

En síntesis, los griegos fueron capaces de derrotar a los persas como resultado de su mayor cohesión interna, un ejército mucho mejor entrenado y equipado, y un liderazgo más cualificado que poseía una idea clara sobre sus objetivos: la supervivencia como pueblo libre primero, la venganza después. Nunca las guerras han sido ganadas por quienes acuden a ellas divididos, mal preparados y sin metas claras. En esto, como en tantas cosas, la historia parece tener sus propias leyes.

II

LA ÉPOCA CLÁSICA

13

¿Cómo surgió la democracia?

La pregunta se las trae. La democracia no es, ni mucho menos, la norma en la historia de la humanidad, ni siquiera en los tiempos más recientes, si no antes bien una excepción. Y si esto es así aún en nuestros días, tanto más había de serlo cinco siglos antes de nuestra era, cuando la inmensa mayoría de los seres humanos, con excepción de quienes no habían conocido aún el Estado, vivían bajo el yugo de terribles despotismos.

Aun así, en la Hélade, esa pequeña y no demasiado acogedora región del extremo oriental de Europa de la que venimos hablando, el despotismo se encontraría pronto con poderosos frenos que dificultaron su arraigo y terminaron por hacerlo imposible. Al principio, nada parecía anticipar tan poco habitual destino. En la polis, la ciudad-estado que constituía el marco de convivencia más habitual entre los griegos, el poder estaba también en manos de unos pocos, una cerrada camarilla de señores que asentaban en el pasado las razones de su poder, se sentaban solos en el consejo que regía los destinos de la colectividad y se reservaban para sí los cargos públicos. La asamblea, donde todos, poderosos y humildes, se reunían, nada decidía.

Pero aquel sistema, a diferencia de lo que sucedía en el resto del mundo, llevaba en su seno un poderoso germen de cambio. El árido clima de Grecia y la pobreza de su suelo no recomendaban una agricultura basada en los cereales como la de sus vecinos del despótico Creciente Fértil. El olivo y la vid, en consecuencia, acabaron desplazando al trigo y la cebada. Pero los nuevos productos servían poco para el autoconsumo y mucho para la venta en el mercado, lo que acabó por arruinar a los pequeños cultivadores incapaces de competir en precio con los grandes terratenientes, que fueron quedándose poco a poco con sus tierras. La tensión entre unos pobres aún más pobres y unos ricos todavía más ricos llegó pronto a hacerse insostenible, tanto que los poderosos temieron por su posición y buscaron allende los mares una solución capaz de aliviar el descontento.

Entre los siglos VIII y VI a. C., las colonias griegas se extendieron sin cesar, primero por las costas del mar Negro; luego por el norte de África, el sur de Italia e incluso las lejanas playas de Iberia. Pero la colonización, lejos de asegurar las posiciones de la oligarquía tradicional, no hizo sino comprometerlas aún más. Los nuevos asentamientos, que no orientaron su economía a la artesanía sino al cultivo de los campos, compraban en su patria de origen cuantos productos necesitaban para subsistir. La invención de la moneda, en el siglo VI a. C., acrecentó aún más el volumen de los intercambios. Las viejas polis griegas, alentadas por la demanda de las nuevas colonias, vieron cómo se desarrollaba su artesanía y su comercio. Una nueva clase social integrada por artesanos y comerciantes, opulentos pero apartados por completo del poder, hizo su aparición en la Hélade, mientras los aristócratas, incapaces de sumarse con éxito a las nuevas actividades, veían deteriorarse los fundamentos de su poder económico. Por otra parte, la aparición, a principios del siglo VII a. C., del hoplita, un soldado de infantería armado con casco, coraza, escudo redondo, lanza, espada y defensa para las piernas, hacía obsoleto el carro de guerra, la forma de lucha típica de la aristocracia que Homero describió en la *Ilíada*, minando todavía más los cimientos sobre los que se asentaba el poder de los nobles.

Busto de Pericles conservado en el Museo Pío Clementino de Roma, copia romana de un original griego. Político honesto y virtuoso, gran orador y dotado de un hondo sentido de estado, dirigió Atenas en el momento de su mayor gloria y terminó por convertirse en la encarnación misma de la democracia griega.

Sin embargo, los nuevos ricos contaban a su favor con el dinero que afluía a sus arcas, pero eran muy pocos en comparación con los aristócratas que detentaban el poder; por el contrario, los campesinos pobres eran numerosos, pero carecían de una organización eficaz. Cada uno tenía lo que le faltaba al otro, y las nuevas tácticas de lucha basadas en los hoplitas favorecían a la multitud, al contrario de las viejas basadas en carros de guerra, hechas a imagen y semejanza de los aristócratas. De este modo, era cuestión de tiempo que los campesinos, por una parte, y los comerciantes y artesanos, por otra, se unieran para cambiar las cosas, y eso fue lo que sucedió en la mayoría de las polis griegas, aunque la forma y los resultados inmediatos de esta alianza fueron distintos.

En algunas ciudades, un aristócrata desesperado por su escaso éxito en sus aspiraciones políticas personales o, en otros casos, un plebeyo venido a más gracias al comercio volvieron esperanzados su rostro hacia las masas, buscando en ellas la fuerza que necesitaban para conquistar el poder. Cuando lo lograron, no dudaron en beneficiar al pueblo que los elevó, pero tampoco en reprimir con dureza a quien se les oponía, formara o no parte de sus filas. Los llamados *tiranos* se extendieron así por la Hélade, cubriendo sus ciudades de bellos monumentos y de ríos de sangre seca. Cípselo de Corinto, Fidón de Argos y, sobre todo, Pisístrato de Atenas pasaron a la historia, condenados por la democracia como sinónimos de una forma de gobierno por completo ajena a la que el tiempo sancionaría, no sin cierto voluntarismo, como propia del espíritu griego. Pero, en el fondo, esa democracia no habría sido posible sin ellos, pues su política, orientada a halagar a las masas de las que dependía su poder, allanó diferencias económicas y cambió para siempre la estructura social, preparándola para servir de sólido cimiento al nuevo régimen político.

Sin embargo, la tiranía no fue la única senda hacia la democracia. Los aristócratas a veces aceptaron compartir el gobierno con los demás grupos sociales y permitieron que un respetado legislador concibiera una nueva constitución y la pusiera por escrito para que nadie volviera a ampararse en la costumbre como pretexto para el abuso. Dracón, Solón y Clístenes en Atenas, Fedón y Filolao en Corinto, o Pítaco de Mitilene fueron algunos grandes legisladores. De su mano, el Consejo, en el que se sentaban ahora por turno todos los ciudadanos, era el que deliberaba y proponía, pero era la Asamblea, de la que todos ellos sin excepción formaban parte, la única que decidía. Las magistraturas se tornaron electivas o se sorteaba su desempeño. Incluso la justicia se impartía por turnos. Tres principios básicos, y hoy para nosotros irrenunciables, la *eleuthería* o 'libertad personal', la *isegoria* o 'libertad de expresión' y la isonomía o 'igualdad ante la ley', se grabaron entonces a sangre y fuego en el alma inquieta de los griegos. Contra todo pronóstico, había nacido la democracia.

14

Pero ¿era de verdad democracia?

Aunque sin duda incluso el más ingenuo de nosotros se formula a menudo esa misma pregunta respecto a los mismos regímenes que hoy nos gobiernan, no cabe duda de que resulta mucho más pertinente en el caso de la democracia griega.

Como ya escribiera en su momento el político e intelectual ruso Vladímir Ilich Uliánov, más conocido como Lenin, tan sonoro apelativo ocultaba un sistema de gobierno en el que la inmensa mayoría de la población se encontraba por completo excluida del proceso de toma de decisiones.

Tomemos como ejemplo la más perfecta y conocida de las democracias griegas, que pasaba por ser modelo de todas las demás: la Atenas del llamado Siglo de Pericles, durante la segunda mitad de la quinta centuria antes de nuestra era. En esta sociedad idealizada, en la que incluso los ciudadanos inválidos o indigentes reciben ayuda del Estado, y el pueblo, reunido en asamblea soberana, se gobierna a sí mismo, sin intermediario alguno, son muy pocos los que, en realidad, pueden considerarse ciudadanos de pleno derecho.

Si tomamos como referente una población media de unas quinientas mil personas a lo largo del siglo v a. C., un número muy elevado, en torno a los trescientos mil, eran esclavos. Estos, que a diferencia de lo que luego sucedería en Roma trabajaban en su mayoría para el Estado, carecían de derecho alguno, y no eran sino herramientas parlantes cuyos amos, ya se tratara del Estado, ya de un particular, podían tratarlos como un bien mueble más, algo que se compraba, se vendía o se entregaba como fianza, o incluso se enviaba a la guerra a luchar por una ciudad que en tan poca consideración le tenía.

Otro grupo numeroso, libre, pero igualmente apartado de la vida política de la ciudad, lo integraban los llamados metecos, esto es, los extranjeros a los que Atenas permitía generosamente vivir en su territorio, aunque no adquirir en él bienes inmuebles. Lo formaban unas veinte mil personas, casi por completo entregadas a las actividades económicas como el comercio, la artesanía, las finanzas o la construcción naval, que interesaban poco a los atenienses, más inclinados al cultivo de la tierra. Pagaban impuestos, eso sí, y no dejaban de ser útiles para prestar a la ciudad servicio de armas, pero no formaban parte de la Asamblea ni podían ocupar cargos públicos, y sus derechos civiles eran también inferiores a los que disfrutaban los ciudadanos.

También estaban excluidas de la política las mujeres, quizá unas cincuenta o sesenta mil, que, además de encargarse en exclusiva de las actividades domésticas y asegurar a sus poco afectuosos maridos —el matrimonio era un contrato, no una cuestión de amor– descendientes legítimos que heredasen el patrimonio familiar, desempeñaban un papel activo en la vida religiosa de la polis, pero no en la política, que se tenía por monopolio de los varones atenienses. En Atenas, como en toda Grecia, un ciudadano era un soldado, y un soldado, un ciudadano. Y las mujeres, en consecuencia, no eran ni una cosa ni la otra.

Si restamos también del total a los menores de edad, que podían alcanzar una cifra de cien mil o más, el total de atenienses que disfrutaban de plenitud de derechos políticos no superaba con toda probabilidad los cuarenta mil individuos, todos ellos varones, libres y, desde los tiempos de Pericles, hijos de padre y madre oriundos de la propia ciudad. ¿Puede denominarse con propiedad democracia a una sociedad en la que, dejando de lado a los menores de edad, sólo participaba en la toma de decisiones en torno a un diez por ciento de la población adulta?

Es cierto, no obstante, que esta participación superaba con creces aquella a la que estamos habituados en nuestros días. El ciudadano ateniense, fuera rico o pobre, ya que en nada afectaba eso a sus derechos políticos, tenía como prerrogativa asistir a las sesiones de la Asamblea que votaba las leyes, e incluso cobraba por ello; podía tomar allí la palabra sin que nadie se lo impidiera, y, a la hora de tomar decisiones, emitía un voto que valía tanto como el de cualquier otro ciudadano, por opulento que fuera. Los cargos públicos, elegidos en su mayoría por sorteo, tampoco le estaban en absoluto vedados, con excepción del generalato y la dirección de las finanzas públicas, que requerían, como es lógico, cierta cualificación, y tampoco se le exigía condición alguna para formar parte del Consejo de la ciudad, elegido por sorteo puro entre los ciudadanos, que preparaba las leyes sobre las que había de decidir la Asamblea.

Sin embargo, el sistema exhibía en su funcionamiento evidentes problemas de carácter práctico que comprometían aún más su carácter democrático. Muchos ciudadanos eran demasiado pobres o en exceso ignorantes para participar con un cierto conocimiento de causa y una aceptable autonomía en la vida política de la ciudad. La ignorancia los convertía en presas fáciles de la manipulación; la pobreza, en las víctimas preferidas del soborno. La democracia directa, además, en contra de lo que pueda pensarse, allana el camino de los demagogos. Un buen orador, aunque sea un pésimo gestor, puede conquistar el poder sin más condición que halagar los instintos de las masas ignorantes, y, al contrario, un mal retórico, por competente que resulte como administrador, nunca conquistará el esquivo y voluble aprecio del pueblo llano. En esas circunstancias, la democracia asamblearia se transforma enseguida y con notable sencillez en el fantasma terrible que se oculta embozado tras su seductora apariencia, eso que el mismo Aristóteles, aunque estagirita de origen, insuperable conocedor de la democracia ateniense de la época, denominó *oclocracia* –literalmente 'el gobierno de las masas'–. Y tras el gobierno de las masas, conviene recordarlo, no se oculta sino la tiranía de quien las manipula, mucho más difícil de combatir que la que actúa sin máscaras ni tapujos.

15

¿A qué se debió la enemistad entre Atenas y Esparta?

Pero ni aun esta democracia imperfecta y excluyente, si se nos permite el juicio moral extemporáneo, logra triunfar en todas las polis griegas. Muchas, es cierto, han seguido la estela de Atenas, pero otras, lejos de dejarse impresionar por la brillantez política y cultural de la capital del Ática, se aferran con tozudez al viejo régimen oligárquico. Esparta ofrece el mejor ejemplo de esta obstinación histórica. Su constitución, atribuida al mítico legislador Licurgo, apenas conoce cambio alguno durante siglos. Al frente del Estado, dos reyes con competencias militares y religiosas se miran de reojo, prestos a exorcizar, antes de que aparezca, el temible espectro de la tiranía. No muy lejos, cinco éforos los vigilan mientras velan por el respeto a la tradición y las leyes. Pero es la *Gerousía*, el Consejo vitalicio de ancianos mayores de sesenta años, veintiocho más los dos reyes, el verdadero depositario del poder. La Asamblea no tiene más participación que el voto, por aclamación y sin deliberación alguna, siempre sometido a la validación posterior de los *gerontes*, que pueden anularlo si lo consideran erróneo. Fuera de la comunidad política, los *periecos*, artesanos y comerciantes

La época clásica

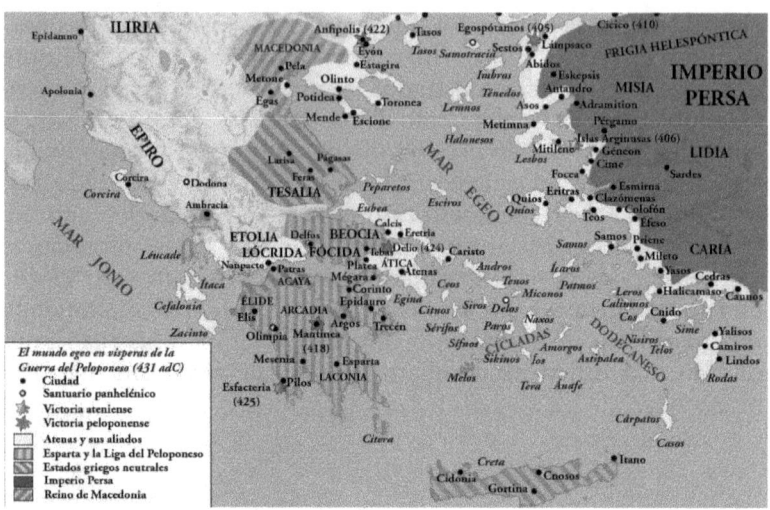

El mundo griego en vísperas de la guerra del Peloponeso (431-404 a. C.). El conflicto, que enfrentó a Atenas y Esparta al frente de sus respectivos aliados, constituyó una verdadera guerra civil griega que debilitó hasta tal punto a las polis que las sumió en una profunda decadencia.

que habitan los alrededores de la ciudad, y los ilotas, aldeanos sometidos a servidumbre, son objeto del desprecio de los orgullosos espartanos. Poco les importa que gracias al esfuerzo de unos y otros puedan ellos dedicar todo su tiempo a entrenar su cuerpo y su espíritu en la dureza de la vida militar, sin concesión alguna a la molicie de la vida urbana, que en su polis, poco más que un villorrio parco en monumentos y espectáculos, no posee el aire civilizado del resto de las ciudades griegas.

¿Bastan tales diferencias para explicar una enemistad tan acendrada entre atenienses y espartanos? No, desde luego, pues no habían sido lo bastante fuertes para impedir la colaboración leal entre ambas polis frente al invasor persa a comienzos del siglo v a. C. Fue después, concluidas las Guerras Médicas, cuando incluso la mera coexistencia se tornó difícil. Atenas se eleva entonces, bajo el gobierno de Pericles, al paroxismo de su esplendor, que hace de ella el modelo político y cultural que todas las polis griegas desean imitar. Pero los lacedemonios son poco sensibles a los logros culturales de la capital del Ática y, en lo político, se niegan a aceptar lo que toma cada vez más la forma de una verdadera hegemonía. La Liga de Delos, nacida en el 477 a. C. bajo la forma de una alianza preventiva contra nuevos ataques persas, se ha ido convirtiendo poco a poco en un verdadero Imperio de Atenas en el que sus aliados se asemejan a meros súbditos a los que todo se impone, desde el sistema de gobierno, la moneda, los pesos y las medidas, a las contribuciones al tesoro común, que los orgullosos atenienses administran en beneficio de su ciudad.

«Creo, a saber —escribió por entonces Tucídides— de acuerdo con la causa más verdadera, pero menos aparente por lo que se dice, que los atenienses, al hacerse poderosos y producir miedo a los lacedemonios, les forzaron a luchar; mientras que las explicaciones que se daban públicamente eran las que cada bando ofrecía, pretendiendo que por ellas se había quebrantado el tratado y entrado en guerra».

Tucídides tenía razón. La orgullosa Esparta no podía admitir la creciente hegemonía de Atenas. La expansión de los atenienses suponía el arraigo en toda Grecia de una constitución política que detestaba, pero también la garantía de que la hegemonía que ella misma había ejercido sobre Grecia antes de la invasión persa no regresaría jamás. Sólo el renacer de su propia confederación, la Liga del Peloponeso, sobre la que los lacedemonios ejercían una autoridad en todo semejante a la de Atenas en la Liga de Delos, podía evitar el final aciago que el destino parecía reservar a los espartanos.

Grecia entra así en un período que anticipa de algún modo la Guerra Fría, con la salvedad de que esta, por fortuna, no llegó nunca a convertirse en conflicto declarado. Hacia el 430 a. C., dos grandes alianzas integran a la gran mayoría de las polis; dos grandes potencias las dirigen; dos ideas del mundo y de la humanidad las enfrentan. Basta una chispa para que el conflicto larvado, y cada vez más caliente, se convierta en guerra abierta, y es lo que sucede cuando Atenas decide ayudar a Córcira en el conflicto que mantenía con Corinto, aliada de Esparta. Ha empezado la guerra del Peloponeso, una verdadera guerra civil helena que llegará a prolongarse durante casi treinta años, entre el 431 y el 404 a. C., y terminará con la derrota ateniense y la conversión de la otrora orgullosa ciudad en potencia de segundo orden.

16

Y ENTONCES, ¿POR QUÉ NO GANARON LOS ATENIENSES LA GUERRA DEL PELOPONESO?

Puede sorprendernos ese final. Sobre el papel, Atenas era más poderosa que Esparta y estaba mejor preparada para soportar un conflicto de larga duración. La capital del Ática no sólo poseía una economía mucho más desarrollada y una población más elevada, sino que contaba con los inmensos recursos que ponían a su total disposición sus aliados de la Liga de Delos, más numerosos y ricos que los amigos de Esparta en la Liga del Peloponeso. Y, al menos sobre el papel, el prestigio de que gozaba la civilización ateniense y sus realizaciones culturales en la Grecia de la segunda mitad del siglo v hacía esperable que, colocadas ante la tesitura de escoger, la mayoría de las polis se inclinasen por la seductora Atenas antes que por los poco simpáticos espartanos, cuya rígida mentalidad estoica y militarista se compadecía muy poco con el sentido amor por la vida de que hacía gala el alma griega.

Sin embargo, era en ese militarismo donde residía su mejor baza. La forma de vida de los atenienses no era la más adecuada para producir soldados duros y brillantes generales; la de los lacedemonios, educados en el sacrificio, la renuncia, la frugalidad y la disciplina, y entrenados desde la niñez para el combate, había de producirlos casi como un fruto maduro e inevitable. La profesión de los atenienses era la ciudadanía; la de los espartanos, la guerra.

A pesar de ello, en una conflagración tan larga hubo victorias y derrotas en ambos bandos. Durante los primeros años, Esparta, que invadió el Ática, fue superior en tierra, pero poco pudo hacer frente a la hegemonía naval de los atenienses. El fracaso de la expedición de estos a Sicilia les colocó, en una segunda fase de la guerra, al borde de la derrota definitiva. Pero, paradójicamente, no fue la habilidad marcial de los espartanos lo que les permitió alzarse con la victoria final. Atenas, semejante en esto a los Estados Unidos de América de la época de la Guerra Fría, no aplicaba de puertas afuera los elevados principios democráticos sobre los que se erigía su afamada constitución política, lo que generaba un profundo descontento en sus aliados de la Liga de Delos que los espartanos podían aprovechar con facilidad. Además, los lacedemonios demostraron ser tan buenos diplomáticos como guerreros, pues no sólo lograron que buena parte de los socios de Atenas se levantaran en armas contra su aliada, sino incluso arrancaron a los mismos persas hombres y dinero en apoyo de las ciudades rebeldes.

Y tan inesperada como la habilidad que los espartanos demostraban en las movedizas arenas de la diplomacia fue la torpeza exhibida por el veleidoso pueblo ateniense a la hora de defenestrar a sus mejores generales. A título de ejemplo, seis comandantes fueron ejecutados tras una victoria sobre Esparta por no haber podido rematar con éxito la destrucción de sus barcos. La demagogia, la terrible espada de Damocles que, a decir de Aristóteles, pende constantemente sobre la democracia, se había apoderado del pueblo ateniense, cuyo destino quedó en manos de oradores sin escrúpulos, más atentos a la gloria personal que al bien de su patria.

Con ello, Atenas minaba por sí misma los cimientos de la fuerza sobre la que descansaba su única oportunidad de derrotar a Esparta: su armada. Y mientras, los espartanos hacían todo lo contrario, revelando que la democracia no gana las guerras por el hecho de serlo ni la oligarquía las pierde por la misma razón, sino que, junto a la entrega de los gobernados, son la capacidad, el patriotismo y la visión de estado de los gobernantes las mejores bazas en un conflicto. Mientras Atenas forjaba su propia desgracia condenando a sus mejores hombres, Esparta se mostraba capaz de dejar de lado por un instante sus prejuicios oligárquicos poniendo su suerte en manos de un almirante capaz, aunque, en contra de la costumbre, de linaje ajeno a la familia real. Lisandro, el artífice de la victoria naval de Egospótamos, que selló en el 405 a. C. la derrota total de los atenienses, ofrece la mejor prueba de que ninguna idea ni ningún sistema político, incluso el mejor de ellos, llevado al extremo donde la virtud se convierte en fanatismo, es capaz de enfrentarse de manera adecuada a los problemas colectivos.

17

¿Por qué el arte griego era tan diferente?

La respuesta a esta pregunta, sin que sirva de precedente, es bastante simple: el arte griego era tan diferente de cuantos lo precedieron porque la sociedad que le dio vida lo era también. La cuestión, por tanto, debe ser reformulada en estos términos: ¿qué tenía de especial la sociedad griega para hacer posible la aparición de un arte tan especial?

Retrocedamos un poco en el tiempo. Durante los dos o tres milenios anteriores a la eclosión de la civilización griega, las sociedades humanas que habían avanzado lo suficiente para desarrollar una cultura escrita se caracterizaban por la más infame de las desigualdades. La distancia entre las minúsculas clases dirigentes, que detentaban una enorme proporción del poder económico y la totalidad del poder político y religioso, y la inmensa mayoría de la población era sencillamente abismal; el valor del ser humano, casi nulo. Las sociedades antiguas no conformaban sino hormigueros de dimensiones ciclópeas en los que el individuo no tenía más valor que el que generaba su trabajo ni más dignidad o derechos de los que él mismo podía arrancar por la fuerza, y siempre de forma temporal, de un Estado del todo arbitrario. Como ya destacara en los años cincuenta del pasado siglo el historiador alemán Karl August Wittfogel, caracterizaban la vida de las personas «...el terror total, la sumisión total, la soledad total», frutos todos ellos de una situación en la que el Estado era mucho más fuerte que la sociedad en que se asentaba y no respondía en su actuación a más principios ni limitaciones que los del propio gobernante y sus intereses.

Como era de esperar, el arte que estas sociedades extremas produjeron no tenía otra raíz que sus creencias ni otro destino que servir a los intereses de sus gobernantes. El individuo debía sentirse tan pequeño, tan insignificante que cualquier tentación de rebelarse contra su trágico destino le pareciera del todo quimérica. De ahí que el arte fuera obra del Estado y fruto único del trabajo de artesanos anónimos; de ahí que las dimensiones de sus productos fueran tan colosales que su mera contemplación transmitiera el mensaje del inmenso poder del

Hermes con Dionisos niño, por Praxíteles. (370-330 a. C.) Museo Arqueológico de Olimpia. El arte griego se concebía tomando al hombre como única medida, y sus proporciones marcaban un canon de belleza muy alejado de la intencionada monumentalidad de las obras precedentes.

déspota; de ahí también que lo divino, una dimensión de la vida colectiva del todo sometida al control del Estado, tuviera absoluto protagonismo sobre lo humano, y lo cotidiano se batiera en retirada ante la epopeya, la leyenda y el mito, siempre orientados a reforzar la idea de omnipotencia e inevitabilidad del despotismo.

Grecia es otra historia. Aunque conoció la Monarquía, nunca se desarrolló allí un verdadero despotismo oriental. Las necesidades de organización impuestas por el medio siempre fueron limitadas, como lo fue el fruto que la tierra rendía al esfuerzo humano, por grande que este fuera. Las posibilidades de centralización política, roto el paisaje en multitud de valles separados por montañas, eran escasas. Así las cosas, resultaba casi imposible la consolidación de un Estado de factura semejante a los que se habían desarrollado en la India, China o el Próximo Oriente asiático. La pequeña comunidad humana se convertía en la forma más lógica y la mejor adaptada a las peculiaridades del medio físico de Grecia, y fue en su seno donde se desarrollaron las condiciones que hicieron posible el nacimiento del concepto de ciudadanía y, asociada a él, la idea de la dignidad del individuo.

Por supuesto, Grecia, y Roma después de ella, trazaron límites hoy del todo inaceptables a esa idea. La dignidad no iba asociada al ser humano en cuanto tal, sino al ciudadano; no la poseían, por tanto, o al menos no en igual grado, los esclavos, las mujeres o los extranjeros. Pero la idea ya estaba ahí, y en relación con ella, una visión del mundo desde el individuo y para el individuo, una visión en la que todo, desde la economía a la religión, desde la sociedad a la política, gira en torno al hombre, entendido como entidad única e irrepetible.

Así las cosas, el arte griego no podía sino ser como fue: el hombre –también la mujer, pero en menor medida– es su protagonista, no el hombre el general, sino el individuo en particular, idealizado, pero real; el hombre es su destinatario, pues sus obras no persiguen empequeñecerlo, sino acogerlo, abrazarlo, servir a sus necesidades de diversión, reunión o debate político; el hombre es su medida, pues es la proporción entre sus miembros la que marca el canon de la belleza, en la escultura, pero también en la arquitectura, cuyos edificios son todos orgánicos cuyas partes se relacionan entre sí de acuerdo con principios geométricos semejantes a los del cuerpo humano. Frente a un arte para el Estado, como lo había sido el producido por las sociedades precedentes, el griego es un arte para el hombre. ¿Cómo no iba a ser diferente?

18

¿Y POR QUÉ SE INVENTÓ LA FILOSOFÍA?

Para responder a esa pregunta es necesario que antes nos pongamos de acuerdo sobre el objeto de la misma, es decir, antes de preguntarnos por qué se inventó, debemos saber lo que es. La etimología de la palabra nos aclara muy poco, aparte de recordarnos el amor al saber que inspira a los filósofos. Algo más útil resulta compararla con las otras dos grandes formas de aproximación a la realidad ideadas por el espíritu humano, la religión y la ciencia. De la primera la distingue su uso de la razón, y no la fe, como herramienta de conocimiento; de la segunda, su carácter no empírico: los filósofos piensan, pero no experimentan.

Pero quizá sea mejor definir la filosofía como una actitud ante la vida. El filósofo no se queda satisfecho con observar la realidad, ni con explicarla; pretende averiguar qué hay detrás de ella, responder a las grandes preguntas sobre el mundo y sobre sí mismo que laten en el interior del ser humano desde el comienzo mismo de los tiempos, y hacerlo de una única manera: valiéndose del pensamiento racional.

Pero ¿cuándo empezó a hacer eso la humanidad? En la antigua Grecia, por supuesto, o, para ser más precisos, en Jonia, aquel racimo de ciudades que perfilaban la costa occidental de Asia Menor. Fue allí donde, hacia el siglo VI a. C., los primeros filósofos, llamados presocráticos por haber precedido en el tiempo a Sócrates, el primer gran pensador heleno, dieron forma a los rudimentos de lo que luego daríamos en llamar filosofía. Se trató del primer paso por un camino que habrían de transitar después Platón y Aristóteles, San Agustín y Santo Tomás, Descartes y Kant, y cuantos grandes pensadores ha dado la humanidad. Pero ¿por qué allí? ¿Por qué no en Egipto o en Mesopotamia?

La respuesta está en la condición indispensable que hizo posible el nacimiento de la filosofía. Antes de su existencia, las sociedades humanas explicaban el mundo por medio de mitos, narraciones fantásticas protagonizadas por fuerzas o seres sobrenaturales que intervenían en la vida de las personas y se encontraban detrás de cada suceso, de cada guerra, de cada

La época clásica

Escuela de Atenas, por Rafael (1510-1512), Stanza della Segnatura, Ciudad del Vaticano. La filosofía puede considerarse un producto tan genuino del alma griega como la democracia, en tanto que ambas sitúan al hombre fuera de la naturaleza y en posición de comprenderla y dominarla.

logro y cada fracaso, de cada gozo y cada infortunio, y, desde luego, ofrecían respuesta a las grandes cuestiones sobre la vida y la muerte, el origen del mundo, el nacimiento de la familia o las características de la sociedad. Los poemas de Hesíodo, los mitos griegos por excelencia, no eran, en este sentido, en nada distintos a los nacidos en Egipto en torno al dios Osiris o en Mesopotamia alrededor de Gilgamesh. El nacimiento de la filosofía se produjo cuando se completó el paso del mito al logos, el abandono de la imaginación a favor de la razón, la aceptación exclusiva de aquello que pudiera ser explicado racionalmente.

Pero ese paso exigía, a su vez, que se vieran cumplidas ciertas condiciones que sólo estaban presentes en la sociedad griega. Algunos ingredientes del cóctel social que terminó por dar origen a la filosofía no eran exclusivos de Grecia: la moneda, el calendario, el alfabeto, el intercambio de ideas que el auge del comercio y la navegación hizo posible... pero otros sí lo eran.

Sólo en las ciudades griegas el individuo era lo bastante libre como para independizar su pensamiento y lanzarlo a la osada aventura de la razón. No había allí castas sacerdotales cerradas, como en Egipto o Mesopotamia, que preservaran celosamente todo conocimiento, ni ortodoxias que defender por medio de la violencia. La escritura no era una propiedad exclusiva del clero, tan compleja y cerrada que nadie salvo los iniciados podía acceder a ella. La discusión, el debate público de ideas, no sólo se permitía sino que era bien visto, incluso el alma política de la ciudad estado, y en él era la capacidad de persuadir, la argumentación racional, la única arma legítima, en ningún caso el linaje o la iluminación. En pocas palabras, quizá sea un tanto exagerado afirmar que la filosofía fue el resultado inexorable del desarrollo de la polis, pero seguro que no lo es decir que no habría sido posible sin su existencia previa.

19

¿Cómo se explican las extraordinarias victorias de Alejandro Magno?

El precio que la otrora orgullosa capital del Ática hubo de pagar por su derrota frente a Esparta en la guerra del Peloponeso fue terrible. La oligarquía, apoyada por celosos destacamentos espartanos, se impuso como sistema obligado de gobierno en las antiguas aliadas de Atenas, que se vio forzada a aceptar la destrucción de sus murallas, la entrega de su armada y la disolución de la Liga de Delos; recibió también el regalo de una guarnición lacedemonia, y sufrió en sus sensibles carnes el régimen más arbitrario y violento que nunca había visto, el conocido como Gobierno de los Treinta Tiranos.

Pero no sólo los vencidos en la guerra del Peloponeso padecieron sus nefastas consecuencias. Treinta largos años de conflicto cambiaron hondamente a los griegos. La fe en la democracia, degenerada en demagogia, sufrió un duro golpe. La figura del ciudadano soldado, que defendía a su patria con sus armas y la gobernaba con su voto en la asamblea, perdió peso frente al mercenario que se alquilaba al mejor postor. La guerra, antes puntual y breve, se generalizó y alcanzó extremos de crueldad nunca vistos con anterioridad. La hegemonía espartana no fue aceptada de buen grado, ni la tebana después de ella. Y la guerra continua minó las bases de la prosperidad griega, destruyendo los campos de labor y arrojando a las masas campesinas hacia unas ciudades que no tenían trabajo que ofrecerles.

No obstante, mientras Grecia se debilitaba poco a poco encaminándose hacia una indudable decadencia, al norte de la península balcánica, en Macedonia —una región que los helenos tenían por semibárbara a pesar del dialecto dorio que hablaban sus habitantes—, la secular anarquía y las sempiternas luchas tribales habían dejado paso al fin a una monarquía unificada.

Al principio, a lo largo del siglo v, los flamantes reyes macedonios estuvieron bastante ocupados afirmando la frágil unidad de su reino, amenazada todavía por los príncipes semiindependientes del norte y por la contumaz agresividad de sus vecinos ilirios y tracios, y la estabilidad de sus fuentes de ingresos, sólo asegurada tras hacerse con el control de las ricas minas de plata del monte Disoro, en Bisaltia, que, según narra Virgilio, producían un talento diario, es decir, unos treinta kilogramos del preciso metal.

Pero fue a mediados del siglo iv a. C., precisamente en el momento justo en que la orgullosa Grecia que tanto la despreciaba se hundía en lo más profundo de su declive, cuando ascendió al trono macedónico uno de esos hombres que parecen haber nacido sin otra razón que servir al elevado designio que da sentido a sus vidas. El flamante monarca se llamaba Filipo II y ese designio no era otro que la unificación de Grecia y la derrota definitiva del Imperio persa.

Filipo, un hombre ambicioso y sin escrúpulos que se había hecho con la corona usurpándosela a su sobrino, de quien era regente, era también un gran estratega que había aprendido mucho de Epaminondas, el célebre general tebano vencedor sobre los espartanos en Leuctra (371 a. C.), a quien había conocido en su juventud mientras permanecía como rehén en Tebas. Su revolucionaria táctica de combate, basada en el principio de la superioridad local como instrumento para romper las líneas enemigas, había elevado a Tebas a la primacía entre las ciudades griegas; las nuevas concepciones de Filipo sobre la tradicional formación hoplítica de la falange harían lo propio con Macedonia. Sin el legado de su padre, Alejandro Magno jamás habría derrotado a los persas y fundado un imperio de dimensiones colosales.

Representación idealizada de la falange macedónica en tiempos de Filipo II y Alejandro Magno. La enorme longitud de sus lanzas, las llamadas sarisas, que podían alcanzar los seis metros, y lo apretado de sus filas, que avanzaban en perfecta formación, la convirtieron en una unidad de combate virtualmente invencible hasta la aparición de la legión romana.

En efecto, en las apenas dos décadas que duró su crucial reinado, Filipo II derrotó a los peonios y los ilirios, asegurando así las fronteras macedonias; conquistó Anfípolis y Calcidia, y con ellas las minas de oro del Pangeo, y fue derrotando una tras otra a las distintas alianzas y ligas que los griegos alzaron frente a él hasta derrotarlos por completo en la batalla de Queronea en el año 338 antes de Cristo.

Pero el legado que Alejandro recibió de su padre no se limitaba a su ejército y a sus tácticas, sino a su designio. «¡Hijo mío, búscate otro reino que sea digno de ti. Macedonia es demasiado pequeña!», le había dicho Filipo entre lágrimas tras su decisivo papel en la victoria de Queronea. Y sin duda lo hizo. La muerte sorprendió al tenaz Filipo preparando la campaña que habría de liberar por fin las ciudades jonias que gemían bajo el dominio persa, de modo que Alejandro se incorporó a un proyecto en marcha. Pero se trataba de un proyecto de magnitud inconcebible y por completo distinto. Ya no se trataba de derrotar a una endeble alianza de ciudades que podían alzar en armas a unas decenas de miles de hombres, sino a un imperio colosal, capaz de poner sobre el campo de batalla a cientos de miles. Sin embargo, a pesar de tan terribles dificultades, Alejandro se alzó con la victoria y edificó casi de la nada un imperio que, aunque efímero, fue mientras duró, y con la sola excepción del de Gengis Kan, el mayor debido a un solo hombre.

¿Cómo fue posible semejante logro? Alejandro fue, sin duda, un hombre excepcional. Su irresistible carisma, la claridad de sus metas, su capacidad de organización y su genialidad como estratega pocas veces han coincidido en un solo individuo a lo largo de la historia. Sin embargo, es posible que tan raras virtudes hubieran sido insuficientes de no ser por la tarea que antes llevara a cabo su padre. La revolución en la táctica militar de los griegos y la unificación política de la Hélade sirvieron de sólidos e imprescindibles cimientos a los logros de Alejandro. Por ello podemos decir que sus victorias, de algún modo, fueron también las de Filipo de Macedonia.

20

¿Por qué los chinos edificaron la Gran Muralla?

Ya les oigo decir «esta me la sé». Pero yo en su lugar no estaría tan convencido. En ocasiones la visión de la historia que se nos ha transmitido no es del todo correcta y, cuando menos, necesita matizaciones. Este es, sin duda, uno de esos casos.

Porque es verdad algo de lo que creen saber: los chinos construyeron la Gran Muralla para defender su territorio de las invasiones de los pueblos que habitaban más allá de sus fronteras septentrionales, pero no de los mongoles. Y, sobre todo, sería conveniente que conociéramos bien a nuestros protagonistas. ¿Quiénes eran los chinos de entonces? ¿Y quiénes eran esos agresivos extranjeros a los que temían tanto los chinos?

Debemos ir poco a poco. La Gran Muralla no es la obra de un rey, ni siquiera la de una dinastía, sino la encarnación, diversa y cambiante, de una idea muy antigua que se remonta nada menos que al siglo v a. C., la de construir muros que protegieran las ciudades y los campos de cultivo de la amenaza constante y común a todos los pueblos sedentarios de los nómadas que vivían más allá de las fronteras. Es por entonces, en

La Gran Muralla china, construida entre los siglos III a. C. y XVII de nuestra era, la enorme construcción, llegó a alcanzar, sumando los distintos tramos que la formaban, más de veintiún mil kilómetros de longitud, aunque en la actualidad sólo se conserva alrededor de una tercera parte.

el contexto de una gran inestabilidad política, cuando diversos principados chinos levantan muros de tierra prensada con finalidad defensiva. La guerra continua, fruto de la ausencia de un poder central, explica un comportamiento que, paradójicamente, se repetirá, corregido y aumentado, cuando ese poder vuelva a existir y la amenaza del enemigo, no por más lejana en lo físico, deje de sentirse próxima en lo espiritual.

Así sucede en el siglo III a. C. Es entonces cuando China se reunifica de la mano de Qin Shi Huang, que ordena derribar las murallas interiores al tiempo que inicia, al otro lado del río Amarillo, la erección de una nueva muralla exterior orientada ya con claridad hacia el norte, la tierra habitada por los xiongnu, que amenazaban con sus correrías el territorio chino.

No fue, pues, en contra de la creencia popular, la amenaza de los mongoles la que movió a los chinos a levantar la Gran Muralla. Pero ¿quiénes eran estos xiongnu que habitaban, eso sí, las tierras de lo que mucho más tarde se llamaría Mongolia? La respuesta no es sencilla, porque no hay acuerdo en ello entre los historiadores. La hipótesis más atractiva los convierte en antepasados de los hunos, el célebre pueblo que, dirigido por Atila, amenazó Roma a mediados del siglo v de nuestra era. Pero esta interpretación dista mucho de alcanzar la unanimidad de los investigadores. Lo único que podemos asegurar es que durante siglos fueron enemigos de los chinos y sus relaciones con ellos variaron entre la agresión, el señorío y el vasallaje.

De todos modos, fue sólo el principio. La historia regaló a los chinos nuevos enemigos que tomaron el relevo de los xiongnu, y con ellos nuevos argumentos para preservar e incluso fortalecer la Gran Muralla. Sin embargo, debió transcurrir más de un milenio para que la colosal obra, la mayor que los seres humanos han levantado sobre la tierra, alcanzara sus proporciones definitivas.

Sucedió a mediados del siglo xv, cuando en el trono se sientan ya los emperadores de la más famosa dinastía china, la Ming. La muralla que construyen, que venía a sumarse a la existente, se le parece bien poco, pues a la tierra de las llanuras y la piedra de las montañas viene a añadirse ahora como material de construcción el ladrillo, y los simples terraplenes palidecen ante la erección de poderosas torres, fortalezas y cuarteles que se intercalan en sus muros. El enemigo tampoco es el mismo. Desaparecidos o integrados los xiongnu, son, ahora sí, los mongoles los que proyectan su sombra amenazante sobre las fronteras chinas. Conquistadores del país en el siglo XIII, cuando Gengis Kan se anexionó China como una parte de su vasto imperio, habían permanecido como dueños extranjeros del país hasta 1368, cuando fueron expulsados por los Ming. No debe extrañarnos, pues, que sea ahora cuando la Gran Muralla merece más atención. La era Ming marca su edad de oro.

Pero incluso en China las edades de oro alcanzan su final. Para los Ming este llegó en 1645, cuando los manchúes, los nuevos vecinos del norte, derrotaron a sus otrora invencibles ejércitos y se apoderaron del país. La colosal obra, con sus más de ocho mil kilómetros de longitud, que harían necesarios cien días si quisiéramos recorrerla a pie, había perdido por completo su utilidad, pues a uno y otro lado de la frontera que había nacido para proteger habitaba ya el mismo pueblo.

21

¿Por qué los romanos expulsaron a sus reyes?

Aunque la leyenda y la historia se confunden con cierta facilidad en los primeros y brumosos siglos de existencia de la civilización romana, la realidad de la monarquía como primera forma de gobierno, podada de los numerosos mitos fundacionales que la envuelven, no está en cuestión. Ahora bien, ni por asomo debemos imaginarnos a aquellos primeros monarcas romanos rodeados de la pompa y el boato que en casi todos los tiempos, con las limitaciones impuestas por la prosperidad de sus reinos, han rodeado a los reyes.

Roma era, entre los siglos VIII y VI a. C., poco más que una mísera aldea de casuchas de adobe que se arracimaban a las orillas del Tíber, una humilde corriente de agua que avenaba las tierras del centro de la península itálica; en nada, pues, semejante a los poderosos y volubles ríos del próximo y el lejano Oriente en cuyos ricos valles la humanidad había dado el salto de la barbarie a la civilización. Y eso es lo que fue durante mucho tiempo, como no fueron sus habitantes sino modestos labradores y sencillos pastores que empleaban muy poco de su tiempo, sus preocupaciones y sus esfuerzos en la artesanía o el comercio, mucho más desarrollados entre sus vecinos los etruscos.

Bastante tenían aquellas gentes humildes con subsistir, tomando, como escribieron los propios cronistas romanos, ora la espada, ora el arado, a un tiempo soldados y labriegos, y reuniéndose en apresuradas asambleas cuando lo requería la importancia de los asuntos sobre los que había que decidir, para aceptar sobre sus cansados hombros la pesada carga de un monarca de verdad. Sus reyes eran, en realidad, primeros entre iguales, tan campesinos como ellos, que dirimían, con más sentido común que conocimientos legales, los raros litigios que surgían en aquella sociedad atrasada, dirigían las tradicionales plegarias a sus dioses, y marchaban al frente de las tropas a una guerra en la que su sangre corría tanto riesgo de derramarse como la del último de sus súbditos.

Pero, como resulta fácil imaginar, no fue así durante mucho tiempo. Si Roma quería sobrevivir entre vecinos más fuertes que ella, debía rendirse a las mismas fuerzas que los habían hecho poderosos. Permeada por las influencias de su entorno, la pequeña ciudad junto al Tíber se dejó al fin seducir por la modernidad. La población se incrementó; las manufacturas comenzaron a desarrollarse, y los intercambios comerciales se multiplicaron.

Con todo ello, las sencillas relaciones que los romanos mantenían entre sí empezaron también a evolucionar. La igualdad casi perfecta que existía entre ellos se debilitó. Junto a los campesinos y pastores, pobladores originarios de la ciudad, fueron apareciendo los artesanos, los comerciantes y los trabajadores. Los primeros, llamados *patricios*, fuera cual fuese su riqueza, se reservaron para sí los derechos políticos que siempre habían disfrutado y negaron al resto, conocidos como *plebeyos*, la participación en las asambleas que decidían los asuntos que a todos afectaban.

Ya sabemos que en la Hélade había sucedido algo muy semejante y cómo había terminado todo. Los legisladores en unas polis, los tiranos en otras, atendieron a la frustración política de los apartados del poder y se apoyaron en ellos para cambiar la constitución de sus ciudades. Algo parecido ocurrió en la Roma monárquica, pero no fueron aristócratas quienes encabezaron la lucha por la extensión social de la participación, sino los mismos reyes. Apoyándose en los plebeyos, sometieron a los patricios; privaron de poder a las asambleas tradicionales, y crearon los llamados *comicios centuriados*, en los que la primacía absoluta correspondía a la riqueza, y no a la sangre. La democracia campesina dejaba paso a la plutocracia, y los reyes lo sabían. En una sociedad en la que la tierra perdía peso como fuente de riqueza en beneficio de la artesanía y el comercio era necesario que los que poseían la primera compartieran el poder con los que basaban su fortuna en los segundos.

Por ello, los reyes trataron de conservar de su lado las simpatías de los artesanos y comerciantes ricos. Trazaron calles, construyeron alcantarillas, erigieron monumentos, dotaron a la ciudad de su primer foro y sus primitivas murallas y, deseosos de incrementar a un tiempo su poder y el de sus amigos, se lanzaron a la guerra, expandiendo sin cesar las fronteras

Muerte de Lucrecia, por Eduardo Rosales. Museo Nacional del Prado, Madrid. Según la tradición, Tarquinio el Soberbio, el último rey de Roma, fue destronado en el año 509 a. C. mediante una revuelta cuyo disparador fue la violación de Lucrecia, una joven patricia, por Sexto Tarquinio, hijo del monarca. Lideraba la revuelta el sobrino del rey, Lucio Junio Bruto, ayudado por el esposo de Lucrecia, Lucio Tarquinio Colatino, y su padre, Espurio Lucrecio Tricipitino.

de Roma. Servio Tulio, el más grande de los reyes romanos, introdujo una reforma constitucional que poco tenía que envidiar a la propugnada en Atenas por Clístenes. Su resultado fue una timocracia, esto es, un sistema de gobierno en el que el poder correspondía a los ricos, sin distinción alguna basada en el origen.

Pero semejante reforma no podía menos que irritar a los patricios, la aristocracia tradicional, que basaba su dominio en la sangre y no estaba dispuesta a compartirlo con unos advenedizos, por muy opulentos que fueran. Por ello, en el 509 a. C., doscientos cuarenta y seis años después de la fundación de la ciudad, tras un violento golpe de Estado, expulsaron al último de sus reyes, Tarquinio el Soberbio, y proclamaron la República. No debemos, empero, dejarnos engañar por los nombres. Lo que de verdad había triunfado en Roma no era la democracia, sino la oligarquía. Llevaría tiempo que esa oligarquía volviera a integrar en sus filas a los plebeyos ricos, como había pretendido el rey Servio Tulio, para dar origen al sistema de gobierno característico de la Roma de los siglos II y I a. C. Y mucho tiempo más que los equilibrios logrados con tanto esfuerzo volvieran a quebrarse. Pero esto corresponde ya a la siguiente pregunta.

22

¿Por qué el pueblo romano terminó teniendo emperadores?

Parece una paradoja, pero no lo es. Primero, porque entre la caída de la Monarquía romana, en el 509 a. C., y la instauración de ese Imperio sin el nombre que fue el gobierno de Octavio Augusto, en el 27 a. C., transcurren nada menos que cinco siglos. Y segundo, porque entre uno y otro régimen son más las diferencias que las semejanzas, con la salvedad, claro está, de que en ambos casos el depositario del poder parece ser, y sólo parece, una sola persona.

La Monarquía romana era una magistratura de andar por casa, propia, como vimos, de una sociedad muy atrasada y asentada sobre unos límites geográficos muy reducidos: una pequeña ciudad y su entorno. El Imperio es, bien al contrario, una institución de vocación universal, hija de una sociedad compleja y avanzada que exigía un régimen distinto del que, durante centurias, les había servido bien, pero no resultaba ya funcional, a las viejas polis mediterráneas.

Por supuesto, la implantación del nuevo régimen no fue el resultado de una decisión consciente, sino una fruta que terminó por caer por su propio peso y que tardó bastante tiempo en madurar. Todo comienza, en realidad, en el siglo II a. C. Es entonces cuando todos los territorios ribereños del Mediterráneo empiezan a caer, uno tras otro, bajo el control económico y político de Roma. Sobre cada uno de ellos, los otrora humildes campesinos y pastores van trasplantando las instituciones originarias de su pueblo, pero no con el fin de

Vercingétorix arroja sus armas a los pies de Julio César, por Lionel Noël Royer (1899). Museo Crozatier, Le Puy-en-Velay, Francia El caudillo galo opuso gran resistencia a las legiones, pero su derrota en la batalla de Alesia (52 a. C.) ante Julio César supuso la caída de la Galia en manos de Roma y confirió a su vencedor un prestigio y un poder tan grandes que hicieron temer a muchos senadores su inminente dictadura.

elevar las tierras sometidas al nivel de desarrollo económico, cultural y político que ellos disfrutaban, sino con la intención de imponerles una explotación inmisericorde. En ese proceso que parece fortalecer a la República se hallan las semillas de su futura destrucción.

Los magistrados encargados de administrar las nuevas provincias eran muy dueños de hacer cuanto les viniera en gana. Y, por lo general, no desaprovechaban la oportunidad que se les brindaba, pues su carrera política, el denominado *cursus honorum*, solía exigir grandes inversiones en sobornos y compra de votos que sólo los dueños de una inmensa fortuna familiar podían afrontar sin riesgo de caer en la más absoluta ruina. Por ello, drenar cuanto dinero fuera posible, dejando a salvo los impuestos que había de recibir la propia Roma, se convertía en su meta fundamental durante el año que duraba su gobierno. ¿Y qué mejor manera de lograrlo que esquilmar el territorio sometido y ampliarlo cuanto pudieran?

La época clásica

No les resultaba en exceso difícil. La conquista suponía la confiscación de las tierras cultivables y su cesión a grandes terratenientes romanos o a legionarios licenciados que se convertían en colonos. Con ello, muchos indígenas se veían privados de sus medios de vida y no tenían más opción que el bandidaje o su incorporación a las tropas auxiliares de la legión. El primero se convertía en pretexto para la represión y las exacciones; el segundo, en el instrumento de nuevas conquistas que llenaban las arcas del gobernador local no menos que las de la siempre lejana Roma. Todos los caminos conducían así al mismo destino: la guerra incesante y la progresiva extensión de las fronteras de la ciudad del Tíber.

Pero, sin que nadie lo hubiera previsto, las conquistas empezaron a producir también cambios de gran calado en la propia Italia. El ciudadano romano, único que servía en las legiones, se veía forzado a desatender su explotación agraria para embarcarse en una campaña interminable casi cada año. Además, el trigo que producían los latifundios de provincias explotados por esclavos era tan barato que los labradores italianos no podían competir con él. Arruinado, el pequeño labrador-soldado vendía sus fincas, haciendo así más ricos a los latifundistas de la propia Italia, y emigraba a Roma. Allí, donde no abundaba el empleo, terminaba por entregarse a una vida ociosa, sin horizontes vitales ni ocupación estable, distraído por los espectáculos gratuitos y alimentado por los repartos de pan que ofrecían los candidatos a los cargos públicos a cambio del voto. Con ello, el ejército romano, de la mano del hábil general y siete veces cónsul Cayo Mario, experimentó un cambio fundamental. El soldado dejó de ser un ciudadano que se costeaba su equipo y regresaba a su labranza al llegar el otoño para convertirse en un profesional que percibía un salario, se beneficiaba de los botines tomados al enemigo y recibía un pequeño lote de tierra en provincias en el momento de su licencia, tras veinte años de servicio. De ese modo, el legionario pronto puso la lealtad en el jefe que cuidaba de su bienestar y le enriquecía con sus victorias por encima de la fidelidad al Estado.

Desde ese momento, la suerte de la República estaba echada. Sus instituciones estaban podridas; su ejército ya no la servía. Sólo la salvó del derrumbe inmediato la abundancia de generales triunfantes, cuyas encontradas aspiraciones se

Estatua del llamado *Augusto de Prima Porta* (20 d. C.), mármol con restos de policromía. Museos Vaticanos, Roma. Octavio, hijo adoptivo de Julio César y vencedor de la última guerra civil de la República, se convirtió, de facto, en el primer emperador de Roma.

anulaban entre sí, alejando con ello a Roma del peligro de la dictadura. Las luchas políticas, sin embargo, complicaban la cuestión. Roma se encontraba dividida en dos facciones: los *optimates*, partidarios de la oligarquía, y los *populares*, que pretendían frenar la deriva de los pequeños propietarios hacia la proletarización. Ambos trataban de ganarse el apoyo de un general prestigioso, pero la mayoría de ellos, hombres de gran carisma como el propio Cayo Mario y su antagonista Lucio Cornelio Sila, primero, y Cneo Pompeyo Magno y su rival Cayo Julio César, más tarde, lejos de prestarse a actuar como meros instrumentos de los distintos bandos del Senado, les impusieron su liderazgo. La enconada lucha en la arena política se trasladó enseguida al campo de batalla. Así se precipitó Roma por el abismo de la guerra civil.

Tres terribles guerras, separadas por efímeros períodos de paz, jalonaron la agonía de la República en el siglo I antes de nuestra era. Sólo la tercera decidió su suerte. Su vencedor, el joven Octavio, viose al fin dueño del poder supremo tras derrotar a su contrincante, el veterano Marco Antonio, en la batalla naval de Accio (31 a. C.). Nada cambió sobre el papel. Octavio, proclamado Augusto, mantuvo la apariencia de las instituciones. Pero era pura fachada. Por más que los ropajes externos de la República se mantuvieran, Roma se había convertido en una dictadura militar. El Imperio comenzaba su andadura.

23

¿Por qué se enfrentaron los cartagineses y los romanos?

Pero miremos ahora un poco hacia atrás. El camino de Roma hacia la hegemonía sobre la cuenca occidental del Mediterráneo, primero, y el conjunto de sus costas algo más tarde, fue lento y exigió de sus legiones remover, uno tras otro, numerosos obstáculos.

El primero de ellos –y, en realidad, casi el único– que estuvo a punto de poner en peligro el designio imperial de la ciudad del Tíber surgió de una urbe situada no demasiado lejos de sus fronteras, en la costa norte de África occidental, cerca de la actual Túnez. Su nombre era Qart Hadasht, 'ciudad nueva' en lengua semita, aunque nosotros, como los romanos, la conocemos como Cartago.

Durante siglos, no fue sino una de las muchas colonias fenicias diseminadas por el Occidente, pero poseía ventajas que acabaron por elevarla a la primacía sobre todas ellas. No existía en su desolada vecindad potencia alguna capaz de molestarla. La bien irrigada llanura donde se ubicaba era muy fértil. Su puerto, erigido en la encrucijada entre las dos principales rutas del comercio mediterráneo, le ofrecía la posibilidad de controlarlas, sumando así su riqueza a la de las caravanas que cruzaban el desierto hacia el centro de África. Y, en fin, la tradición colonial de sus antepasados fenicios otorgaba a los cartagineses la fuerza moral suficiente para afrontar designios imperiales. Tras la batalla naval de Alalia (535 a. C.), en la que las naves púnicas se impusieron a las griegas, el Mediterráneo se convirtió en

Aníbal cruzando los Alpes. Detalle de un fresco de 1510. Museo Capitolino, Roma. La penetración del ejército cartaginés en Italia durante la Segunda Guerra Púnica y sus sucesivas victorias sobre las legiones romanas estuvo a punto de provocar la derrota romana en el conflicto.

coto privado de sus mercaderes. Tres centurias antes de nuestra era, mientras en el Oriente los diádocos se disputaban los despojos del gran imperio de Alejandro, Cartago se había erigido en la mayor potencia del Occidente.

Entretanto, la humilde Roma también había cambiado. La incesante lucha que se había visto obligada a librar contra sus vecinos latinos, etruscos, samnitas o griegos expandió sus fronteras, sus horizontes y sus intercambios, tanto materiales como ideológicos, y con ellos, la artesanía y el comercio. Así, los plebeyos ricos se fueron haciendo más ricos, mientras los pobres lo eran también cada vez más. Descontentos unos y otros, aunque por bien distintas razones, aprovechaban los momentos de debilidad de un régimen siempre en guerra para presionar a sus gobernantes y arrancarles una concesión tras otra. La igualdad política, el acceso a las tierras públicas y a las magistraturas, y medidas que aliviasen la deuda de los campesinos fueron sus principales demandas. Cuando las alcanzaron, Roma había cambiado. El poder estaba ahora en manos de una coalición de patricios y plebeyos ricos, una alianza invencible entre la sangre y el dinero, entre la tierra y el comercio. Y una ciudad así no podía en modo alguno, por su propia naturaleza, detenerse. La conquista de nuevos territorios era ya para la élite romana algo tan necesario como respirar.

Por ello era cuestión de tiempo que Cartago y Roma se enfrentaran. A mediados del siglo III a. C., ambas estaban gobernadas por oligarquías expansionistas que se valían de la guerra como medio para satisfacer sus ambiciones y peleaban por el mismo espacio vital. Y, como el cónsul romano Marco Atilio Régulo había proclamado ante el Senado cartaginés, en la cumbre no hay sitio para dos.

Al principio, la coexistencia pareció posible: Italia sería para Roma, y Sicilia, Cerdeña, las Baleares y la península ibérica para Cartago. Pero la guerra llegó enseguida y, contra todo pronóstico, terminó con la derrota de los cartagineses. La Primera Guerra Púnica –los vencedores siempre escriben la historia– costó a Cartago una fuerte indemnización de tres mil doscientos talentos, el equivalente a ochenta toneladas de oro, en diez años, la reducción de su flota de guerra y, sobre todo, la renuncia a sus posesiones sicilianas, a las que luego se añadió Cerdeña. Agobiada por la deuda, Cartago debe buscar la manera de pagarla. Se plantea entonces un dilema: ¿ha de optar por internarse en África en pos de la riqueza de sus fértiles tierras y su comercio de caravanas? ¿O habrá, por el contrario, de consolidar su dominio sobre la rica Iberia, aún a salvo de la rapacidad romana, y excavar sobre su minería y su comercio cimientos más sólidos de la renovada potencia cartaginesa?

La decisión se toma con rapidez y, en pocos años, valiéndose tanto de la diplomacia como de la guerra, somete Cartago toda la costa ibérica entre Cádiz y la desembocadura del Ebro. Pronto, en el 226 a. C., los romanos reconocen en un tratado la legitimidad de los nuevos dominios púnicos. A su frente, Amílcar Barca, primero, y su hijo Aníbal, después, explotan sin misericordia los recursos de la Península para alimentar con ellos al ejército que habrá de servir como instrumento de su venganza sobre Roma.

Pero los romanos, libres al fin de los invasores galos cuya presencia les había forzado a suscribir el tratado del 226 a. C., esperan también con ansia el momento de asestar a su rival el golpe definitivo. Sólo se requiere un pretexto y Roma lo encuentra en la ciudad ibérica de Sagunto, a la que acoge bajo su protección aun a sabiendas de que se halla dentro del territorio cartaginés. Aníbal, empero, no se arredra; odia a los romanos desde que era un niño y espera con no menos ansia que ellos el momento de la venganza. Pone sitio a Sagunto y la rinde al cabo de ocho meses. Luego, declarada de nuevo la guerra por Roma, no se queda quieto: sabe que la base del poder enemigo se halla en Italia, y si quiere vencer es allí donde debe atacar. Y así lo hace sin dudar un instante. Los Pirineos, primero, y los Alpes, después, no lo detienen. Pasmados, los romanos caen una y otra vez bajo sus armas: Tesino, Trebia, Trasimeno y Cannas marcan los jalones de una marcha victoriosa hacia la misma Roma, que tiembla con sólo oír su nombre.

Sólo impiden la debacle tres cosas: la lealtad de latinos y etruscos, que no se dejan embelesar por las promesas de Aníbal; su propia indecisión, que permite recuperarse a los romanos cuando ya estaban vencidos, y el curso de la guerra en la península ibérica, cimiento del potencial bélico púnico. Cuando los romanos la ocupan, la derrota del genial caudillo es sólo cuestión de tiempo, pues, sin refuerzos y aislado en Italia, queda condenado a languidecer o escapar. Pero los romanos no quieren esperar; pasan a África y derrotan por completo a los cartagineses. Y, llamado a defender su patria, Aníbal cae también frente al más aventajado de sus alumnos, el joven Publio Cornelio Escipión, en la batalla de Zama (202 a. C.), que pone fin al conflicto.

Las consecuencias de la guerra son decisivas. No sólo Cartago desaparece como gran potencia; con ella muere la posibilidad de inclinar a Occidente hacia la civilización oriental. La victoria romana lo es también de una forma de entender la sociedad humana. La unidad construida sobre la comunidad de ideas y valores, envuelta en un firme sistema constitucional, esencia de la que llegará a ser la forma de ver las cosas propia del mundo occidental, se ha revelado más fuerte que la simple unidad de sangre. La nación política se ha impuesto sobre la nación étnica. Occidente, por segunda vez, como lo hiciera en la llanura de Maratón, o en las aguas de Salamina, ha triunfado sobre Oriente. Es difícil saber qué derroteros habría tomado la historia si hubieran sido los persas antes o los cartagineses después los triunfadores. Una cosa es segura: habrían sido muy distintos y, sin ninguna duda, peores.

24

¿Qué hizo tan poderosas a las legiones de Roma?

Las legiones han sido siempre, en especial entre los profanos, una suerte de símbolo indeleble del poder y la grandeza de Roma. Sin embargo, ni el Ejército romano fue siempre igual ni fue, ni mucho menos, siempre invencible. De hecho, la Roma de la Monarquía y los primeros siglos de la República, semejante en tantas cosas a una polis griega contemporánea, lo era también en su defensa. Sus tropas, lejos de constituir una fuerza permanente, se nutrían de ciudadanos que se costeaban sus propias armas y debían blandirlas cuando se les requería, para regresar después a sus asuntos. Por ello, las legiones de entonces formaban un heterogéneo conglomerado de soldados muy distintos tanto en apariencia como en equipamiento, este último proporcional en eficacia y calidad a la riqueza de su propietario.

Antes del siglo IV a. C., los ciudadanos más pobres, incapaces de costearse un equipo completo de buena calidad, formaban una infantería ligera armada sólo con jabalinas, los vélites. Pero incluso dentro de la verdadera legión podían distinguirse tres tipos bien distintos de hueste. Los *hastati* y los *principes*, que luchaban en primera línea, eran soldados jóvenes armados con lanza larga y escudo redondo, de mejor calidad en los segundos; mientras los *triarii*, que lo hacían en retaguardia, armados de la misma manera, eran veteranos de mayor edad.

En consecuencia, esta primitiva legión romana no era demasiado eficaz en el combate, lo que quizá explica su terrible fracaso ante los galos, que arrasaron Roma hacia el 390 a. C., y su reforma poco después. La vieja táctica de lucha en grupo dejó paso a la división en unidades pequeñas, los manípulos, y sus armas fueron sustituidas por una jabalina pesada, el famoso *pilum*, una espada corta, el *gladius*, y un escudo rectangular grande. El legionario, que completaba su equipo con un casco de bronce y una armadura de cota de malla, adquirió así el aspecto que lo haría tan famoso.

Legionarios romanos representados en la Columna Trajana (s. II), Roma. La legión fue durante siglos la institución militar más eficaz del mundo y sirvió de invencible sostén al Imperio romano.

Estas nuevas legiones fueron las que subyugaron Italia y vencieron a Cartago. Pero fue necesaria una reforma más, la emprendida por el general y siete veces cónsul Cayo Mario en torno al año 100 a. C., para hacer de la legión romana la unidad casi invencible que sería durante casi tres siglos. En lo esencial, Mario introdujo la paga de los soldados y la costumbre de remunerarlos con tierras en el momento de su licencia, con lo que fueron los ciudadanos más pobres los que pasaron a nutrir en su mayoría las legiones. Su disciplina y obediencia ciega hacia su comandante se convirtieron pronto en legendarias. Además, su estructura y organización se hicieron mucho más complejas y eficientes. La legión quedó integrada por unos cuatro mil ochocientos soldados de infantería, a los que se sumaban unos trescientos de caballería, las *alae sociorum*, equipo de asedio y un número variable de tropas auxiliares ligeras. La unidad táctica básica era la centuria, que contaba con ochenta hombres; dos centurias formaban un manípulo;

tres manípulos, una cohorte, y diez cohortes integraban una legión. Al frente de cada centuria se hallaba un oficial profesional, el centurión, el verdadero oficial al mando, aunque cada legión contaba también con seis tribunos militares, por lo general jóvenes aristócratas, y su mando general lo ejercía un legado.

Pero la columna vertebral de la legión la formaban los formidables legionarios. Versátiles como no lo ha sido jamás ningún otro soldado de la historia, eran capaces de marchar durante horas cargados con un equipo de hasta treinta kilos de peso —con razón se les llamaba con sorna «las mulas de Mario»—, erigir fortificaciones de la nada, levantar tiendas, construir calzadas e incluso cocinar sus propios alimentos. Reclutados por un período de veinte años, bien entrenados y disciplinados, beneficiados con pagas y mercedes claramente superiores a los que podía aspirar la plebe romana, y muy motivados por los botines que solían seguir a las victorias, se convertían en la más poderosa de las armas.

No resulta, por ello, insólito que estas eficaces legiones, comandadas por cónsules o pretores, conquistaran en tan poco tiempo las riberas del Mediterráneo y llevaran a Roma a la cumbre de su poder hacia el siglo II de nuestra era. Pero a lo largo del siglo III, la decadencia del Imperio comenzó a afectar también a sus otrora invencibles tropas. Por un lado, los nuevos enemigos de Roma en el este, como los persas o los sármatas, se valían de una caballería pesada, la *catafracta*, que resultaba muy eficaz contra las legiones, ahora de menor tamaño e inferior potencia de combate. Por otro lado, la concentración del ejército en las fronteras fortificadas del Danubio y el Rin, el *limes*, hacía que los invasores capaces de superar esa línea pudieran correr a sus anchas por cualquier provincia, saqueando a placer ciudades y campos indefensos. Por ello, el ejército romano tardoimperial hubo de adoptar una fisonomía muy distinta de la legión clásica, y ni aun así fue capaz de asegurarse la victoria contra enemigos cada vez mejor organizados y numerosos.

Durante los siglos IV y V de nuestra era, se consolidó la división de las fuerzas armadas romanas en dos ejércitos bien distintos, uno fronterizo, los *limitanei*, y otro móvil o de campo, los *comitatenses*, capaz de acudir con rapidez donde se lo necesitara, dentro del cual se integraban las tropas de élite, denominadas *palatini*. Las antiguas legiones, o, mejor dicho, sus restos, formaron los ejércitos *comitatenses*, y un gran número de hombres de origen bárbaro se integró también en ellos formando cohortes de tropas auxiliares, los *auxilia*.

Y este nuevo ejército, todavía poderoso y combativo, pero ya en modo alguno invencible, fue el que hubo de enfrentarse a los bárbaros. Cómo acabó la historia ya lo conocemos, pero no está de más que lo expliquemos un poco mejor.

III

LA ANTIGÜEDAD TARDÍA

25

Y entonces, ¿por qué cayó el Imperio romano de Occidente?

La respuesta no es nada sencilla. De hecho, no bastan los dedos de ambas manos para enumerar solamente las distintas versiones que los historiadores ofrecen de la muerte del Imperio de Roma. Pero, sea una u otra la preferida, lo cierto es que son muchos los presagios que predicen, ya desde el crepúsculo del siglo II, el fin del mundo romano.

Por supuesto, nos encontramos ante un proceso de gran complejidad en el que debemos huir de las explicaciones monocausales, por muy atractivas que resulten. Carece de sentido afirmar, como piensan la mayoría de los profanos, que fueron los bárbaros, sin más, los responsables de la caída de Roma, o, como sostuvo el mismo Edward Gibbon, que la verdadera causa de la decadencia de su civilización fue el cristianismo porque minó sus bases morales. La verdad es que son muchos los factores que explican la caída de Roma, y unos y otros se imbrican entre sí de tal modo que resulta difícil identificar el papel que desempeña cada uno de ellos.

La crisis del modelo económico romano, no obstante, merece que se le reconozca un valor cuando menos esencial. La esclavitud sirvió de cimiento a la economía imperial durante siglos. Los esclavos ofrecieron a Roma una mano de obra abundante y barata mientras la conquista de nuevos territorios aseguró su suministro continuo. Pero, por un lado, su bajo precio actuaba como freno para las innovaciones técnicas, pues ¿quién va a invertir en tecnología para ahorrar en mano de obra cuando esta es prácticamente gratuita? Y, por otro lado, su nula capacidad de compra funcionaba como límite a la demanda, de la que se detraían los millones de personas en todo el Imperio que no percibían salario alguno. Ambos resultaron factores clave para el sostenimiento del sistema a largo plazo que terminaron por imponer su lógica aplastante, conduciendo así a la economía imperial a una crisis irreversible. En otras palabras, el sistema podía seguir creciendo hacia afuera alimentándose de botines, mercados, tierras y esclavos. Pero cuando, en los primeros años del siglo II, las conquistas se interrumpieron, la economía empezó a debilitarse.

Y esa economía en decadencia hubo de soportar una creciente agresividad de los bárbaros, acuciados a su vez por una presión demográfica excesiva y, por ende, ansiosos por penetrar en lo que para ellos era un verdadero paraíso. Roma respondió cubriendo de fortificaciones el Danubio y el Rin para frenar a los aguerridos pueblos germanos; consolidando las vitales defensas orientales, comprometidas por los persas sasánidas –la amenaza, con mucho, más poderosa al principio– y vigilando de cerca a los nómadas saharianos, mientras se incrementaba sin cesar el tamaño del ejército y se disparaba el gasto militar.

Los efectos de esta política, nefasta, aunque forzada por las circunstancias, fueron demoledores. El incremento en el número de soldados reducía aún más la mano de obra a disposición de unas actividades productivas ya castigadas por la escasez de esclavos; la necesidad de financiar el creciente gasto militar forzaba a un incremento de la presión fiscal que asfixiaba una economía ya exangüe, y las alteraciones en el contenido de metal precioso de la moneda, burdo recurso para ahorrar oro y plata sin reducir el valor nominal del dinero, agravaron aún más la crisis al disminuir la confianza en él, favoreciendo el atesoramiento de las monedas viejas, acelerando el gasto de las nuevas y provocando así la subida de los precios.

Atila (detalle), por Eugène Delacroix (1843-1847). Biblioteca del Palais Bourbon, París. La llegada de Atila a Italia provocó un verdadero pánico entre los habitantes de la península. No sería, sin embargo, Atila, sino Odoacro, rey de los hérulos, el que pondría fin al Imperio romano de Occidente en el año 476 de nuestra era.

En consecuencia, los talleres y las fábricas, privados de clientes, faltos de mano de obra y asfixiados por la presión fiscal, empezaron a cerrar, mientras el comercio se contraía y las ciudades se despoblaban. De ellas huyeron primero las clases más pudientes, aplastadas por el peso creciente de los impuestos. Después lo hizo el resto, que marchaba al campo en busca de refugio en las grandes villas de los terratenientes, las cuales, ahora autosuficientes, atrancaban sus puertas a los agentes del fisco y ofrecían a los refugiados, convertidos en colonos, protección frente a los cada vez más numerosos bandidos y un terruño del que subsistir a cambio de una parte de la cosecha y del compromiso de no abandonarlo nunca. Las clases medias se extinguieron así lentamente. Entre los *honestiores*, dueños de la tierra –obispos, generales y altos funcionarios–, y los *humiliores*, que lo habían perdido todo –operarios miserables, campesinos, libertos–, apenas había nada. La antigua Roma de los artesanos y los comerciantes había muerto, dejando tras ella ciudades en ruinas, caminos descuidados y peligrosos, y campos que producían apenas poco más de lo necesario para alimentar a sus labradores.

Es cierto que la muerte del Imperio es lenta y que su vigor perdido parece a veces capaz de renacer de sus cenizas. Diocleciano y Constantino intentan, a caballo entre los siglos III y IV, devolver a Roma su gloria. Sus reformas, tan briosas como temerarias, lo abarcan todo: la burocracia, la moneda, los impuestos, incluso el ejército. Pero algunas de ellas son del todo erróneas y otras llegan demasiado tarde. Recetas como el aumento de los tributos o la adscripción forzosa de los hijos a los oficios de los padres lastran más que estimular la actividad económica. La misma división administrativa y política del Imperio entre Oriente y Occidente no es sino una confesión de la decadencia irreversible del segundo y de lo exagerado de su extensión. Y, en fin, todo ello no bastó tampoco para preservar las fronteras del ataque cada vez más decidido de los bárbaros. Ya en el siglo III, los francos y alamanes llegan con sus correrías a cruzar los Pirineos. En el 406, suevos, alanos y vándalos, originarios de las lejanas y abigarradas tierras del Rin y del Danubio, arrasan la Galia y terminan por penetrar también en Hispania. La humillación culmina un año después, cuando la orgullosa Roma sufre el brutal saqueo de los visigodos de Alarico. El Imperio semeja una pantomima incapaz de poner dique a la rebosante marea de los pueblos germanos. En el colmo de la indignidad, los césares recurren a otros bárbaros para tratar de recuperar al menos sus provincias más prósperas. Los pactos abren las puertas del Imperio a visigodos, ostrogodos, burgundios y francos, que se establecen dentro de sus fronteras, reciben tierras y se comprometen a cambio a proteger a quien así los acoge. Durante décadas, las luchas devastan los campos y las ciudades. En el 455, los vándalos de Genserico, en el colmo de la humillación, saquean a placer una ciudad que les ha abierto sus puertas a condición de que respeten las vidas de sus ciudadanos. Y por fin, en el 476 de nuestra era, mil doscientos veintinueve años después de su fundación, Roma deja el escenario de la historia. No era una ciudad, sino todo un mundo, el que moría. Pero su herencia no iba a desaparecer con ella.

26

¿ERAN LOS «BÁRBAROS» TAN BÁRBAROS?

En este asunto, como en tantos otros, el poderoso influjo de las modas acaba también por condicionar la tarea del historiador. Hasta hace unas pocas décadas, los libros que narraban la decadencia y la caída del Imperio romano, directamente inspirados en los cronistas de la época, como Hidacio, Ambrosio o Lactancio, trazaban un panorama desolador, casi apocalíptico, de la muerte de Roma. Las invasiones habían destruido la ciudad eterna y, con ella, la civilización, inaugurando un largo período de barbarie y oscurantismo que con el tiempo se denominaría Edad Media.

En los últimos años, sin embargo, la perspectiva ha cambiado de forma notable. Aunque no faltan autores que, concediendo total prioridad a las evidencias arqueológicas, siguen insistiendo en la idea de decadencia, la visión general de lo que se ha dado en llamar la Antigüedad Tardía, entre los siglos III y VI aproximadamente, es la de una transición entre dos mundos que, sin negar lo que tuvo de violento, presenta más bien los rasgos de una progresiva ósmosis cultural que los de una destructiva invasión.

No creo necesario optar entre ambas posturas, pues, como suele suceder, las dos poseen algo de la verdad. La decadencia económica, militar y política de la Roma imperial es un hecho incuestionable y que, más pronto o más tarde, afecta a todas las potencias hegemónicas de la historia, como bien han demostrado estudios como el ya clásico de Paul Kennedy. La arqueología ofrece tantas pruebas del punto hasta el que había descendido el nivel de vida medio del ciudadano romano que no merece la pena siquiera discutirlo. Pero tampoco puede cuestionarse que los pueblos que esperaban en las fronteras del Imperio para penetrar en él, bien en el momento en que lo lograron, bien unos años más tarde, ya no eran los bárbaros semisalvajes que con apocalíptica delectación describen los cronistas romanos, sin duda movidos por el ánimo de servir con sus escritos a la ideología de superioridad racial e histórica que, como sucede con todos los imperialismos, nutría también el imperialismo romano.

Bien al contrario, aquellos pueblos, que más que odiar a Roma la envidiaban y la admiraban, habían cambiado mucho en los siglos anteriores a la caída del Imperio. Lo habían hecho sobre todo como consecuencia de sus propias relaciones con el Imperio, que, después de varios siglos de convivencia, habían introducido en la organización económica, social y política de los pueblos germanos notorios ingredientes de modernidad. La imagen tradicional de una sociedad tribal apenas por encima de la mera subsistencia y regida por relaciones de índole personal ya no sirve a partir del siglo III para muchos de los pueblos vecinos de Roma. Gracias a la introducción del arado de hierro, el trabajo de los campos había elevado su productividad, impulsando el crecimiento de la población. La minería y la cerámica se habían desarrollado mucho, al igual que la orfebrería y el trabajo del vidrio, cuyos productos, muy apreciados, alimentaban un intenso comercio que la propia moneda romana venía a facilitar. La sociedad era ahora mucho más compleja. Junto a los campesinos se observaba ya la presencia de un nutrido grupo de artesanos y comerciantes, y sobre unos y otros se asentaban cada vez más unas élites rectoras en torno a las que estaba ya naciendo un embrión de Estado, de índole similar al feudal, pero sin duda mucho más complejo que la sencilla organización tribal que había distinguido a los germanos en las centurias precedentes.

No es extraño, pues, que aquellos pueblos ya no tan atrasados envidiaran a Roma y que antes que depredar sus aún inmensas riquezas prefirieran obligarla a compartirlas con ellos. Trataron, al principio, de permanecer aislados, pues no en vano constituían en todos los casos una pequeña minoría en relación con las masas romanas que habitaban en cada una de las provincias del antiguo Imperio. Evitaron las ciudades y se concentraron en aldeas, dedicados a cultivar la tierra y pastorear los rebaños a su antigua usanza. Pero tan ilusoria pretensión pronto se reveló imposible. La pujanza demográfica de los romanos, su potencia cultural y su madurez política e institucional eran demasiado fuertes para que los pueblos germanos pudieran conservar sus rasgos sin sucumbir al influjo de lo latino.

Y así, en Italia, en Hispania o en la Galia, los antiguos bárbaros comenzaron a mezclar su sangre con la de los moradores del caído Imperio. Las leyes que prohibían los matrimonios

Saqueo de Roma por los vándalos en el año 455, por Heinrich Leutemann. Los vándalos, instalados en el norte de África en el 429 tras arrasar la Galia e Hispania, fueron para los romanos la quintaesencia de la barbarie y aún lo son hoy para nosotros, que hemos conservado la palabra *vándalo* como sinónimo de salvaje y desalmado.

mixtos fueron derogadas. Los códigos legales separados dieron paso a nuevas leyes comunes en las que lo germano se batió en retirada frente a lo romano. El latín eliminó sin contemplaciones las lenguas nacidas más allá del Rin y el Danubio. Y, en fin, la ortodoxia católica romana se impuso sobre la herejía arriana que el obispo Ulfilas había sembrado entre los pueblos germanos antes incluso de su asentamiento en el Imperio.

Los reinos nacidos de la desmembración del Imperio romano de Occidente no fueron, con todo ello, reinos bárbaros, sino estados germanos romanizados. La unidad política de Roma había muerto, pero su herencia cultural, política y religiosa permanecía viva en aquellas gentes que no desearon jamás destruirla, sino beneficiarse de ella.

27

¿POR QUÉ TRIUNFÓ EL CRISTIANISMO?

Las deidades griegas y romanas, semejantes en tantas cosas, lo eran sobre todo en su naturaleza. Eran dioses de la ciudad, siervos intangibles de la permanencia del Estado. Protegían a la tribu, a la familia, pero olvidaban al individuo, incapaces de darle respuestas, consuelo o esperanza. Por ello fueron útiles sólo mientras las miradas de los hombres y las mujeres no se elevaron más allá de las murallas de su ciudad. Luego, cuando, por fin, el comercio y la navegación abrieron sus mentes, las personas se sintieron huérfanas de amparo y emprendieron la búsqueda de bálsamos más eficaces.

Cada uno buscó como sabía. Los más cultos trataron de encontrar respuestas en la razón y probaron a comprender la naturaleza para dejar de temerla. Así nació la filosofía. De su mano, el individuo se percibió y, lo que es más importante, se concibió a sí mismo como algo distinto del mundo y trató de comprenderlo para luego someterlo a sus designios. Pero para la mayoría era demasiado pronto. La razón no ofrecía consuelo; antes bien, sembraba en el espíritu la desazón y la incertidumbre. Por eso, adoraron dioses distintos, capaces de brindarles el alivio que anhelaban, dioses cercanos, con los que se podía establecer una relación personal, divinidades que prometían la salvación y, con ella, un poco de seguridad en esta vida y esperanza en la venidera. Dionisos y Orfeo, los misterios de Eleusis y el oráculo de Delfos pronto ocuparían en el alma de muchos griegos el lugar de Zeus y su parentela divina.

Roma sufrió idéntica evolución. La vertiginosa rapidez de las conquistas y los cambios sociales y económicos que llegaban con ellas enseguida esparcieron por los espíritus la vacilación y la congoja. Víctimas de la guerra continua, sometidos a un servicio militar perpetuo, privados de las tierras que habían labrado durante generaciones, incluso adormecidos por los violentos espectáculos y los repartos de grano gratuitos con que las nuevas clases dirigentes trataban de comprar su voto y su silencio, seguían necesitando, quizá más ahora, algo en lo que creer. Soldados y comerciantes, campesinos y artesanos, cansados de un culto árido y vacío, deseosos de consuelo frente a un mundo cambiante, miraron hacia Oriente y abrazaron sus exóticas divinidades de ritos secretos y místicos. Isis, Osiris, Serapis, Cibeles, Atis, Mitra e Ishtar fueron desplazando poco a poco al inútil culto estatal romano. Dioses salvadores, que perdonaban los pecados y ofrecían al hombre, envuelta en sus cultos intensos, la vía para la superación de las miserias de este mundo y la esperanza de una vida inmortal, alimentaron una llamarada efímera, pero capaz de servir de puerta a la irrupción del cristianismo.

El Dios de los cristianos viajó, como sus predecesores orientales, sobre las mulas de los legionarios que cambiaban de destino, o en la sentina de los mercantes que navegaban de puerto en puerto. Como ellos, brindaba consuelo, promesas de salvación y un vínculo directo con la divinidad. Pero ofrecía también otras cosas. Su profeta, Jesús, había sido un hombre de carne y hueso, no un simple mito. Su palabra, lejos de predicar un ritual llamado a embaucar a las masas ansiosas de misticismo, ofrecía un sólido referente ético, una norma de conducta de validez universal. Y su potente organización pronto trascendió los estrechos límites de una misteriosa secta de iniciados para convertirse en una iglesia en toda regla, dotada, de la mano del apóstol Pablo, no sólo de una liturgia y una teología elaboradas, sino también de un sólido entramado que prestaba igual atención al culto y a la caridad, nutriendo a la vez el alma y el cuerpo, y colmando así las necesidades espirituales y materiales de las depauperadas masas del Imperio.

Por todo ello, poco a poco, el sencillo mensaje de Cristo se fue extendiendo hasta los más lejanos confines del mundo romano. Al principio por los polvorientos caminos de Palestina; más tarde hacia Siria, Asia Menor, e incluso Egipto; en Occidente por último; antes en la costa, en los bulliciosos puertos, más abiertos siempre a las nuevas ideas, después en el interior, en los lugares más apartados de las grandes rutas comerciales del Imperio; primero en las ciudades, complejas y dinámicas, luego en el campo, tradicional y cerrado –no es casual que *paganus*, 'habitante del campo', termine por significar lo opuesto a *cristianus*–; al comienzo entre los humildes, a quienes más urgía la esperanza y el consuelo, más tarde también entre los más acomodados, los artesanos, los comerciantes, los funcionarios; primero a pesar de la marginación, la amenaza y la persecución, luego gracias a la tolerancia de Constantino; por último, impulsado por el privilegio de Teodosio, que lo convierte, en el 398, en la religión oficial del Imperio.

28

¿Deberíamos decir que el cristianismo murió de éxito?

Es posible, porque el cristianismo triunfante se parecía ya bien poco a las sencillas palabras del humilde carpintero galileo al que debía su nombre. Mientras crecía, el mensaje originario de Cristo se transformaba poco a poco. Pronto surgieron las primeras diferencias en la interpretación de su palabra. Algunos, errados, dieron en ver en el Salvador el cabecilla de una revolución política que proclamaba la liberación de los oprimidos; otros, no menos descaminados, convencidos de que su reino no era de este mundo, llegaron a olvidar del todo su mandato de combatir las injusticias por medio del amor. Y las luchas entre unos y otros, contenidas al principio en el inofensivo terreno de la dialéctica, se dejaron ganar por el odio y enseguida se desbordaron en forma de agresión, violencia e incluso muerte, pues no dudaron quienes en ellas se enfrentaban en reclamar en su defensa el apoyo del Estado romano, buscando en él la firme garantía de su victoria.

Ya en el siglo II, ebionitas y nazarenos se negaban a renunciar a la ley mosaica, por considerar fundamentales los orígenes hebreos de Cristo. Otros cristianos se dejaron seducir por postulados de carácter gnóstico, elevando la iluminación directa del alma por encima de la fe como fundamento de la nueva religión. Mientras, no faltaban quienes, como el profeta Montano, haciendo una extraña lectura maniqueísta de los Evangelios, rechazaban como pecaminosa la dimensión carnal del hombre, invitando a sus fieles a practicar el ayuno y la abstinencia sexual.

Pero fue la naturaleza misma de Jesús el asunto que dio lugar a las más duraderas y sentidas polémicas, alimentando el aborrecimiento y el rencor entre los primeros cristianos. Bien pronto sostuvieron los adopcionistas que Cristo no había nacido Dios, sino que su naturaleza divina era resultado de su bautismo, por el cual había sido adoptado por el Padre. Luego, ya en el siglo IV, los arrianos defenderían que Dios no lo fue nunca, sino sólo la primera y superior de sus criaturas, cautivando con su palabra a muchos de los pueblos germanos que trataban por entonces de establecerse en el Imperio. Mientras, los macedonistas negaban la divinidad del Espíritu Santo, los monofisitas rechazaban la humanidad de Cristo, al que tenían sólo por Dios, y los nestorianos daban por hecho que en Cristo había dos naturalezas, humana y divina, pero separadas por completo.

Los debates y las divisiones no parecían tener fin, pero, contra todo pronóstico, fue afirmándose sobre ellos una ortodoxia que, sostenida casi siempre por el Estado y difundida a través de los concilios ecuménicos, terminó por imponerse, muchas veces por la fuerza. La Iglesia logró así asegurar su existencia y su cohesión, pero a un precio muy elevado. La creciente organización tornó en rígida jerarquía el igualitarismo de las primeras comunidades cristianas y llegó a confundir el bien de la fe con el beneficio de sus ministros, mezclando los asuntos de Dios y los del César hasta casi olvidar los primeros. La Iglesia primitiva, marginada y perseguida, pero pletórica de fe y caridad, que esperaba con anhelo la segunda venida de Cristo, iba dejando paso a la Iglesia medieval, cómoda entre las injusticias de un mundo cuyo fin ya no creía inminente y de las que, para escándalo de unos pocos, se había convertido en beneficiaria.

Porque la adopción del cristianismo como religión oficial del Imperio, a finales del siglo IV, lejos de favorecer la difusión del verdadero mensaje cristiano, sirvió a quienes se habían erigido en sus únicos intérpretes autorizados y selló

La antigüedad tardía

Batalla de Puente Milvio, por Giulio Romano (1520-1524). Museos Vaticanos, Roma. La victoria de Constantino en el 312 sobre su enemigo Majencio en la batalla de Puente Milvio supuso el ascenso indiscutido de aquel al trono imperial y, a la larga, el triunfo del cristianismo, que Teodosio convertiría en religión oficial en el 380 de nuestra era.

su destino durante siglos. En realidad, la decisión de Teodosio, que esperaba así frenar la imparable decadencia del Imperio, perseguía apuntalar el tambaleante Estado romano con el firme apoyo de la extensa organización de la Iglesia y su valiosa sanción espiritual. Pero no era Cristo, sino sus obispos, quienes ganaban algo a cambio. En adelante contarían con el respaldo del Estado para enfrentarse a las herejías, en especial las que cuestionaban el orden social vigente, y se elevarían a las más altas jerarquías de aquel Imperio crepuscular que abjuraba de sus dioses tradicionales y abandonaba su tolerancia religiosa para abrazar a uno ajeno y excluyente. Prostituido en aras de los espurios intereses de los poderosos, el mensaje de Cristo, que había expulsado a los ladrones del templo de Jerusalén, se rendía ahora ante sus herederos. Oculto tras la pompa y el oropel de la liturgia, su potencial para convertir los corazones por medio de la caridad se deshacía. La verdad del pobre carpintero de Nazaret, que debía hacer libres a los hombres, los animaba ahora a aceptar la esclavitud; su palabra, que había de despertar los espíritus, los adormecía. Los servidores de Dios servían ahora al César.

29

¿Existió el rey Arturo?

No puede negarse que, por obra de la literatura y, en los últimos tiempos, también del cine, Arturo, el legendario rey de los britanos, ha llegado a convertirse en un personaje célebre. Pero ¿qué hay de cierto en su historia? ¿Existió en realidad ese muchacho que, espoleado por su destino, arrancó de la roca la mítica espada *Excalibur*, remisa a dejarse atrapar por fuertes y experimentados caballeros, y se convirtió en el caudillo invencible de su pueblo en lucha contra los bárbaros paganos que amenazaban su libertad? Y, de ser así, ¿en qué época vivió en realidad? ¿Son acertados los atuendos propios de la Plena, cuando no de la Baja Edad Media con que Hollywood ha vestido a los orgullosos caballeros de la Tabla Redonda que siguieron, a decir de las tradicionales leyendas, a tan singular personaje?

Como suele suceder, algo de cierto hay en todo esto, pero tan entreverado de falsedades e inexactitudes históricas que resulta difícil reconocerlo. Arturo existió, desde luego. Es, por tanto, un personaje histórico real, como real fue su fama, que ganó luchando a brazo partido contra los sajones deseosos de imponer su dominio sobre Gran bretaña. Pero ni fue rey, ni

La antigüedad tardía

El rey Arturo, por Charles Ernest Butler. Figura legendaria como pocas, el Arturo histórico, que vivió en el siglo V de nuestra era, ha pervivido en el imaginario popular como un caballero medieval ataviado con una pesada armadura.

vivió a finales de la Edad Media, sino en su principio, y, sobre todo, no fue britano, sino romano.

En efecto, el Arturo histórico no fue otra cosa que un general romano de nombre Artorius o, con mayor exactitud, Lucius Artorius Castus. Descendiente de una familia de larga tradición militar y nacido en la región de Cornualles, al oeste de la provincia romana de Britania, su probada competencia profesional y sus grandes dotes para el mando le permitieron ascender con tanta rapidez que era ya *magister militum* o 'comandante supremo' de Britania cuando el finado Imperio romano de Occidente daba sus últimas bocanadas en las cálidas y lejanas tierras del Mediterráneo.

Dejada a su suerte Britania, Artorius, firme creyente en la absoluta superioridad de la civilización romana sobre la de los bárbaros que la amenazaban, y bizarro adalid del cristianismo frente al paganismo, hubo de librar una batalla tras otra en su defensa. No sólo los sajones, sino también los irlandeses, sufrieron los embates de su espada antes de que fuera encumbrado al gobierno supremo de la vieja provincia romana, allá por el 491 de nuestra era. No se trataba, pues, de un rey, sino de un mero gobernador de aquella tierra, pero la leyenda puso en sus sienes una regia corona que sin duda relumbraba más que el empenachado yelmo de general que las ciñó en realidad.

Tampoco fue Camelot, la mítica ciudad de la saga artúrica, la sede de su corte, pero sí Camulodunum –la actual Colchester, tenida por la urbe más antigua de Inglaterra, cuyo parecido fonético sin duda explica la confusión– su residencia inicial, de la que hubo de partir aquel mismo año para ganarse el reconocimiento de las distintas unidades militares sobre el que debía reposar su legitimidad. Y parecida inexactitud envuelve a la legendaria orden de caballería que fundó en torno suyo el flamante gobernador, sin duda necesitado de reforzar sus diezmadas legiones romanas, en especial las tropas a caballo, muy maltratadas por los invasores irlandeses, con cuantos hombres valerosos se mostraran dispuestos a engrosarlas. No eran, pues, caballeros en un sentido medieval aquellos jinetes, como luego los pintaría la leyenda, trasladando sin duda al siglo V una institución que no podía existir de ningún modo en aquella centuria, sino simples soldados de caballería, por más que algunos de sus nombres, como los de *s ir* Bedwyr o *sir* Kay, no fueran sino trasuntos de personajes que existieron realmente, como Betavir o Cayo.

No menos cierto, aunque embellecido por la leyenda, fue que el gobierno de Artorius ganó para la Britania olvidada de Roma un largo período de armonía. Su victoria, también histórica, de Badon Hill, ganada a los anglos en el año 493, supuso casi cincuenta años de tranquilidad para la isla. Dado que tan dilatado lapso de paz siguió a una larga etapa de miseria y persecución religiosa, no debe extrañarnos que los cronistas posteriores exaltaran hasta el exceso los triunfos del supuesto rey Arturo, atribuyéndoles a él y a sus inexistentes caballeros de la Tabla Redonda –una concesión al ornato– nada menos que la victoria de la civilización, el bien, la verdad y la fe sobre las tinieblas de la barbarie, la superstición y el paganismo.

¿Y qué podemos decir de la vida amorosa del Artorius real? ¿Existió la reina Ginebra, la esposa que le atribuye la leyenda, y fueron ciertos sus amores adúlteros con el bello *sir* Lancelot, el amigo traidor del Arturo legendario, y sus luchas contra Mordred, su sobrino e hijo a la vez?

Algo de cierto podemos rastrear también en la historia, que nada tiene que envidiar en este caso a la leyenda en cuanto a celos y violencia. Artorius se casó de hecho en dos ocasiones. Su primer matrimonio le unió a Leonor de Gwent, y fue tan breve que no cabe duda que concluyó en divorcio –una práctica del todo legal durante al menos el primer milenio de la Iglesia católica– quizá por abandono de la esposa. Su segunda mujer, esta sí, se llamaba Ginebra, y corrían ya los primeros años del siglo VI cuando Artorius, ahora empeñado en dar legitimidad a su poder y legarlo en herencia a sus descendientes, contrajo matrimonio con ella, por lo que cabe presumir que, al igual que en la leyenda, era mucho más joven que él.

Artorius tenía buenas razones para ello. Roma había muerto, dejando a su suerte a la brumosa y lejana Britania. Fundar un reino independiente en torno a una monarquía sólida no constituía ningún disparate, y era lo que de hecho estaba sucediendo en toda la Europa occidental por aquel entonces. Pero no todos los nobles romanos se mostraron de acuerdo con esa idea, que sin duda perjudicaba su elevada posición, subordinándolos para siempre a la familia de Artorius. Entre ellos pronto destacó Medrautus Lancearius, su sobrino, que enseguida aprestó un poderoso ejército del todo compuesto por bárbaros –anglos, sajones, escoceses e irlandeses, sobre todo– para lanzarlo contra su tío. Después de dos batallas, este Mordred histórico fue por fin vencido por Artorius, pero este, como cuenta la leyenda, resultó herido de gravedad. Agonizante ya, fue llevado a un fuerte romano ubicado en el muro de Adriano llamado Aballava, al que los imaginativos cronistas artúricos dieron el nombre de Avalón. Corría el año 514. La Edad Media, ahora sí, daba comienzo en lo que al correr de los siglos se convertiría en Gran Bretaña.

30

¿Por qué fracasó Justiniano en su empeño de restaurar el Imperio romano?

Mientras el esforzado Artorius defendía con denuedo la civilización romana en las veladas islas Británicas, las cosas no iban mucho mejor en el resto del Imperio. Es cierto que su mitad oriental, dominada por la brillante Constantinopla, conseguía resistir, no sin dificultades, a los fieros embates de los bárbaros. Pero a este lado del Mediterráneo las fronteras de Roma habían sido violadas una y otra vez. En la gélida Nochevieja del año 406, suevos, alanos y vándalos habían cruzado el Rin helado para luego devastar la mayor parte de la Galia, franquear los Pirineos e instalarse en Hispania y el norte de África. Los visigodos, tras saquear la misma Roma en el 410, se habían establecido, por su parte, en el sur de la Galia, mientras los francos hacían lo propio en el norte y los burgundios en el este. Unas décadas más tarde, a finales de la centuria, los ostrogodos se habían apropiado de la misma Italia, mientras en la olvidada Britania anglos, jutos y sajones terminaban también por vencer la resistencia de los últimos defensores de la romanidad. La deposición del niño Rómulo Augústulo, el último emperador, en el 476, no fue sino la sanción legal de una situación de hecho: el Imperio romano de Occidente había muerto mucho antes.

Los bárbaros habían llegado para quedarse, pero no para imponerse. Su escaso número y lo poco atractivo que resultaba su modo de vida para las poblaciones romanas, mucho más adelantadas en todos los órdenes, les impedían implantar sus costumbres y sus leyes, su religión y su cultura. Por ello, en los nuevos reinos nacidos de la muerte del Imperio sus señores germanos se conformaron con ocupar, ora de grado ora por fuerza, las mejores tierras y vivir sin mezclarse con sus forzados anfitriones. Durante décadas, este *modus vivendi*, que parece convenir a ambas partes, se mantiene. Siguen vigentes así entre los germanos principios tan importantes como la prioridad de los vínculos de sangre, la fidelidad personal al jefe y las creencias paganas o cristianas arrianas, mientras los viejos administradores romanos desempeñan idéntica función para sus nuevos amos, incapaces por sí solos de vertebrar estados sólidos.

Más tarde, allá por el siglo VII, los germanos aceptan como propios la lengua, la religión y el derecho del viejo Imperio y logran sus estados cierta estabilidad, pero escasa pujanza. Incluso el más poderoso de todos ellos, el reino visigodo de Hispania, lleva en su interior los bacilos de la descomposición, que se agazapan tras las continuas querellas entre sus nobles, la fragilidad del poder real, lo endeble de su economía y lo fragmentado de su sociedad, rasgos todos ellos comunes a los estados germanos. No será aquí, pues, donde pueda hallar el Occidente un heredero de Roma.

Por otra parte, parece lógico suponer que ese heredero debía pertenecer a la propia familia. Y fue en su seno, pero mucho más al este, en el antiguo Imperio romano de Oriente, ahora llamado bizantino, donde surgió el primer intento de reivindicar la codiciada herencia de Roma. Su protagonista fue el emperador Justiniano, quien, contra toda lógica, hizo de su vida una lucha incesante por restaurar en su plenitud el Imperio caído. Apenas iniciado el siglo VI, reconquistaron sus tropas la Italia ostrogoda y el reino vándalo del norte de África, e incluso arrebataron a los visigodos las Baleares y buena parte de Andalucía. Podía ser quizá el principio de la *Renovatio Imperii*, la 'restauración del Imperio'. Después de todo, la Hispania visigoda había revelado divisiones internas que debilitaban su resistencia ante una posible invasión, y los francos de la Galia no eran tampoco un enemigo imbatible. Durante la vida de Justiniano, el sueño pareció viable.

Sin embargo, se trataba tan sólo de una ilusión. Los recursos militares que habría exigido la conservación de los nuevos territorios eran muy superiores a los que podía desplegar de forma estable Bizancio, al que amenazaba en sus fronteras orientales el redivivo Imperio persa. En realidad, la misma debilidad de Occidente, que lo había convertido en presa fácil de los ejércitos del águila bicéfala, lo protegía de una ocupación duradera. Las provincias recién anexionadas eran del todo incapaces de compensar los gastos que exigía su defensa. Mientras en Egipto, en Siria o en Grecia las ciudades, algunas de ellas muy grandes, bullían aún de actividad, en Hispania, en la Galia o en la misma Italia no quedaban ya sino villorrios taciturnos poblados por criados, clérigos y soldados. Mientras

El emperador bizantino Justiniano I (483-565) en un mosaico de la iglesia de San Vital, en la ciudad italiana de Rávena. Su intento de reconstruir el caído Imperio romano no sólo estaba condenado al fracaso, sino que dejó exangüe su propio Imperio, asfixiado por el peso muerto de unas provincias que ya no podían sostenerse a sí mismas.

en el Mediterráneo oriental la artesanía era aún dinámica y pujante el comercio, al oeste del mar interior no existía ya más tráfico que el que sostenía el propio Imperio de Bizancio. Y los esclavos, los metales y el grano, productos de bajo precio que adquiere Constantinopla, no pueden en modo alguno compensar las ricas sedas, las imprescindibles especias y el precioso papiro que exporta, bienes de lujo que drenan hacia Oriente, en goteo incesante, el poco oro y la escasa plata que aún quedan en Occidente. Y, en fin, mientras en Bizancio permanece en todo su esplendor la rica y compleja sociedad imperial, con su orgullosa aristocracia de terratenientes y clérigos, de burócratas y generales, y sus nutridas clases medias de campesinos libres, artesanos y comerciantes, en Occidente, incluso cuando cae al fin el muro que separa al principio a bárbaros y romanos, no hay sino terratenientes y colonos, los que poseen la tierra y los que la trabajan.

Así, muerto Justiniano, sus conquistas, una tras otra, se perdieron. Era impensable que hubiera sucedido otra cosa. No podía mantenerse unido lo que se había hecho tan distinto, ni interesaba a Bizancio cargar por más tiempo con lo que no era ya sino un peso muerto. La presión de los eslavos y los persas forzó a sus emperadores a fijar su atención en los asuntos domésticos. Y así, Constantinopla, que, sin medir bien sus fuerzas, había querido erigirse en continuadora de Roma, hubo de renunciar al sueño.

31

¿Lo consiguió Carlomagno?

¿Podría quizá un nuevo Imperio en Occidente lograr lo que no había conseguido el de Oriente? La situación que acabamos de describir no invitaba a suponerlo, pues mal podía erigirse sobre tan débiles cimientos económicos el pesado armazón de un Estado fuerte. Y, sin embargo, también tuvo Europa su Justiniano. Era francés, si es que podemos llamar franceses a aquellos pobladores de una tierra aún conocida como Galia pero dominada ya por los francos, y su nombre era Carlos el Grande, o, de forma sincopada, Carlomagno.

La Galia del siglo VIII no era ni siquiera aún un reino unificado. Bajo la dinastía de los merovingios, el territorio se había fragmentado de hecho en cuatro reinos independientes, Austrasia, Neustria, Borgoña y Aquitania, todos ellos débiles y más preocupados por su propia supervivencia que por otra cosa. Sin embargo, fue en uno de aquellos reinos, Austrasia, donde llegó al poder una familia de nobles llamados a desempeñar un papel determinante en el que habría de ser el segundo intento de restituir la unidad perdida: los carolingios.

Los miembros de esta familia no eran reyes, sino tan sólo mayordomos de palacio, un cargo importante a pesar del nombre, aunque subordinado a la realeza, pero gobernaban de hecho aquel débil reino donde los monarcas se hallaban sometidos a sus nobles. Y lo hicieron con tal audacia que Francia se unió de nuevo, a tal punto que cuando, en el 732, el carolingio Carlos Martel derrotó a los musulmanes en la batalla de Poitiers, atrajo la atención del papa, que no tuvo reparo en autorizar el auténtico golpe de estado en virtud del cual el sucesor de Carlos, Pipino el Breve —así llamado por su escasa altura—, se ciñó en torno a sus sienes la corona de Francia. Por supuesto, a cambio, la Iglesia exigió su precio: un reino en la tierra para cimentar su dominio espiritual sobre Occidente. Pipino y su sucesor, Carlos, aceptaron y el día de Navidad del año 800 el pacto se firmó con todos los honores. En la misma Roma, cabeza ahora de los llamados Estados Pontificios, el papa León III coronaba a Carlomagno emperador de los romanos. El Imperio había resucitado, ¿o no?

En apariencia, así era. Carlomagno logró en muy poco tiempo reunificar el Occidente cristiano, o, al menos, la mayor parte de él, la que formaban la Galia, el norte de Italia y toda la Europa central hasta las tierras de Sajonia, Baviera y Bohemia. Sólo la España musulmana y la Gran Bretaña anglosajona se escapaban a su control. Pero la unidad de sus tierras era frágil, pues lo eran sus cimientos. Carlos fundó una capital en Aquisgrán, reunió en torno suyo una corte de intelectuales y clérigos, impulsó un notable renacimiento cultural, y se embarcó en un titánico esfuerzo de legislación. Pero un Estado fuerte exigía una economía sólida, y Europa no la tenía. La población sólo comenzó a crecer de nuevo a mediados del siglo VIII. La tierra siguió siendo casi la única fuente de riqueza, débiles todavía la artesanía y el comercio; la moneda, innecesaria, apenas circulaba: casi todo se pagaba en especie. No había oro con que sufragar las mercancías de gran valor ni barcos con que transportarlas. El Mediterráneo, como escribiera Henri Pirenne, era un «lago musulmán». Y con esos mimbres, la sociedad anticipaba los rasgos que, durante casi mil años, imprimirán su carácter al mundo del Antiguo Régimen: algunos, muy pocos siempre, aristócratas, laicos o eclesiásticos, propietarios de tierras, y una inmensa masa de labriegos, libres o siervos, que las cultivaban. Entre ambos no quedaba ya nada; sin artesanía ni comercio, con unas pocas ciudades que no merecían tal nombre, no podían existir las clases medias en las que, al correr de los siglos, ha residido siempre la voluntad de cambio.

Carlomagno comprendió pronto que sobre cimientos tan poco firmes no podía edificarse un Estado sólido y que sólo la aristocracia podía proporcionarle las personas y los medios para administrar su imperio. Por ello, y para asegurar su lealtad,

121

Coronación de Carlomagno en una miniatura del siglo XIII. A pesar de la fastuosidad de su corte y el impulso inicial de sus conquistas, el Imperio de Carlomagno era un gigante con pies de barro cuya debilidad interna lo condenaría a morir poco después de su nacimiento.

forjó con ellos una vinculación de índole personal; los nombró condes, marqueses o duques; los hizo agentes del Estado en sus propias tierras, y condicionó la seguridad en su posesión a la firme fidelidad a su persona. Se trataba de un contrato en toda regla: homenaje por beneficio, fidelidad a cambio de tierras, auxilio y consejo por protección.

El sistema funcionó un tiempo, pero sólo mientras los feudos no fueron hereditarios. Y era difícil que no lo fueran, pues los nobles pronto se plantearon la inutilidad de poseer tierras si no podían legarlas en herencia a sus descendientes, y no pasó mucho más tiempo antes de que cayeran en la fácil tentación de convertirse en pequeños reyes, cediéndolas a cambio de fidelidad a nobles de menor rango. Así las cosas, ¿cómo asegurar la lealtad de los aristócratas a un monarca que no disponía de otros medios para imponer su voluntad que aquellos que los mismos aristócratas podían darle? La Administración carolingia condujo con el tiempo, como no podía dejar de suceder, a la descomposición del Estado, que se disolvió como un azucarillo en el café, degenerando hasta convertirse en una pirámide de lealtades personales a cuya cabeza el rey terminó por ser un señor más, el único que no había jurado vasallaje. Había nacido el feudalismo.

Por ello era también cuestión de tiempo que el Imperio de Carlomagno acabara desintegrándose. Su sucesor, Luis el Piadoso, logró a duras penas mantenerlo unido gracias al apoyo de la Iglesia. Pero los hijos de este, Carlos el Calvo, Lotario y Luis el Germánico, tras años de lucha, pactaron en Verdún (843) repartirse, ya sin ambages, el legado de su padre. El Imperio había muerto. Tampoco los carolingios habían logrado mantener viva la herencia de Roma.

32

¿Fueron acaso los musulmanes los auténticos herederos de Roma?

El tercer intento de insuflar nueva vida al legado de Roma provino de un pueblo que le era por completo ajeno y que apenas había recibido con anterioridad su benéfico influjo. En realidad, se trataba de un pueblo más bien oscuro, desconocido, que se había mantenido durante siglos en las difusas riberas de la civilización, amparado quizá por la misma pobreza de las tierras que habitaba en los desiertos de Arabia. Pero lo cierto es que fue allí donde, al poco de iniciarse el siglo séptimo de la era cristiana, un profeta visionario, pero dotado de un extraordinario carisma, logró unir tras de sí a las heterogéneas y belicosas tribus árabes y cohesionarlas bajo el empuje de una nueva religión.

Mahoma hizo de aquellas bandas de vagabundos, ora ladrones, ora mercaderes, una *umma*, esto es, una comunidad de creyentes iguales regida por una sola ley; les dio algo en lo que creer, la verdad que dijo haberle sido revelada por el mismo Dios, y les persuadió, no sin cierta dificultad, de la justicia de entregarse a un proyecto tan ambicioso como irrealizable en apariencia: la conquista de todas las tierras en manos de infieles, la *Yihad* o 'guerra santa'. A la muerte de Mahoma, en el 632, Arabia podía por primera vez ser nombrada en singular; apenas tres décadas más tarde, dos imperios seculares,

La gran mezquita de Damasco, capital del Imperio omeya, fue erigida por el califa Walid I en el año 705 sobre la antigua catedral bizantina. De enormes dimensiones, simboliza el poder de los califas musulmanes, que amenazaban con someter a toda la cristiandad. Sin embargo, como en el caso del Imperio carolingio, el estado islámico era también un gigante con pies de barro, corroído por el virus mortal de la división interna.

Persia y Bizancio, habían caído a manos del islam, y las mejores tierras de Oriente, desde Libia hasta Persia, desde el Cáucaso hasta Egipto, se habían incorporado a su dominio. Cincuenta años después, el Imperio musulmán abarcaba desde el Atlántico hasta el Índico y, deteniéndose tan sólo a las puertas de la Galia, de Constantinopla y de la India, se había convertido, como mucho antes lo fuera la propia Roma, en el indiscutible señor del Mediterráneo. El islam parecía haberse erigido, en virtud del derecho que le confería la fuerza, en el indiscutible heredero de los romanos. Pero ¿cómo lo había logrado? Y, sobre todo, ¿lo era de verdad?

Los tópicos al uso presentan la fe como factor decisivo del éxito militar de los musulmanes. Sin embargo, la historia nos enseña que la religión suele inclinar la testuz ante el invencible poder combinado que proporcionan a los estados una economía sólida y una organización eficaz. En realidad, deberíamos fijar nuestra atención en tales factores y analizar en qué grado se hallaban presentes en la flamante civilización islámica.

Entonces tardaremos muy poco en apreciar que nunca antes, ni aun después, una potencia en ascenso ha contado con una combinación de ventajas semejante a la que disfrutaron los árabes: su firme voluntad de escapar de sus míseras tierras, incapaces de alimentar de forma adecuada a una población en crecimiento; la tentadora riqueza de sus vecinos más cercanos, los bizantinos y los persas, y la extrema debilidad de ambos imperios después de décadas de lucha sin cuartel entre ellos; la honda insatisfacción de los súbditos de esos estados, cansados de los gravosos tributos y la intolerancia religiosa de sus miopes gobernantes; el poder de atracción de una religión que se decía benevolente con quienes se sometieran a ella, aun sin abrazar sus dogmas; la ubicación misma del mundo musulmán, a medio camino entre Oriente y Occidente, entre los grandes centros de progreso tecnológico de la India y China, por un lado, y los no menos grandes centros del pensamiento, la cultura y el derecho de Grecia y Roma, por el otro... O quizá todo se redujera a un fenómeno tan sencillo como el señalado por autores como Francesco Gabrieli, que atribuyó la fulminante expansión del islam a una síntesis del «incontenible entusiasmo religioso» y el «incontenible estímulo del hambre».

Sea como fuere, lo cierto es que a mediados del siglo VIII era el islam, y no los apenas civilizados monarcas de las míseras tierras de Europa occidental, quien parecía contar con mejores títulos para proclamarse heredero de pleno derecho de la Roma imperial. Sin embargo, las apariencias engañaban. El Imperio islámico no era sino un gigante con pies de barro que enseguida se derrumbaría con estrépito.

33

¿Por qué los califas se mostraron incapaces de mantener unido su Imperio?

No podemos menos que sorprendernos ante la fatalidad y la inminencia de este destino. ¿A qué se debió el fracaso del Imperio de los califas? ¿Por qué se desmoronó en tan poco tiempo una construcción de apariencia tan sólida?

En realidad, el inmenso poder del Imperio islámico no era sino una seductora ficción. Los fastuosos ropajes externos de la civilización musulmana ocultaban bajo sus pliegues un cuerpo escuálido. La aparente solidez de su Estado escondía terribles debilidades. Sus fundadores, los árabes, no dejaron nunca de ser en su interior nómadas del desierto que llevaban consigo allí donde iban sus endémicas querellas tribales, pues su milenaria tradición de independencia se compadecía muy mal con las exigencias burocráticas de un Estado que, a imitación de sus modelos bizantino y persa, soñaba con la centralización sin contar con los medios para asegurarla. Los conversos recientes, a los que los musulmanes llamaban, no sin cierto desprecio, *mawlas*, preferidos sin mucho disimulo frente a los compañeros originarios del profeta, aceptaban sólo a duras penas su dolorosa marginación del ejercicio del poder y la exclusión total de sus beneficios. Los humildes, por su parte, observaban con irritación creciente el aumento de las desigualdades. Y en una sociedad en la que religión y política marchaban de la mano, las disensiones alimentaban enseguida nuevas herejías. La unidad inicial de la comunidad islámica se rompió enseguida; la tolerancia dejó paso al fanatismo, y el dinamismo cultural no tardó en resentirse.

Mientras las conquistas se sucedieron a buen ritmo, los generosos botines bastaron para limar un tanto las tensiones, aplacando la insatisfacción de las masas y atenuando su descontento, aunque lo que llegaba a manos de los humildes y los marginados no fueran sino las migajas. Todo parece, sólo parece, marchar bien hasta mediado el siglo IX. Al menos, la unidad política del Imperio se mantiene. Pero las cosas cambian pronto. La derrota de los ejércitos de Alá por los jinetes de Carlos Martel en Poitiers y la terrible eficacia del «fuego griego» de los bizantinos, capaz de frenar sus naves a las puertas de Constantinopla, detiene en seco las conquistas y extingue de repente el benéfico flujo de botines que acuden sin apenas esfuerzo a colmar las arcas del Imperio. Privadas de tan poderoso lenitivo, las tensiones latentes estallan y el Estado islámico queda abocado a romperse antes o después por sus frágiles costuras. Aunque los abasíes, que gobiernan desde el año 756, parecen capaces de frenar el proceso hasta mediado el siglo IX, las inclinaciones secesionistas de las provincias, inherentes a un estado extendido en demasía en el espacio, que depende siempre para su supervivencia de la lealtad de los poderes regionales, se intensifican poco a poco y enseguida hallan eco en una sociedad que ha dejado de obtener beneficio alguno de la supervivencia del imperio.

España, el norte de África, Egipto y Persia caen en manos de dinastías locales como las de los aglabíes, tuluníes, fatimíes o, en el caso de la península ibérica, los propios omeyas, reinantes en el Imperio islámico hasta el 756. Uno tras otro, los gobernadores niegan sus tributos y sus tropas al califa y, en un acto de gran simbolismo, dejan de mencionar su nombre en la oración de los viernes. Impotente para recuperar por la fuerza los territorios perdidos, el señor de Bagdad, la lejana capital del Imperio, no puede sino aceptar lo inevitable. Hacia el 900 de nuestra era, el califato abasí es tan sólo una hermosa entelequia cuya autoridad apenas se respeta más allá de los estrechos límites del actual Irak.

Al principio, la unidad espiritual persiste. Los nuevos soberanos se proclaman emires, no califas; sólo se consideran soberanos en lo político; la superior autoridad espiritual del comendador de los creyentes no se discute. Pero es sólo una cuestión de tiempo, pues en la sociedad islámica la política y la fe van siempre de la mano. Hacia el año mil, rota de manera irreversible la unidad política y espiritual del islam, sus pretensiones a la herencia de Roma no son ya sostenibles. Además, Europa, concluida ya su difícil travesía del desierto, se despereza. Será ella la que, a la postre, reivindique con mejores títulos el legado de Occidente.

34

¿Fue entonces la Iglesia la heredera de Roma?

Como vimos, la Iglesia católica, del todo vendida al Estado, había prostituido el sencillo mensaje de su fundador, rindiendo la devoción hacia la fe al amor por el poder. Y, sin embargo, no fueron Constantinopla, Carlomagno o el islam los verdaderos herederos de Roma, sino ella y sólo ella, porque fueron sus papas los que atesoraron durante un milenio la llama mortecina de la romanidad, protegiéndola de la destrucción a manos de los pueblos bárbaros que precipitaron la caída del mundo romano a lo largo de la quinta centuria de nuestra era. No es exagerado afirmar que Occidente no habría sobrevivido sin la Iglesia católica.

No lo habría logrado de no ser porque el cristianismo fue capaz de beber, mientras componía y reelaboraba su mensaje para hacerlo comprensible por todos, precisamente de las mismas fuentes que lo había hecho la civilización occidental: las corrientes culturales hebrea, griega y romana. La Iglesia adoptó del judaísmo su valiosa visión ética del mundo mientras la amputaba de su alicorto reduccionismo étnico para hacerla universal, y humanizó su rígida moral mosaica para acentuar la tendencia a la caridad y el perdón. Grecia sembró también en el cristianismo su fecunda simiente. Su filosofía sirvió a los padres de la Iglesia para tornar en religión organizada las sencillas palabras de un carpintero. De su mano, las dos o tres creencias básicas sobre las que se edificaba la fe desnuda de ritos de las primeras comunidades cristianas evolucionaron hacia un elaborado cuerpo teológico, escatológico y ético que trataba de ofrecer respuesta a todas las preguntas y una norma de conducta válida para todas las situaciones de la vida. Gracias a ella, esa doctrina contó con armas con las que defenderse del embate de los primeros herejes, fruto de las fuertes tensiones que se habían desarrollado en el seno de la conflictiva sociedad romana bajoimperial. Y fue su ayuda la que hizo posible que el mensaje de Cristo no se disolviera como un azucarillo en una perenne lucha de facciones enfrentadas sin remedio, prestas a aniquilarse entre sí.

No fue una tarea fácil. Sobre el papel, no cabía concebir dos visiones del mundo más irreconciliables que la cristiana y la griega. La filosofía de la Hélade había puesto a Dios en relación con el mundo, como inteligencia ordenadora, como causa primera y fin último o como Razón Cósmica; el cristianismo pondrá a Dios en relación con la historia, lo convertirá en su protagonista principal, en su razón de ser, hará de su encarnación el suceso que otorga sentido a todo lo demás. Los filósofos griegos habían concluido que la verdad absoluta no se halla al alcance del individuo, aunque

El papa Silvestre I bendice al emperador Constantino mientras recibe la tiara, la triple corona que simboliza el poder temporal sobre la ciudad de Roma. Fresco del siglo XIII, capilla de San Silvestre, monasterio de los Cuatro Santos Coronados, Roma. La Iglesia recibió del Estado seguridad y poder; a cambio, le confirió legitimidad. Pero el precio que pagó por ello fue muy elevado.

cada persona, cada escuela, poseen sin duda un poco de esa verdad; los pensadores cristianos se consideran en posesión de la verdad absoluta, porque les ha sido revelada por Dios, y desprecian como falsas el resto de las doctrinas. Para los primeros, es extraña la idea de un dios único, omnipotente y creador, que los segundos elevan a dogma principal de su fe, y no lo es menos la concepción del ser humano propia de la Iglesia, que lo entiende libre y enfrentado a cada momento a decisiones de carácter ético que poco tienen que ver con la identificación socrática entre el mal y la ignorancia que se había asentado con firmeza en la filosofía griega.

Y, sin embargo, lo irreconciliable se reconcilió, al menos en parte. Lo hizo cuando el pensamiento cristiano aceptó la fe y la razón como dos caminos solidarios hacia la verdad. *Intellege ut credas, crede ut intellegas*, escribiría San Agustín cuatro centurias después del nacimiento de Cristo. «Entiende para creer, cree para entender»: aún no hay separación entre ambos mundos; uno lleva al otro. Será Santo Tomás, nueve siglos más tarde, quien deslinde los campos, quien proclame, ya para siempre, la autonomía de la razón frente a la fe. Pero la Iglesia ha dado ya el paso. Al no rechazar la razón, al aceptar que a través de ella es posible el conocimiento, al concebir también al ser humano como ente distinto del cosmos, y no fundido con él, el cristianismo bajoimperial preservaba lo más esencial del pensamiento griego y hacía posible que, muchos siglos después, la razón volviera a desplegarse y a reclamar su protagonismo como potencia fundamental del entendimiento humano.

También sobrevivió en el cristianismo la herencia de Roma. La Iglesia había crecido al principio ajena al Estado, sin pretender conquistarlo ni derribarlo, convencida de que, en palabras del mismo Cristo, había de darse a Dios lo que es de Dios y al César lo que es del César. Luego prosperó a pesar de él, ocultándose de sus persecuciones, buscando en la cómplice oscuridad de las catacumbas la seguridad que requerían unos ritos que ahora se pretendían subversivos. Más tarde, cuando el Estado, falto de legitimidad, buscó recuperar su perdida trascendencia, la Iglesia no le negó su abrazo, aun al precio de olvidar que su reino no era de este mundo. Y así, llegado el momento de que aquel Imperio agonizante sucumbiera al fin, fue ella quien se proclamó su heredera legítima, conservando su sede en una ciudad que, habiéndolo sido todo, no era ya sino una urbe provinciana; preservando una lengua, el latín, que había servido y debía seguir sirviendo como patria común de los individuos cultos; asumiendo como propias la liturgia y las jerarquías romanas, y, en fin, guardando la idea misma del Imperio, levantando orgullosa la bandera de la universalidad en un mundo que, conmovido hasta los cimientos por la crecida imparable de aquella marea humana, se fragmentaba en una variedad infinita de reinos prestos a defender su independencia con las armas.

La Ética del judaísmo, la razón helénica y, en fin, el pragmatismo de Roma, fundidos en uno solo, y preservados así, casi intactos, durante centurias, permitieron a la Iglesia romana hacer de la Edad Media, tras su espantosa faz de miseria e ignorancia, el sagrario en el que se mantuvo viva la llama de la civilización clásica, presta a reanimarse cuando, superada la crisis, Europa se reencontrase al fin consigo misma.

35

¿Por qué había monasterios en la Europa medieval?

El papa, por supuesto, no hizo todo esto solo. Tampoco fue la curia romana, ni siquiera los obispos y los abades quienes asumieron como propia la tarea. El mérito hay que reconocérselo a personas mucho menos conocidas y, desde luego, mucho más humildes: los monjes.

El origen de la práctica del monacato se remonta muy atrás en la historia del cristianismo. No se trata en modo alguno, en contra de lo que muchas personas creen, de una institución medieval, sino mucho más antigua. Las primeras noticias que nos han llegado sobre hombres y mujeres que abandonaron la vida en sociedad para retirarse del mundo y practicar algún tipo de actividad contemplativa datan de los comienzos mismos del cristianismo, allá por el siglo III de nuestra era. Fue entonces cuando en Egipto algunos fieles comenzaron a abrazar la soledad, ya fuera buscando así lo que creían una comunicación más directa con Dios o una más perfecta obediencia a sus mandamientos, ya escapando de la represión, ya buscando una alternativa al martirio, que se había vuelto imposible tras el fin de las persecuciones imperiales. Las mismas palabras «monje» y «monacato» derivan del griego *monos*, que se traduce al castellano como 'solo'.

Esta soledad de los primeros monjes, quizá fruto de la aplicación literal de las palabras escritas por San Mateo en el capítulo 19 de su Evangelio —«Y todo aquel que haya dejado casas, hermanos, hermanas, padre, madre, hijos o hacienda por mi nombre, recibirá el ciento por uno y heredará vida eterna»— no fue, sin embargo, ni mucho menos, la norma en el monacato posterior. Antes al contrario, este habría de caracterizarse por la vida comunitaria de acuerdo con una regla dictada por un religioso de autoridad reconocida y luego sancionada de forma explícita por las autoridades eclesiásticas. Si bien la regla más célebre del monacato universal fue la redactada por Benito de Nursia en el siglo VI, origen de los benedictinos, el honor de componer la primera de ellas, otorgando así carta

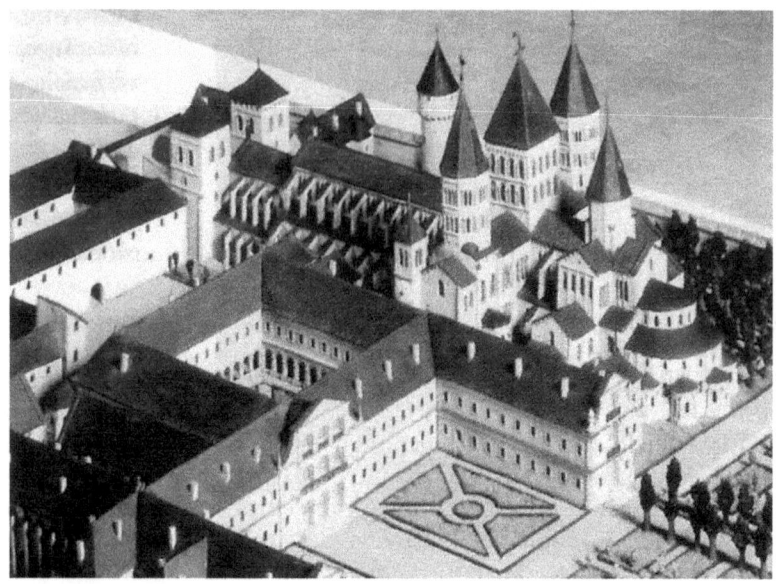

Abadía francesa de Cluny, en Borgoña. Fundada en el siglo X, pronto se convirtió en el centro de la vida monacal de Europa y cabeza de la orden monástica más poderosa del Medievo hasta el gran impulso dado a la reforma del Císter por San Bernardo de Claraval, en el siglo XII.

de naturaleza al monaquismo comunitario, corresponde a San Pacomio, un monje egipcio nacido a finales del siglo III, al que se tiene por fundador del primer cenobio cristiano.

Aunque muy elemental, repetitiva y no poco caótica en su formulación, resultado de la experiencia antes que de la reflexión, la regla de San Pacomio contiene ya los elementos característicos de todas las que la siguieron: la importancia concedida a la lectura, la oración y el trabajo manual –*Ora et labora*, escribirá San Benito– y la aceptación de la pobreza, la obediencia y la castidad como pilares de la vida en común de los monjes, sometidos ya a la autoridad de un superior o abad.

De su mano proliferaron en Egipto los monasterios, que no tardaron mucho en extenderse por Palestina y Siria, donde eran ya frecuentes en la segunda mitad del siglo IV. Pero enseguida revelaron sus limitaciones aquellas primeras comunidades monásticas. San Basilio, religioso de origen capadocio que se erigió en el gran reformador del monacato, señaló con agudeza algunas de ellas: la excesiva dimensión de los cenobios y la dispersión de sus edificios, la plétora de rangos intermedios en su organización y el carácter en exceso burocrático de la figura del abad, que actuaba más como administrador que como padre espiritual de los monjes. Corregidas estas graves lacras, el monasterio se convirtió ya a grandes rasgos en lo que había de ser, al menos sobre el papel, durante toda la Edad Media y aun hasta nuestros días: una pequeña familia cristiana que vive bajo el mismo techo y come en la misma mesa, entregada al trabajo, la lectura y la oración, y regida por un padre de autoridad inapelable, el abad, de acuerdo con las normas contenidas en una regla inspirada siempre en el principio superior de la caridad.

Así reformado, el cenobitismo se extendió primero por todo Oriente y pasó más tarde a Occidente, de la mano de San Atanasio y San Jerónimo, para alcanzar allí su máximo esplendor gracias a San Benito de Nursia, que funda en el año 529 el monasterio de Montecassino, al sur de Italia, regido ya por la famosa regla que, reformada en uno u otro sentido, había de servir de inspiración a la inmensa mayoría de los monasterios medievales.

Y fue allí, encerrados tras los gruesos muros de los miles de monasterios que se erigieron por doquier en los campos de la vieja Europa, donde los monjes, entregados a la tediosa tarea de copiar una y otra vez los manuscritos en los que se contenía el saber de los clásicos, preservaron el conocimiento de la Antigüedad y con él el espíritu mismo de Occidente, que habría de renacer varios siglos después, cuando quedarán al fin despejadas las espesas tinieblas del Medievo.

36

¿Es lo mismo feudalismo que régimen señorial?

No, no lo es. De hecho, se trata de realidades bien distintas que, una vez más, sólo se confunden en el imaginario popular. Pero no pensemos que se trata de un problema simple. Nos encontramos aquí frente a una de esas cuestiones que han hecho verter a los historiadores auténticos ríos de tinta, pues no todos ellos estarían de acuerdo con la contundente afirmación que acabamos de realizar. Vayamos, pues, por partes.

¿Qué es el feudalismo? Bueno, eso depende. Para algunos autores nos encontramos tan sólo ante un conjunto de instituciones que vinculaban entre sí a los miembros de los grupos sociales dirigentes durante un período muy concreto de la Edad Media, más o menos entre los siglos X y XIII, y en un espacio geográfico muy restringido, a grandes rasgos la Europa occidental, y, con mayor rigor, los reinos que surgieron de la desmembración del Imperio carolingio, a partir del siglo IX, en las actuales Alemania, Francia y Cataluña, así como Inglaterra. Estas instituciones no eran otra cosa que relaciones de carácter personal entre hombres libres mediante las cuales uno de ellos, denominado señor, cedía a otro, llamado vasallo, un beneficio, por lo general una tierra, aunque también podía tratarse de una renta o un cargo, y se comprometía a protegerlo, a cambio, eso sí, del compromiso de recibir de él una serie de servicios, que incluían siempre el consejo y la ayuda militar. Se trataba, pues, de un pacto, un contrato de carácter sinalagmático, bilateral, que suponía derechos y obligaciones mutuas, y estaba revestido de un halo de sacralidad, concretado en un juramento ceremonial que incluía fórmulas muy precisas e incluso un beso simbólico, el *osculum*.

Es la imagen que los profanos tienen del feudalismo: señores, vasallos, ceremonias, violencia y guerra... pero ¿qué papel juegan en todo esto los campesinos, que representaban más del noventa por ciento de la población europea en el Medievo? La respuesta es bien sencilla: ninguno. Porque el feudalismo, de acuerdo con esta interpretación, es cosa de nobles y clérigos, los grupos sociales dirigentes de la Europa medieval, esto es, alrededor del uno por ciento de la población; el campesinado se limitaba a labrar la tierra, alimentando con su penoso esfuerzo a señores y vasallos, pero sin participar en modo alguno de sus relaciones. Resulta evidente que sin el trabajo de los *labratores*, como se los denominaba en los textos de la época, nada habría sido posible, pues era la tierra a la que entregaban su tesón, la que producía las rentas que mantenían a señores y vasallos, ya fueran *oratores*, esto es, clérigos, o *bellatores*, es decir, nobles laicos, cuya principal misión era la guerra. Pero eso no es feudalismo, sino algo muy distinto a lo que denominamos, precisamente, régimen señorial.

El régimen señorial se llama de ese modo porque se organiza en torno a una unidad de producción que conocemos como señorío. El nombre, por supuesto, deriva del señor que era su propietario y que por lo general lo había recibido a cambio de su juramento de vasallaje. El señorío no era otra cosa que una tierra, de extensión muy variable, que contenía campos de labor, aldeas, pastos y bosques, así como una serie de edificios imprescindibles para su adecuado funcionamiento y la subsistencia de sus pobladores. Se dividía en dos partes bien diferenciadas: la llamada «reserva», esto es, las tierras que el señor se guardaba para sí y que solían incluir su propia residencia, campos de cultivo y bosques para la caza, así como edificios singulares de uso común como el molino, el horno, el lagar o la forja, y los «mansos», o, en otras palabras, las parcelas que el señor cedía a los campesinos para su propia subsistencia. Por supuesto, la totalidad de los ingresos del señor provenían del trabajo de los campesinos, ya fuera directamente, por medio de labores obligatorias en las tierras de la reserva, ya de forma indirecta, mediante exacciones diversas que el señor imponía a los campesinos, y que solían incluir una parte de sus cosechas y el pago de tasas por el uso de las ya citadas instalaciones del señorío.

El régimen señorial constituyó el pilar de la economía europea no sólo durante la Edad Media, sino hasta el siglo XVIII y, en el este del continente, hasta bien entrado el siglo XIX e incluso el XX. Por supuesto, hubo cambios. Las rentas, al principio satisfechas en especie, se pagaban ya en metálico en los últimos siglos del Medievo. La Reserva, menos productiva, tendió a reducirse en beneficio de los mansos. Hubo también avances y retrocesos. La gran crisis del siglo XIV, que incrementó los salarios al tiempo que reducía el precio del cereal, arruinó a muchos señores, impulsando a algunos de ellos a resucitar viejas prestaciones laborales y tasas caídas en desuso. Pero se trataba de un paréntesis. A finales del siglo XVIII, ya en puertas de la Revolución Francesa, la mayor parte de los campesinos europeos seguían viviendo en tierras de señorío, pero las relaciones que mantenían con el dueño de la tierra que trabajaban se asemejaban ya mucho a la de los arrendatarios capitalistas.

Precisamente esta cuestión de las relaciones es la que resulta crucial para entender el punto de vista de otros historiadores que consideran al feudalismo como algo mucho más amplio que un mero conjunto de instituciones. Para ellos, se trata de una forma de organización social global que incluye lo económico y lo político. Así vista, la economía señorial no sería un fenómeno colateral o paralelo, sino, muy al contrario, una parte del todo inseparable del feudalismo, y su organización política característica, una monarquía en la que el rey es poco más que la cúspide visible de una pirámide de relaciones feudovasalláticas, repartido el antiguo poder del Estado romano entre los diversos señores feudales laicos y eclesiásticos. Desde esta perspectiva, la que sostienen los valedores del materialismo histórico o, para entendernos, el marxismo, el feudalismo sería la forma característica de la sociedad entre el esclavismo y el capitalismo; una etapa necesaria en la evolución histórica de la humanidad que, en consecuencia, cabe encontrar en todos los continentes y culturas. La diferencia, como vemos, no es baladí; las discrepancias, tampoco, y el acuerdo, lejano. Para rizar el rizo no ha faltado quien, como el historiador francés Guy Bois, ha caracterizado al feudalismo nada menos que por... «el desarrollo del mercado». Ahí queda eso.

37

¿Cuál fue el origen de los siervos medievales?

La pregunta se relaciona íntimamente con la anterior. En realidad, cuestionarse sobre el origen de los siervos, o, a grandes rasgos y sin matices, los labriegos que cultivaban las tierras señoriales, equivale a preguntarse sobre las raíces del señorío mismo y, en un sentido amplio, incluso del propio feudalismo. Veamos, pues, cuáles parecen haber sido esas raíces.

A grandes rasgos, el señorío asienta sus cimientos en la crisis que sufrieron la economía y la sociedad romanas a lo largo del siglo III de nuestra era. Entonces, como se recordará, la honda decadencia de la artesanía y el comercio, así como la contracción de la circulación monetaria y el franco declinar de la vida urbana, impulsaron a muchos a regresar al campo en busca de una vida mejor.

Lo hicieron las gentes acomodadas, huyendo, por lo que parece, de la voracidad fiscal del Estado. Les siguieron los humildes, que buscaban en las villas de los ricos el empleo que la ciudad les negaba y una cierta seguridad frente a los crecientes abusos de los recaudadores. Muchos campesinos libres, asimismo temerosos del fisco, incluso entregaban la propiedad de sus fincas a los poderosos a cambio de su protección y continuaban en ellas pagando una renta en especie. Por último, los antiguos esclavos dejaron de trabajar los latifundios de sus amos para convertirse también en colonos que labraban sus parcelas a cambio de una parte de la cosecha. Las villas, convertidas así en cerradas unidades económicas capaces de sostenerse a sí mismas, apenas se diferencian ya del futuro señorío medieval. Resta, tan sólo, añadir al conjunto un ingrediente más: la asunción por parte del terrateniente de las facultades características del Estado y la consolidación del complejo entramado de las relaciones feudovasalláticas.

Serán los invasores germanos los que, a partir del siglo v, introduzcan el embrión del segundo de estos elementos. Las relaciones de fidelidad personal parecían existir ya de antiguo en el seno de estos pueblos, cuyas élites guerreras contaban con numerosos combatientes vinculados a sus miembros por un juramento de lealtad a un jefe. Pero habrá que esperar al advenimiento del Imperio carolingio, ya en el siglo IX, para que la villa tardorromana, independiente en lo económico, lo sea también casi del todo en lo político, y las embrionarias relaciones de fidelidad personal características de los antiguos pueblos germanos terminen de madurar para convertirse en el dédalo de vínculos individuales propios del feudalismo pleno.

Carlomagno, como vimos, había entendido muy pronto que sobre cimientos tan endebles como los que le ofrecía una población que se contraía, unas ciudades exangües y una economía para la que la circulación monetaria, la artesanía y el comercio eran cosa del pasado no podía edificarse un Estado en el sentido romano del término, es decir, un ente objetivo, distinto de quienes lo administraran, sujeto único de una soberanía que se desenvuelve bajo la forma de leyes escritas. La aristocracia, laica o eclesiástica, constituía, aún a su pesar, el único instrumento del que podía valerse para imponer

La vida de los siervos en *Las muy ricas horas del duque de Berry*, libro ilustrado de plegarias para su recitado por los laicos en las diversas horas del día que data del siglo xv. Los siervos del Medievo no llevaban, a pesar de su fama, mucha peor vida que los campesinos, libres o no, de cualquier otra época de la historia anterior a la Revolución Industrial.

la autoridad real sobre un territorio tan vasto y privado de comunicaciones eficaces. Por ello repartió títulos entre sus nobles; los hizo vicarios suyos en sus propias tierras y les dejó poseerlas mientras se mantuvieran leales a su persona. Cobraba así fuerza legal el pacto que se constituiría en el principal cimiento jurídico de la sociedad feudal, un contrato en el que señor y vasallo dan y reciben mientras anudan un lazo que les une de por vida. Era la confesión de impotencia de un Estado que, perdida la fe en la afirmación objetiva de su poder, había de recurrir a los vínculos personales para guardar un soplo de vida. Y funcionó, al menos mientras los feudos de los nobles no fueron hereditarios; mientras entre ellos y el rey no se interpuso instancia alguna. Pero, impotente el estado así fundado, el modelo había de llevar por fuerza a su desintegración final, en la que cada noble se convertiría en un pequeño soberano, integrados todos en una pirámide de lealtades personales a cuya cabeza el monarca terminaría por ser un señor más. Ahora sí, había nacido el feudalismo.

IV
LA EDAD DE LAS TINIEBLAS

38

¿FUE EL MEDIEVO EN REALIDAD LA EDAD DE LAS TINIEBLAS?

Desde luego, la imagen ha arraigado en la visión de la historia propia de la mayoría de las personas. Para muchos, la Edad Media no fue otra cosa que un dilatado período de miseria y oscurantismo que estorbó la marcha ascendente de la humanidad hacia el progreso, un largo milenio de tinieblas que sólo concluyó cuando brilló al fin en toda su intensidad la luz del Renacimiento. Incluso Ernst Gombrich, autor de la más célebre historia universal para jóvenes lectores que se haya escrito jamás, al tratar de moderar un tanto esta visión del Medievo, dijo de él que sólo gracias al cristianismo había sido una «larga noche tachonada de estrellas», pero, añadiríamos nosotros, una larga noche a fin de cuentas.

Pero ¿es eso cierto? ¿Fue en realidad la Edad Media ese largo período de miseria, superstición y retroceso en todos los ámbitos que la mayoría de las personas piensan que fue? Una vez más, es necesario matizar. En la historia, como en la vida, no existe el blanco y negro, sino sólo una extensa paleta de grises. Que este fue el tono que predominó entre la caída del Imperio romano de Occidente, en el 476 de nuestra era, y el año auroral de 1492, fecha del descubrimiento de América, no significa que fuera siempre el mismo tono de gris.

Es cierto que las primeras centurias que siguieron al desplome final de Roma no invitan en exceso al optimismo. Aunque la mayoría de los especialistas actuales en el período tienden a preferir la expresión *Antigüedad Tardía* para aludir a esta etapa, al menos hasta el siglo VI, y han moderado un tanto la impresión tradicional de decadencia, no cabe negar que las evidencias arqueológicas hoy disponibles dictan un veredicto inapelable de retroceso en todos los ámbitos. La vivienda, el ajuar doméstico, la alimentación, el vestido y la cultura sufren un deterioro innegable. Los intercambios, las manufacturas y la circulación monetaria se contraen. Entre la masa enorme de campesinos desposeídos y la élite minúscula de clérigos incultos y despiadados señores de la guerra no parece existir ya nada sino el recuerdo vago de los antiguos mercaderes y artesanos. Las urbes languidecen poco a poco. La concepción del Estado como un ente objetivo y distinto a la persona del gobernante, apoyado en leyes escritas y garante de ciertas prerrogativas individuales, retrocede frente al imperio de la costumbre, la arbitrariedad y la confusión entre un soberano de autoridad siempre frágil y su enclenque administración. La guerra se convierte en un mal endémico. Entre los siglos V y X, sucesivas oleadas de pueblos arrasan las tierras del viejo Imperio de Occidente.

En la última de ellas, entre los siglos IX y X, vikingos, magiares y musulmanes penetran desde Rusia hasta Francia, desde Italia a las Islas Británicas. Occidente parece a punto de perecer. Los invasores han sembrado por doquier el desorden y el miedo. La población se contrae aún más; los caminos se vuelven inseguros; la miseria se apodera de los campos. Los estados, minados por la división del poder entre los nobles, se desmoronan. Cada región queda abandonada a su suerte. Cada hombre libre busca un noble que lo proteja; cada campesino, un señor que lo ampare. Incluso la Iglesia entra en el juego. Como señores, los obispos y abades rigen vastas explotaciones agrarias y reciben de los campesinos, olvidado ya el trabajo de los monjes, las rentas que les permiten entregarse a la oración y la cultura; como vasallos, los sacerdotes y sus templos se entregan a señores laicos que los usan como un beneficio más en

Las Ferias de Champaña en un grabado del siglo XIX. Las ferias, que se celebraban desde el siglo XII en las regiones de Champagne y Brie, debieron su éxito a la seguridad que garantizaban a los comerciantes, que acudían allí desde toda Europa. Gracias a las ferias, el comercio y la artesanía renacieron tras una decadencia que había durado siglos.

el entramado de las relaciones feudales. El mismo papa gime bajo la tiranía de la nobleza romana. Y el clero, corrupto e ignorante, se halla muy lejos de un pueblo que le necesita ahora más que nunca.

Resulta, pues, difícil hallar otra cosa en estos siglos que miseria, violencia y oscurantismo, pero, por fortuna, no es este el signo dominante en el conjunto del Medievo. Las cosas empiezan a cambiar cuando Europa está a punto de cruzar la frontera del segundo milenio de la era cristiana. Las tinieblas comienzan a disiparse y, entre los siglos XI y XIII, contra todo pronóstico, el continente recupera en parte el pulso perdido siete centurias atrás. La paz obra el milagro. Las tierras de labor se extienden; los nuevos cultivos y ciertos avances técnicos incrementan la productividad de los campos; la producción, en fin, crece. Las gentes, mejor nutridas, viven más años y engendran más hijos. La población crece también. En el campo sobran brazos y la ciudad parece ahora la única esperanza. Entre sus muros resurgen las manufacturas, alimentando de nuevo el comercio y la circulación monetaria. Junto a campesinos y comerciantes renacen los artesanos y los comerciantes, ahora más poderosos que nunca. Los reyes, que envidian la autoridad de los césares romanos, se apoyan en las nuevas clases para recuperar parte del poder perdido. El feudalismo no muere de repente, pero los monarcas, dueños de mayores recursos, se afanan en la tarea de reconstruir el Estado. La cultura, animada por el renacimiento de la vida urbana y comercial, despierta de su letargo, sale de los monasterios y da vida a las primeras universidades. La misma Iglesia se ve forzada a mover ficha. Más sensible ahora al sufrimiento de los humildes, respalda las nuevas órdenes mendicantes en su esfuerzo de retomar el verdadero espíritu cristiano. El arte, en fin, reniega de la maciza modestia rural del Románico para embarcarse en la monumentalidad y la luz del orgulloso Gótico.

Es cierto. Las gentes de la Edad Media siguen sin conocer la abundancia y les es todavía ajena la ilusoria sensación de seguridad propia de las sociedades opulentas. Sufren, de tanto en tanto, las epidemias y la muerte. Padecen, en grado sumo, la injusticia y la marginación. Sus clases dirigentes no han dejado de ser incultas y violentas. La fe, sencilla e irracional, continúa siendo su único consuelo. Pero al menos la historia parece haberse puesto de nuevo en marcha. Por volver a Gombrich, a partir del siglo XI en la oscuridad de la noche han comenzado a brillar nuevas estrellas.

39

¿POR QUÉ PEREGRINABAN LOS EUROPEOS?

Todo peregrino es, por su propia esencia, un extranjero, y no otra cosa significa la palabra latina de la que deriva el vocablo español. Pero en el Medievo, al igual que en nuestros días, aunque, eso sí, en mucha mayor medida, ser peregrino significaba algo especial y distinto. No animaba a aquellas gentes que dejaban durante meses su casa y su familia el anhelo de ver mundo, la curiosidad, o incluso el esnobismo, que impulsa hoy a tantos turistas. El motor de sus actos era simplemente religioso, y el destino, un lugar que albergaba alguna reliquia o poseía alguna significación especial por los hechos de los que había sido testigo.

Por supuesto, todas las iglesias contenían alguna reliquia. Aun hoy, cada nuevo templo católico que se erige en el mundo recibe, de acuerdo con la tradición que tan cara resulta a los rectores de la Iglesia, parte de los sacros restos mortales de algún santo. Pero existían reliquias sin par, en especial las relacionadas con algún pasaje clave de las Sagradas Escrituras o la vida de santos venerados con mayor devoción, a las que el común de los fieles atribuían especiales poderes milagrosos. Y no menos únicos eran los lugares que habían servido de escenario a los hechos de Jesucristo o de los primeros apóstoles, cuyo conocimiento, transmitido siempre de forma oral, constituía todo el saber de aquellas gentes humildes que, desde la cuna a la sepultura, transitaban por su vida de la mano de la Iglesia.

Es por ello por lo que, desde muy pronto, fueron dos los principales destinos de los peregrinos europeos: Jerusalén, el lugar que había servido de escenario al drama de la Pasión y muerte de Cristo, y Roma, la ciudad de los césares, rendida al fin al Imperio de los papas, donde los apóstoles Pedro y Pablo habían sufrido el martirio. A ellas se sumó luego un lugar mucho más humilde y hasta entonces del todo desconocido: Compostela, donde, ya a finales del siglo IX, se descubrió el supuesto sepulcro del apóstol Santiago.

Fuera uno u otro el lugar escogido, y Santiago acabaría por desbancar a los otros dos en las preferencias de los europeos entre los siglos XII y XIII, la motivación solía ser la misma. El peregrino buscaba muchas veces la indulgencia, el perdón para pecados que la Iglesia, pero sobre todo él mismo, tenía por especialmente graves. Con frecuencia le movía también el miedo a la muerte, que intuía próxima como resultado de una enfermedad incurable. Y no era extraño tampoco encontrar entre aquellas gentes quienes cumplían una promesa hecha cuando, en un momento de desesperación, habían implorado al Creador una ayuda excepcional.

De un modo u otro, las peregrinaciones se convirtieron, ya en la plenitud del Medievo, en un poderoso factor de cambio económico, social y cultural. En aquel mundo de inconcebible inmovilismo, en el que los humildes pasaban sus cortas y sufrientes vidas sin abandonar nunca la comarca en la que habían visto la luz, los peregrinos llevaban consigo objetos,

Peregrino a Santiago, por Hieronymus Bosch, llamado el Bosco, hacia 1500. Las peregrinaciones medievales respondían a impulsos diversos: devoción, arrepentimiento, miedo a la muerte... Se trataba de motivaciones muy propias de una época oscura e insegura, pero su desarrollo impulsó cambios que llevarían a Europa más allá de la Edad Media.

costumbres e ideas que se difundían de ese modo a lo largo y ancho del continente. Los lugares por los que atravesaban –la «Vía Francígena», que llevaba de Canterbury a Roma, atravesando Francia y Suiza; las múltiples vías que conducían a Jerusalén; el «Camino de Santiago», desde Francia a Galicia por el norte de la península ibérica– veían sin duda florecer a su paso la artesanía y el comercio, animados por la necesidad de subvenir las necesidades de verdaderas riadas humanas. Los mismos caminos se transformaban, sembrados a voleo con puentes, calzadas y hospicios cuya construcción daba trabajo a miles de personas en toda Europa. No cabe duda de que, de uno u otro modo, las peregrinaciones cambiaron la faz del continente, quizá en no menor medida que el renovado auge de las ciudades o el nacimiento de las universidades. También su estrella, con mayor o menor brillo, contribuyó a iluminar el oscuro firmamento del Medievo.

40

¿Por qué resurgieron las ciudades en la Edad Media?

Detengámonos un poco más en este proceso de cambio que, cuando alcance su culminación histórica, entrado ya el siglo XVI, terminará por convertir en un triste recuerdo las tinieblas medievales. ¿Qué sucedió exactamente? ¿De qué manera recuperaron el pulso las ciudades que lo habían perdido setecientos años antes?

Algo hemos adelantado ya. El cambio más visible en la Europa del año 1000, una fecha tan redonda que resulta difícil sortear la tentación de tomarla como punto de partida, es el que afecta a los europeos mismos. Cada vez son, en efecto, más numerosos. Los cuarenta millones de almas que pueblan el continente en ese momento se han convertido ya en setenta millones en 1250. Y lo son porque están mejor alimentados, viven más y tienen, por tanto, más hijos. No es sólo que se pongan en cultivo nuevos campos, ni que la higiene, favorecida por el uso del jabón, haya mejorado. Es que los campos producen más. Los aperos de hierro han sustituido a los de madera; las técnicas son mejores y los cultivos más variados. Un abrazo más intenso entre los animales y la tierra ha extendido las plantas forrajeras y el uso del estiércol como abono. La sustitución de la rotación tradicional de dos hojas por la de tres multiplica con rapidez el alimento disponible. Y la sustitución del buey por el caballo reduce el tiempo

La ciudad de Carcasona, al sur de Francia, en su aspecto actual. La ciudad medieval tuvo, durante mucho tiempo, una función defensiva, lo que explica el emplazamiento elevado de muchas de ellas y las murallas que las rodeaban. No obstante, el desarrollo de la artesanía y el comercio, a partir del siglo XI, creó nuevos barrios extramuros y transformó las antiguas urbes en activos agentes de cambio histórico. El fin del Medievo no podría comprenderse sin las ciudades.

necesario para arar los campos, permitiendo cultivar fincas mayores con menos brazos.

Población que crece; brazos que sobran. He aquí un primer problema: el exceso resultante de mano de obra. Muchos campesinos se ven forzados a buscar trabajo en otro lugar. A veces roturan nuevos campos y fundan nuevas aldeas. Las estrechas fronteras de Europa avanzan hacia el este y hacia el sur, al ritmo cansino de la carreta del pionero, impulsado por el hambre, pero también a instancias de nobles y abades deseosos de acrecentar sus rentas. Sin embargo, en otras ocasiones es la ciudad el destino escogido para dar comienzo a una nueva vida. Y la ciudad, nutrida de nuevos brazos, revive y reclama a los campos alimentos para sus nuevas bocas. El círculo virtuoso empieza a girar. Los señores arriendan sus tierras a colonos que venden sus productos en la ciudad; regresan los mercados y las ferias; la moneda circula de nuevo; reabren los talleres, y el aumento del empleo atrae a nuevos campesinos ávidos de liberarse de la gleba. Extramuros nacen nuevos barrios que acogen a los recién llegados. Al norte de

Italia y en los Países Bajos muchas ciudades frisan ya los cien mil habitantes; por toda Europa son legión las que superan los diez mil. El paisaje urbano cambia. Junto a las iglesias, los cuarteles y los palacios proliferan los talleres, las tabernas y las tiendas. La quietud deja paso de nuevo al bullicio.

Mientras, los recién llegados comienzan a organizarse. Los artesanos forman gremios que atan con fuertes lazos a cuantos ejercen el mismo oficio, velando por la devoción al santo patrón que los ampara, protegiendo del infortunio a los artesanos y sus familias, fijando precios, estipulando salarios, vigilando la calidad, estableciendo permisos y exámenes para desempeñar el oficio, excluyendo, en fin, a quienes tratan de ejercerlo por su cuenta. A la cabeza, los maestros, objeto de la envidia de los oficiales y la admiración de los aprendices, imponen una jerarquía que, más rígida a cada paso, tardará bien poco en aspirar al ejercicio del poder político.

Y cuanto más crece la ciudad más voraz se vuelve, más productos engulle. Es necesario, pues, abastecerla. Los largos ríos, las olvidadas calzadas romanas, los nuevos caminos se animan de nuevo con el ir y venir de mercancías. Los puertos resucitan. Las primeras ferias, que acogen a comerciantes venidos de muy lejos, abren sus puertas en la comarca francesa de Champagne. Les siguen Florencia, Pisa, Génova, Venecia, Brujas y Gante. Se acuña de nuevo moneda valiosa, primero de plata, como el matapán veneciano o el denario genovés; luego de oro, como el ducado veneciano o el florín florentino. Las nuevas técnicas comerciales, como el pagaré o la letra de cambio, facilitan los intercambios. El mercader tradicional deja paso al comerciante a gran escala. La banca se reanima, y pronto surgen junto a ella nuevas formas de empresa que ofrecen diversas combinaciones de capital y trabajo, al objeto de hacer más leves los riesgos. La apatía de los primeros siglos de la Edad Media es cosa del pasado. Las fuerzas productivas renacen con vigor empujando con ellas a nuevas fuerzas sociales. Bien pronto sentirán los poderosos temblar los cimientos de su autoridad. La ciudad alberga, de nuevo, las fuerzas del cambio y del progreso humano. Con su intermediación, Europa saldrá de la Edad Media para afrontar, henchida una vez más de optimismo, los retos del futuro.

41

¿Cómo era la vida del pueblo llano en la Edad Media?

Muchas veces lo olvidamos: la verdadera historia es la historia de los humildes, la historia, en fin, de los que no tienen historia, porque su vida, a despecho de los cambios que, en torno suyo y sin su concurso, se producen, apenas cambia, ni lo hacen sus costumbres, ni su entorno, ni su mentalidad. Pero ¿es esto cierto en la Edad Media? ¿Cómo transcurría la existencia de esos casi noventa de cada cien europeos y europeas que habitaban los pueblos y las aldeas, siempre ajenos a reyes y príncipes, a nobles y abades, incluso a comerciantes y artesanos, siempre ignorantes de cuanto de nuevo y de distinto iba surgiendo en aquel continente que, poco a poco, salía de su letargo?

En contra de lo que podemos pensar, el aislamiento casi absoluto en el que vivía la inmensa mayoría de los humildes no alimentaba grandes diferencias culturales entre ellos, dejando aparte, evidentemente, la lengua y algunas manifestaciones específicas del folklore comarcal. Contra todo pronóstico, el pueblo llano vivía del mismo modo y contemplaba el mundo desde una perspectiva similar en todas partes.

Es cierto que el latín, antes lengua común del Occidente, se había convertido en un habla muerta; el pueblo conversaba ya en su propio idioma, una lengua vernácula, distinta en cada país y, dentro de él, incluso en cada región o comarca más o menos extensa. Pero eso es lo de menos. Mucho más relevante resulta lo vasto y profundo de su analfabetismo, y en eso las diferencias no existen. Los humildes, sean franceses o polacos, italianos o húngaros, no leen ni escriben lengua alguna, quizá porque no lo necesitan. Su vida, inconcebiblemente monótona, no conoce el cambio; apenas ha variado durante centurias. Parece congelada en el tiempo y en el espacio, pues raro es el campesino o el menestral que ha traspasado los estrechos límites de la comarca donde nació. Pero, con todo, entre ellos se afirma poco a poco una civilización común.

Los europeos son, antes de nada y por encima de todo, cristianos. Creen los mismos dogmas y practican los mismos ritos, pues, de la mano de un papado cada vez más fuerte, una liturgia común ha terminado por sustituir por completo a las viejas liturgias nacionales. Mediante el bautismo y la confirmación, por medio del matrimonio y la unción de enfermos, la Iglesia se hace presente en cada momento trascendental de la vida de los humildes; a través de la confesión y de la eucaristía, de la predicación en los templos y los campos, orienta sus creencias y actitudes. De la mano del clero secular, cada vez más numeroso y cercano, y de franciscanos y dominicos, las nuevas órdenes mendicantes, los ideales cristianos penetran en cada rincón de la existencia. Por doquier se extiende el culto a la Virgen y a los santos y el fervor por las reliquias. En cada rincón de Europa, las gentes abrazan entusiastas el ideal monástico, ofreciéndose a los monasterios como oblatos o profesando en ellos como frailes o monjas; uniéndose en cofradías, retirándose del mundo como eremitas o, como veíamos antes, peregrinando por millares a Roma, a Jerusalén o a Santiago.

Hay, es cierto, quien, insatisfecho con el credo oficial y la vacuidad de su liturgia, busca sus propias respuestas fuera de la Iglesia católica. Pero la sociedad cristiana es todo menos abierta. Al que discrepa se le cuelga bien pronto el sambenito de la herejía; si se obstina, caerá sobre él la Inquisición, creada por los papas a comienzos del siglo XII para perseguir a los albigenses. Y no se trata de una imposición de la Iglesia. Su acción concita por lo general el apoyo del pueblo. El europeo no entiende al distinto, al que desea estar solo, al que se aparta voluntariamente. Puesto que el orden del mundo es natural y querido por Dios, el cambio no puede venir sino a perturbarlo. *Malae sunt novae consuetudines*, se dice a menudo: las nuevas costumbres son malas.

Tal es la mentalidad de los hombres y las mujeres del Medievo. Su vida, corta y difícil, halla en la fe el único consuelo, la única seguridad. El orden social no es justo ni injusto, simplemente es, tan natural e inevitable como la enfermedad y la muerte, la salida del sol o la sucesión de las estaciones. El campesino o el menestral no maldicen su suerte, ni mucho menos envidian la condición del clero o la nobleza. Tienen su misión, como ellos tienen la suya. Una misión distinta, superior, quizá; pero el pueblo no desearía cargar con ella. Si abusan de su posición, se alejan de Dios y Él les castigará.

Por lo demás, todo tiene su lugar. La mujer, que la doctrina oficial de la Iglesia relega y aparta, teniéndola como instrumento del demonio para tentar al hombre, no se halla tan sometida como muchas veces creemos. Claro está que en una sociedad que vive para producir comida y guerrear es más rentable tener campesinos y soldados que hilanderas y cocineras. Pero, en la práctica, más que marginación de la mujer, existe segregación de los sexos. Cada uno tiene su mundo, que no debe mezclarse con el otro. La mujer en la casa, donde ella, esposa y madre, es la señora indiscutible; el hombre fuera, entregado a las tareas propias de su trabajo. En teoría, el varón recibe del padre autoridad plena sobre su esposa; en la práctica, ambos sexos se igualan. Lo hacen, en la discreción del hogar, en los íntimos juegos amorosos, en la violencia, física o verbal, en la educación de los hijos; lo hacen, más allá de sus muros, en su pertenencia a una comunidad, a una red de intercambios y favores mutuos sin la cual ni uno ni otra son nada; lo hacen en el trabajo, tan natural para ambos, cada uno el suyo, como la vida misma, y lo hacen, sobre todo, en la muerte, que unos y otras afrontan envueltos en el abrazo protector de la familia y la aldea, cuya presencia sirve antes como oportunidad para afirmar los sagrados y útiles lazos de la cohesión social que para ofrecer consuelo en el momento inevitable y terrible del tránsito.

Así viven durante siglos las gentes de Europa. Ni su existencia ni su visión de las cosas cambian apenas mientras, en torno suyo, el mundo se transforma. Tampoco lo harán mucho en los siglos modernos. Sólo cuando el triunfo de la industria barra como un vendaval incontenible la sociedad tradicional comenzará el pueblo llano a atisbar el cambio. Pero a finales de la Edad media aún queda mucho para eso.

42

¿Cuáles fueron las causas de las cruzadas?

La Europa en movimiento no podía dejar de moverse también más allá de sus fronteras. Los vientos de cambio que recorrieron Occidente después del año 1000 lo trastocaron todo: la economía, la sociedad, la política, las mentalidades. Las cruzadas fueron, en realidad, el resultado concentrado en un solo fenómeno de todos esos cambios. Si abordáramos su estudio como un simple y mecánico fruto del fervor religioso de los europeos, cuya fe les volvía ansiosos por reconquistar los Santos Lugares, que los musulmanes tenían en sus manos desde cuatro centurias atrás, no lograríamos entender nada. Una cosa es el espíritu de cruzada, que siempre ha existido –los mismos musulmanes se dejaron embargar por él ya en vida de Mahoma; los españoles lo harían también mucho más tarde, tras el descubrimiento de América–, y otra bien distinta su concreción específica en la Europa de finales del siglo XI.

Como hemos visto, a lo largo del siglo XI Occidente comenzó a salir de su aturdimiento. La producción agraria se incrementó, la población comenzó a crecer, revivieron poco a poco la artesanía y el comercio, volvió a circular la moneda y las ciudades recuperaron el pulso perdido y volvieron a servir como punta de lanza del progreso humano. Pero tales cambios no podían dejar de tener su correlato en el mundo del espíritu. El monacato se renovó de la mano de los grandes reformadores del Medievo: Bernardo de Claraval, Domingo de Guzmán y Francisco de Asís. La Iglesia, criticada, trató de volver a sus esencias mientras los papas pugnaban con los emperadores por el control político de la cristiandad. Los reyes, apoyados en los opulentos burgueses que poblaban las renacidas ciudades, se oponían con firmeza a las pretensiones de ambos y miraban a la Roma imperial ansiosos de restaurar la plenitud del Estado minado por el feudalismo.

Todos estos factores se hallan presentes en el origen de las cruzadas. Cuando Urbano II predica la primera en el Concilio de Clermont –corre el año 1095–, llamando a los europeos a recuperar los Santos Lugares, hay un disparador claro: la ocupación de Jerusalén por los turcos selyúcidas, mucho más intolerantes con los peregrinos cristianos que sus antecesores sarracenos. Pero una cosa es el disparador y otra distinta las causas profundas del fenómeno. Los europeos podrían haber hecho oídos sordos a la llamada del papa, o podrían no haberse encontrado en condiciones de responder como lo hicieron. El grito unánime *Deus lo vult!* ('¡Dios lo quiere!') que coreó la petición del pontífice en Clermont sin duda no habría sido tan unánime.

El papa Urbano II predica la primera cruzada en el Concilio de Clermont (1095). Las cruzadas fueron, ante todo, un fenómeno de índole religiosa, pero sus repercusiones económicas, sociales, políticas y culturales ayudaron a transformar la cerrada y estática Europa medieval en un mundo más abierto y dinámico.

En efecto. El fenómeno de las cruzadas se extiende durante casi dos centurias, entre el año 1095 y el 1291, y se repite en ocho ocasiones con resultados muy dispares y objetivos no siempre coincidentes desde el punto de vista geográfico, pues mientras las tres primeras y la sexta se dirigieron a Tierra Santa, la cuarta arrasó Constantinopla, la quinta y la séptima se dirigieron a Egipto y la octava a Túnez. Finalizado el siglo XIII, el espíritu cruzado, ya muy corrompido por los intereses particulares de los soberanos europeos, decae y no vuelve a organizarse cruzada alguna fuera del continente.

No se trata en modo alguno de una casualidad. La Europa que abandonaba al fin a su suerte los Santos Lugares es la misma Europa que mostraba ya signos inequívocos de decadencia. La tierra, empobrecida por el esfuerzo, se estaba agotando; el hambre volvía con más frecuencia; la población se estancaba de nuevo, y también lo hacían la artesanía y el comercio. El pulso del continente se ralentizaba. No disponía ya de reservas de hombres y de recursos que lanzar contra Oriente.

Porque, no nos engañemos, las cruzadas no habrían sido posibles, precisamente, sin esas reservas. De poco habría servido el intenso fervor religioso —de algún modo, también un producto de su tiempo— sin una sólida base material sobre la que sustentarlo: las cosechas más generosas, los excedentes demográficos más nutridos, las ambiciones de los comerciantes ávidos de recuperar el disfrute de las lucrativas rutas con Oriente, los intereses económicos concretos de las ciudades italianas, las ambiciones políticas del emperador, el papa y los reyes, encontradas entre sí, pero coincidentes en el lucro que esperaban obtener de las campañas... todos estos factores se encuentran detrás de las cruzadas, las explican y las hacen posibles. Por suerte o por desgracia, la historia, como sucede con casi todos los fenómenos que tienen al ser humano como protagonista, se empeña en responder mejor a causas múltiples y complejas. Las explicaciones simples, a pesar de su evidente atractivo, no suelen explicar nada.

43

¿Por qué se enfrentaron el emperador y el papa?

En medio de este colosal espasmo de vitalidad que agita Europa en el pleno Medievo, y mientras los monarcas tratan de reconstruir los cimientos del Estado minados por el feudalismo, la vieja herencia de Roma vuelve a plantearse una vez más. La diferencia es que ahora los candidatos no se suceden en el tiempo, como lo habían hecho bizantinos, carolingios y musulmanes, sino que conviven, y el pleito entre ellos no se dirime tan sólo en el terreno de los hechos, sino en el de los principios.

La Iglesia romana y el Sacro Imperio son los aspirantes al *dominium mundi*, y ambos llaman en su defensa a los mejores tratadistas para que sostengan en su nombre la legitimidad de sus títulos. La pugna —la «querella de las investiduras» se llamará en la época— se extiende durante casi tres siglos, renaciendo de sus cenizas en una y otra ocasión, cada vez que dos personalidades poderosas se sientan a un tiempo en el pontificio solio de Pedro y el germánico trono de Otón, heredero este del carolingio desde su proclamación en el 962, sólo dormitando sin terminar nunca de extinguirse del todo, sin que acabe de proclamarse un vencedor claro.

Los argumentos que se manejan son sutiles. Sostienen los papas su derecho a ostentar la monarquía universal, pues su autoridad, recibida de Dios, es superior a cualquier otra y a ella deben someterse reyes y emperadores. Argumentan estos que reyes y sacerdotes son consagrados por igual, ante el altar, porque todo poder viene de Dios, pero el Supremo Hacedor fue rey desde la eternidad, mientras que sacerdote sólo lo fue desde que se encarnó como hombre. El poder temporal, por tanto, es superior al espiritual, y el emperador ha de tener primacía sobre el papa.

En realidad, todo había empezado a comienzos del siglo XI, como consecuencia de las discrepancias entre el emperador y el papa acerca de cuál de ellos tenía el derecho a designar a los beneficiarios de los feudos eclesiásticos, muy numerosos en el Imperio. Estos habían de ser clérigos, eso nadie lo cuestionaba, pero el emperador había obviado siempre la cuestión haciendo que los elegidos recibieran las órdenes a la vez que se les investía. El papa, irritado, rechazaba que el emperador pudiera hacer algo que, desde su punto de vista, era privativo de la Iglesia, aunque en el fondo lo que le preocupaba era que de ese modo le arrebataba la posibilidad de escoger él mismo entre sus eclesiásticos a quienes considerara más adecuados para recibir esos feudos.

La discusión subió de tono cuando frente a los abusos del emperador Enrique III, que se prodigó como ninguno de sus predecesores nombrando beneficiarios laicos para los feudos eclesiásticos, el papa Gregorio VII respondió con el conocido como *Dictatus Papae*, un compendio normativo durísimo que, en síntesis, venía a castigar con la excomunión a los laicos que entregasen o recibiesen una iglesia. En este texto se encuentran ya los principales argumentos del papado en su pugna por elevar su poder temporal por encima no sólo del emperador, sino de todos los príncipes de la cristiandad: infalibilidad de la Iglesia, sumisión de los príncipes cristianos al papa y soberanía del pontífice sobre los fieles, el clero, las iglesias y los concilios.

De nada sirvió. El nuevo emperador germano, Enrique IV, no sólo no se humilló ante las pretensiones del papa, sino que fue más allá en las suyas propias: nombró arzobispo de Milán a

El emperador germano Enrique IV se humilla ante el papa Gregorio VII en Canossa. Obra de Carlo Emanuelle (h. 1630). La lucha por la primacía entre el Imperio y el pontificado se extendió durante buena parte del Medievo. Sin embargo, la guerra terminaron por ganarla los estados nacionales en ciernes, nada dispuestos a someter su soberanía a una u otra potestad.

quien le pareció oportuno; convocó en Worms (1076) una dieta de prelados alemanes que se deshicieron en invectivas contra el pontífice, y le exigió su renuncia. La respuesta del papa fue terrible: excomulgó al emperador, lo declaró depuesto y eximió a sus súbditos de cualquier obediencia hacia él, llevándole a una situación insostenible con los sajones a las puertas y la nobleza opositora en armas contra él. Comprendiendo lo frágil de su posición, Enrique acudió al encuentro del papa, que le recibió en Canossa, y, tras esperar tres días descalzo a la puerta de la fortaleza, se humilló ante él solicitando su perdón. Fue sólo un breve descanso. No sólo volverían a enfrentarse de nuevo Gregorio y Enrique, que al final consiguió deponerlo e incluso nombrar un antipapa, sino que la pugna se transmitió a sus sucesores sin perder un ápice de intensidad. El papa Pascual II y el emperador Enrique V repetirían, casi como en una obra bien ensayada, las destituciones recíprocas, sin que el primero lograse obtener del segundo lo que deseaba.

La situación pareció al fin entrar en una vía de solución en 1123, cuando el concilio de Letrán sancionaba un acuerdo en virtud del cual se reservaba al poder eclesiástico la investidura clerical, esto es, la entrega del anillo y el báculo y la imposición de las órdenes religiosas, mientras quedaba para el civil la investidura feudal con la concesión de regalías. Pero, una vez más, se trataba de un espejismo. El enfrentamiento entre emperadores y papas habría de continuar dos siglos más, cuando la fuerte personalidad de uno u otro lo hacía posible. Así, Federico I Barbarroja se enfrentó al papa Alejandro III en la segunda mitad del siglo XII, y Federico II, a varios de ellos en la primera mitad del XIII.

Fueron casi tres centurias en las que emperadores y papas lucharon, con las ideas y con las armas, con la persuasión y con la fuerza, en una guerra baldía de la que ambos salieron debilitados y cuyo único vencedor fueron los monarcas, de Francia, de Inglaterra, de Castilla o de Aragón, que quizá se inclinaban a reconocer cierta primacía al emperador y al papa, pero jamás aceptarían someterse a su poder temporal, que no consideraban superior al suyo. La idea de una Cristiandad unida sobrevivirá, renacerá incluso en los albores de la modernidad de la mano del romántico Carlos V, pero la verdadera herencia política del Medievo sería el embrión del Estado-nación, el cimiento sobre el que se construirá, por suerte o por desgracia, el mundo del futuro.

44

¿Por qué la batalla por el poder en la Europa medieval la ganaron los reyes?

Porque eso fue lo que sucedió. En la intensa pugna entre emperadores y papas la victoria no sonrió a ninguno de ellos sino de forma temporal. En el mar revuelto de la profunda crisis que habría de azotar Europa en la segunda mitad del siglo XIV, fueron los reyes, a los que ambos reservaban en el orden político de la cristiandad un papel secundario y sometido, los verdaderos vencedores. Mientras las construcciones universales caían en una decadencia definitiva, ellos, libres a un tiempo de las hipotecas feudales y de las pretensiones universalistas, reconstruyeron los cimientos del Estado y asentaron sobre ellos un poder renovado.

El Sacro Imperio, del todo fracasadas sus expectativas de dominio sobre Occidente, fallará incluso en su intento de convertirse en un reino más, condenado su titular a la soberanía nominal sobre los príncipes alemanes, ansiosos por mostrar su independencia. La Iglesia, mientras, conservará sólo a duras penas, y durante un par de siglos, su primacía espiritual. Pero cuestionada, dividida por el Cisma de Occidente que fuerza a los católicos, a caballo entre los siglos XIV y XV, a escoger entre dos papas, uno en Roma, otro en Avignon, y sometida a los monarcas, no podrá tampoco plantear sus pretensiones a la supremacía política europea. Sólo los reinos soportan los retos del siglo y salen de ellos fortalecidos. ¿Cómo fue posible?

La respuesta hay que buscarla, una vez más, en los profundos cambios económicos y sociales que Europa había experimentado después del año 1000, luego exacerbados por la gran crisis del siglo XIV. La combinación de ambos procesos, auge primero, depresión después, resulta en una notable inversión de los equilibrios sociales tradicionales.

La identidad entre aristocracia y riqueza pertenece al pasado, pues en los últimos siglos del Medievo proliferan los nobles arruinados y los plebeyos enriquecidos por las finanzas y el comercio. Incluso los campesinos, sometidos aún al señor, se emancipan de su tiranía, ganando a veces la libertad a cambio de dinero, otras como incentivo para acrecer una producción que ahora se orienta al mercado. Pero es la ciudad el crisol en el que van a fundirse las fuerzas que terminan por enterrar el mundo feudal.

Su propia riqueza la protegía; le regalaba el arma con que ganar su libertad, ya mediante la violencia ya por medio del acuerdo. Pero es el dinero el que da el poder y no todos eran ricos en su seno. Pronto, los grandes mercaderes despojan del gobierno municipal a las asambleas de ciudadanos, y los reyes encuentran en ellos los aliados que necesitan para romper las oxidadas cadenas con las que les ha aprisionado el denso entramado de las relaciones feudales. Los burgueses aportan su dinero; el rey les concede la libertad y les ofrece un lugar junto a su trono. Junto a la nobleza y el clero, consejeros tradicionales de la Corona, se sientan ahora los delegados de las ciudades. Los Consejos reales se tornan Parlamentos, Dietas o

Cortes. Y los monarcas, dueños al fin de recursos superiores, pueden afrontar la tarea de recuperar el poder perdido.

Hallan en el derecho romano la justificación de sus pretensiones e imponen a sus nobles, a veces mediante la fuerza, otras por medio del arbitraje, la primacía de su autoridad, reflejada en la aprobación de códigos legales únicos. La Administración se densifica, distinguiéndose otra vez de la casa real, y se dota de nuevo de representantes que llevan su voluntad a cada rincón del reino. La hacienda, engrosados los recursos del monarca por la extensión de sus dominios y la consolidación de derechos sobre la moneda, la sal, las minas o los mercados, respalda con mayor eficacia las pretensiones reales. Y el Ejército, liberado de la dependencia de las mesnadas feudales, gracias a las milicias urbanas y los propios reclutas del rey, sin duda confiere una fuerza decisiva a sus argumentos. La guerra hace su parte. Endémica, perecen en ella muchos nobles y casas enteras se extinguen dejando sus tierras y sus derechos en manos de la Corona. Cada vez más compleja, la introducción de la artillería la convierte en una empresa cara que sólo los monarcas pueden sufragar.

De este modo nacen las grandes monarquías feudales, anticipo de los estados modernos, dueños ya de los resortes plenos del poder, que protagonizarán la historia política de la Europa moderna y contemporánea. El «Estado» como concepto va cobrando fuerza frente a viejas nociones como la de *Regnum*, la monarquía unificada pero todavía demasiado identificada con el propio patrimonio regio, o la *Universitas Christiana*, la comunidad político-religiosa de los fieles bajo la doble corona papal e imperial. El futuro no tendrá sitio para ellas.

45

¿Por qué la peste negra mató a uno de cada tres habitantes de Europa en el siglo XIV?

Tal era la pregunta que latía en el corazón de las gentes a mediados del siglo XIV. Europa contaba, después de casi tres centurias de crecimiento, con cerca de cien millones de almas; hacia 1350 la poblaban apenas setenta. Casi uno de cada tres

El triunfo de la muerte. Pieter Brueghel el Viejo (1562). Museo Nacional del Prado, Madrid. La peste negra de 1348, sólo comparable a la que había asolado Oriente en tiempos del emperador Justiniano, tuvo un impacto mucho mayor que aquella, pues costó la vida a uno de cada tres europeos y sus consecuencias cambiaron para siempre la historia del continente.

europeos ha muerto víctima de la gran peste negra de 1348, destinada a pasar a la historia como la más terrible de las epidemias sufridas nunca en el continente. Regiones enteras han quedado despobladas por completo. El bullicio de las ciudades y el esplendor de los campos son ahora tristes recuerdos de un pasado casi olvidado a pesar de su cercanía. Compañías de flagelantes recorren los caminos llamando a las gentes al arrepentimiento. Las escalofriantes Danzas de la Muerte rinden culto a la gran igualadora que junta a pobres y ricos en un destino inevitable. La fe, la esperanza y el optimismo han desaparecido como por ensalmo. ¿Cómo podemos explicar tal cataclismo?

Miremos hacia atrás para entender lo que pasó. Después del año 1000, la población europea había disfrutado de un crecimiento acelerado. Mientras los rendimientos bastaron para alimentar a las nuevas bocas, gracias a las nuevas roturaciones y las mejoras técnicas, nada malo sucedió. Pero en los últimos años del siglo XIII las tierras más productivas empezaron a escasear. ¿Cómo seguir incrementando las cosechas? La primera respuesta fue roturar campos de peor calidad, incluso pastizales y páramos, antes despreciados. La disponibilidad de alimentos mejoró un poco al principio, pero al precio de una clara disminución de los pastos que contrajo la cabaña ganadera, y con ella la carne para consumir y el estiércol para abonar los campos, lo que pronto constriñó de nuevo las cosechas. Una serie de inoportunos cambios en el clima vinieron a agravar la situación. Los inviernos cada vez más largos, fríos y húmedos pudrían las semillas antes de que germinaran y las intempestivas lluvias estivales arrasaban las cosechas maduras para la recolección. El precio del pan, en consecuencia, se disparó, condenando al hambre a los humildes. Cuando llegó la peste, encontró una población mal alimentada y sin defensas ante la enfermedad, a lo que se sumaba en las ciudades el extremo hacinamiento de las gentes.

    La rápida contracción de la población no podía dejar de tener drásticas consecuencias, pues tornó innecesario el cultivo de las tierras marginales, que volvieron a convertirse en bosques o pastizales. Con ello, las cosechas crecieron de nuevo, y como el número de bocas era ahora muy inferior, los precios del cereal se hundieron, mientras los salarios, animados por la falta de mano de obra, crecían sin cesar. Los señores, al borde de la ruina, reaccionaron reduciendo la reserva, que requería la contratación de jornaleros, y favoreciendo el asentamiento de colonos en sus tierras. Pero las rentas que estos pagaban iban perdiendo valor con el tiempo, lo que les animó a probar otras soluciones, en su mayoría muy gravosas para los campesinos. Reclamaron tasas y obligaciones olvidadas; trataron de impedir la huida de los aldeanos, atándolos a la tierra que cultivaban, y, en algunos casos, lograron que se fijara un tope a los jornales, reviviendo en el alma de los humildes el triste recuerdo de la servidumbre.

    La chispa de la rebelión prendió así con facilidad en las aldeas y pueblos de Europa. Los párrocos, tan míseros como los aldeanos, a menudo les alentaban a la sedición. Y si el campesino no se rebelaba, huía a la ciudad, sumándose a los que habían llegado antes que él, alimentando el paro y ayudando a desplomarse a unos salarios que la abundancia de mano de obra presionaba a la baja sin cesar. Las revueltas se extendían así a las villas, aunque los motines fueron allí distintos de los rurales, pues poseían una fuerte organización y unos objetivos definidos, como el derecho al trabajo, salarios más altos y participación en el gobierno de la ciudad. Armadas y bien dirigidas, las masas urbanas desplegaban una fuerza temible y forzaban con cierta facilidad concesiones del patriciado urbano. Así, mientras en el campo la violencia remitió o fue aplastada, en la ciudad sus instigadores, cabecillas de los gremios en su mayoría, fueron admitidos en los consejos municipales. Olvidados cuando ya no fueron útiles, los pobres urbanos lograron, sin embargo, tan poco como sus camaradas campesinos. De uno u otro modo, las revueltas mataron a muchas de las personas que la peste había respetado, contrayendo así aún más la ya castigada población del continente.

Lo haría aún más la guerra, que arrasó regiones enteras, al punto de que pocas fueron las tierras que escaparon a sus destructivos efectos. Francia e Inglaterra se enfrentaron en la llamada guerra de los Cien Años, entre 1337 y 1453. También lo hicieron Castilla y Aragón, martirizadas a un tiempo por la guerra civil. Las tierras de Italia no conocen tampoco la paz. En el norte la guerra se alimenta de los afanes expansionistas de las viejas repúblicas, caídas en manos de déspotas y mercenarios sin escrúpulos; en el sur, de las disputas por la hegemonía entre la casa francesa de Anjou y los reyes aragoneses. Por último, las aspiraciones de príncipes y emperadores garantizan en el Imperio la perpetuación de un conflicto que la Edad Media legará sin resolver a la Moderna.

Y no fue escasa la repercusión demográfica de los conflictos religiosos, que la crisis extendió por doquier en el continente. Hay que entenderlo. Los humildes carecían de armas racionales con que afrontar sus desdichas. Era la Iglesia quien debía consolarlos en aquel trance. Pero los sacerdotes, ignorantes e inmorales en su mayoría, carecían de respuestas, y los obispos y el mismo papa se mostraban más preocupados por los asuntos temporales. Los humildes sucumbieron, pues, ante los oradores que cautivaban su ánimo y muchos de ellos abandonaron casa y familia para unirse a las compañías de flagelantes que recorrían los caminos castigando sus cuerpos y llamando a las gentes a la conversión. Pero otros, hartos de esperar, abordaron por sí mismos la tarea de responder desde la fe a los apremios de la época sin cuidarse de traspasar las fronteras de la ortodoxia, provocando la respuesta terrible de una Iglesia amenazada en sus intereses. Las guerras de religión se sumaron así a las ordinarias, y los campos de Europa se tiñeron una vez más con la sangre de los tenidos por herejes, ya se llamaran husitas, wiclefistas, lolardos o dulcinistas.

46

¿Por qué triunfó el arte gótico?

La aparición de nuevos estilos artísticos, su decadencia y su extinción no son, en ningún caso, fenómenos ajenos al contexto social en el que se desarrollan. El arte es producto de la sociedad, en especial de sus grupos dominantes, que tienden a imponer al resto de los individuos sus prioridades, su mentalidad y sus valores. En una sociedad como la europea del Medievo, que era cristiana hasta la médula, sus expresiones artísticas también habían de serlo, por lo que los cambios en la visión dominante del cristianismo habían por fuerza de reflejarse en el arte. Pero no son, en modo alguno, los únicos cambios que el arte refleja. En realidad, las manifestaciones estéticas humanas actúan no sólo como un espejo del mundo espiritual, sino también del material. Por ello, los cambios en la realidad económica, social y política tienen también su correlato en el arte.

El estilo que conocemos como Gótico nos ofrece un buen ejemplo de ello. Su nombre, acuñado con notable éxito por el tratadista renacentista italiano Giorgio Vasari, aludía a su carácter bárbaro por oposición al arte clásico griego y romano, y lo revestía así de un manto de inferioridad y oscurantismo, el mismo que, como hemos visto, cubre aún al conjunto del Medievo en la mente de muchos profanos.

Sin embargo, nada más lejos de la realidad histórica. Precisamente el Gótico es el arte de la plenitud del Medievo, la manifestación estética que triunfa cuando despiertan las ciudades de su letargo de siglos, y embarcados en los navíos que parten en pos de nuevas rutas comerciales, o esperando en el puerto sus mercancías nuevas, los europeos comienzan

Catedral de Notre Dame, París. Construida entre los años 1163 y 1345, constituye uno de los mejores ejemplos arquitectónicos del arte gótico. El nuevo estilo, con su obsesión por la verticalidad y su amor por la luz, simboliza los nuevos aires del pensamiento medieval.

a contemplar el mundo con mayor fe en el futuro. Porque es cierto que frente al equilibrio y la mesura propios del arte clásico, que luego resucitará el Renacimiento, el Gótico se nos muestra exagerado, atrevido, insolente incluso, decidido a romper los estrechos límites que había marcado el Románico, humilde en su maciza quietud rural. Pero lo hace porque el Gótico es el arte urbano por excelencia. No se entendería sin el resurgir de la ciudad, sin el dinero de los comerciantes que financian sus catedrales, sin la ambición de las urbes que compiten entre sí al elevar al cielo las agujas de sus templos. Por eso, también, se trata de un arte optimista, hijo de aquellas gentes de mentalidad abierta, dinámica, tan distinta de la desconfianza heredada del labriego medieval, aislado del mundo y de sus cambios, condenado a ver la vida transcurrir inmóvil por campos y aldeas congelados en el tiempo.

De hecho, el optimismo se aprecia en cada detalle de sus edificios, tan distintos a la vista de cuantos había erigido hasta entonces el hombre del Medievo. La oscuridad íntima del Románico, algo difuminada en sus catedrales, pero pesada y cierta en sus iglesias rurales, deja paso al triunfo absoluto de la luz, que inunda los templos a través de sus colosales rosetones y sus grandiosas vidrieras, recordando a los fieles la cálida presencia del Salvador. La horizontalidad huye en franco retroceso frente a la verticalidad ambiciosa de unos muros que ascienden tan alto como se lo permite la ligereza de su piedra y el entramado de los arbotantes liberados al fin de su íntima unión con las ahora gráciles paredes. El pesimismo de una fe que perseguía atenazar el alma de los pobres con sus frescos imponentes, pletóricos de demonios y ángeles temibles en torno a un Dios dispuesto a juzgar con rigor la debilidad humana, ha dejado paso a la confianza, a la esperanza en el Paraíso prometido por un Cristo henchido de amor, caridad y misericordia, como el humilde predicar de franciscanos y dominicos ha logrado abrirse camino entre los hábitos negros y orgullosos de los cluniacenses, cada vez más lejanos del carisma original de San Benito.

El Gótico, en suma, triunfa porque triunfa la ciudad. Y por ello ha de cambiar también cuando la ciudad lo hace. La crisis, terrible, con que cierra sus puertas la Edad Media, deja huella en el Gótico, que no muere, pero sí se transforma, reflejando en sus manifestaciones las terribles convulsiones del alma europea del siglo XIV. Sin embargo, lejos de arrepentirse, huye hacia delante. En lugar de renunciar a la verticalidad, la acentúa; lejos de ocultar la claridad, la intensifica, taladrando los muros hasta convertirlos en etéreos panales de luz; bien al contrario de atenuar la decoración, la multiplica, haciendo de los edificios sofisticados monumentos al exceso, como si así pretendiera el hombre medieval aferrarse con mayor fuerza a una vida que ahora se le antoja más frágil y huidiza que nunca.

47

¿Por qué proliferaron las herejías en el otoño del Medievo?

Si hubiera que ofrecer una respuesta sencilla y rápida a tan compleja cuestión, diríamos que su auge fue el resultado de la combinación de dos factores: la intensa angustia que en el común de las gentes produjeron las continuas desgracias de aquellas décadas calamitosas y la incapacidad, doctrinal y moral, de la Iglesia y de sus ministros para ofrecer a las masas un consuelo espiritual que, en medio de tan terribles sufrimientos, resultaba más necesario que nunca.

Veamos con calma ambos aspectos. Sobre lo funesto de aquellos años poco cabe añadir a lo escrito más arriba. Las terribles penurias generadas por el hambre, la peste y la guerra difícilmente pueden ser objeto de exageración. Mas no se trata sólo de la realidad, objetiva e innegable, de las desgracias, sino de cómo las sentían aquellas gentes atemorizadas e ignorantes que carecían de herramientas racionales con las que enfrentarse a ellas. Como escribiera Johan Huizinga, quizá el historiador que mejor ha acertado a describir el alma medieval, debemos tener presente que la miseria y la necesidad, privadas de los potentes lenitivos que hoy suavizan sus efectos, eran mucho más opresivas y dolorosas, y mucho mayor el contraste entre lo bueno y lo malo, la salud y la enfermedad, la riqueza y la pobreza. Es por eso que para el hombre del Medievo todas las experiencias de la vida poseían el grado de espontaneidad y el carácter absoluto que la alegría y el dolor tienen en el espíritu del niño. La noche y el día, la luz y la oscuridad, el bien y el mal... La vida humana en el otoño de la Edad Media era un lienzo sin grises, sin medias tintas, sin matices, y no los tenía tampoco el sufrimiento, que adquiría así las dimensiones del mal absoluto y sólo podía tolerarse si se le confería un sentido trascendente: el pecado exigía castigo, y un castigo tan terrible como los males del siglo había de ser el resultado de un pecado no menos terrible que exigía una dolorosa reparación.

Los europeos se entregaron de este modo, incapaces de comprender lo que pasaba ni conjurar sus efectos, y a un tiempo ansiosos de merecer el perdón divino, a todas las formas imaginables de expiación: largas peregrinaciones a Jerusalén, a Roma, a Compostela, interminables procesiones, patéticas compañías de flagelantes, arrebatadas llamadas al arrepentimiento de los pecadores, monumentales piras donde ardían hermanados objetos de lujo y juegos de azar, sentida veneración de reliquias... pero ¿qué papel jugaba en todo aquella explosión de fe la Iglesia católica? ¿Conducían, o al menos acompañaban, sus sacerdotes las manifestaciones de piedad popular? ¿Instruían de alguna manera sus obispos a los afligidos fieles sobre el sentido último del sufrimiento mientras trataban, compartiendo

Jan Hus es quemado en la hoguera en Constanza, por Diebold Schilling el Viejo, *Spiezer Chronik* (1485). Las herejías medievales ponían de manifiesto la incapacidad de la Iglesia oficial para dar respuesta a las inquietudes de los fieles, que abrazaron en muchos casos las nuevas corrientes religiosas por su carácter sencillo y ajeno a la pompa y el boato de la jerarquía eclesiástica.

con ellos sus riquezas, de paliar sus efectos más sangrantes? ¿Ofrecían, en fin, algún consuelo sus misas, sus rezos, sus sacramentos?

La verdad es que no, o en muy pobre medida. El clero no se encontraba por aquel entonces a la altura de cuanto se esperaba de él. Muchos curas de parroquia, la mayoría quizá, eran tan ignorantes como el rebaño al que estaban llamados a pastorear. Bastantes de ellos eran también deshonestos. La simonía, o compraventa de los dones espirituales, desde los cargos a las reliquias, pasando por los mismos sacramentos, y el nicolaísmo, o amancebamiento de los clérigos, contrario al voto de castidad, se hallaban muy extendidos entre el clero secular, lo que le convertía en objeto frecuente de las burlas e incluso la cólera de sus feligreses, que con razón podían sentirse desamparados de sus pastores cuando más lo necesitaban.

No menos inadecuada resultaba la actitud de la jerarquía eclesiástica. El papado, forzado a renunciar a sus pretensiones de liderazgo político de Occidente, se convierte muy pronto en rehén de la monarquía francesa, que lo obliga a trasladar su sede a Aviñón, en lo que se ha llamado la «segunda cautividad babilónica» de la Iglesia. Luego, entre 1378 y 1417, la Iglesia, y con ella Europa toda, se rompe bajo la obediencia a varios papas, sembrando de dudas el espíritu de los creyentes más sinceros, forzados a escoger, siguiendo a sus señores, entre romanos y aviñonenses. Y cuando el cisma termina, y vuelve a sentarse un solo papa en el solio de Pedro, las promesas de reforma eclesiástica son pronto olvidadas por muy necesaria que parezca a todos la evolución de una institución que se veía cada vez más superada por la historia.

Las herejías vinieron, así, de forma natural, a colmar el vacío que dejaba una Iglesia desgarrada y un clero incapaz. Valdenses, dulcinistas, seguidores de John Wyclif o de Jan Hus, todos ellos llegaron para dar respuesta a la angustia de unas gentes necesitadas de consuelo más allá de los ritos y las fórmulas que, vacías ya de contenido en un mundo agónico, seguía ofreciendo el clero católico. De ahí que, más allá de las naturales diferencias entre los distintos movimientos heréticos, presenten todos ellos unos rasgos comunes que se explican por la necesidad de ofrecer esa respuesta. Exaltación de la pobreza, definición de la Iglesia como comunidad invisible de creyentes y reivindicación de la lectura de la Biblia por los propios fieles, sin intermediarios, son los rasgos definitorios de unos movimientos en los que resulta ya fácil adivinar mucho de lo que, un siglo y medio más tarde, popularizará la Reforma protestante.

48

¿POR QUÉ DURÓ MÁS DE CIEN AÑOS LA GUERRA DE LOS CIEN AÑOS?

La conocida como guerra de los Cien Años, un conflicto bélico que enfrentó a los reinos de Inglaterra y Francia, en diversas fases, entre los siglos XIV y XV, duró mucho, en efecto; de hecho, más de cien años; para ser exactos, ciento dieciséis, entre 1337 y 1453. ¿A qué se debió tan excepcional duración? ¿Qué características especiales tuvo esta guerra que no tuvieran otras?

Todo empezó mucho tiempo atrás, casi tres siglos antes. En el año 1066, un ejército procedente de Normandía, una región situada al noroeste de Francia, había invadido Gran Bretaña y vencido a sus pobladores sajones en la batalla de Hastings, y su caudillo, el duque Guillermo, bien llamado el Conquistador, se había convertido en rey de Inglaterra.

Este hecho creaba una situación muy compleja si se contempla desde la perspectiva de las relaciones feudovasalláticas que, como hemos visto, determinaban la política europea en la Edad Media. Guillermo y sus sucesores eran reyes, de eso no cabía duda, pero no por ello dejaban de ser también duques de Normandía y, por ello, vasallos del monarca francés, que no estaba dispuesto a renunciar a sus prerrogativas por igual suyo que se considerase su homólogo inglés.

Con el tiempo la cosa se fue complicando. A mediados del siglo XII, el ducado de Normandía había caído en manos de la Casa de Anjou, que poseía también territorios en el oeste y el sur de Francia. El resultado fue el llamado Imperio angevino, cuya extensión y rentas superaban en mucho a las de su señor, el rey de Francia. Era cuestión de tiempo que las relaciones se agriaran, pues rara vez se aviene a inclinarse ante otro quien se sabe más fuerte que él.

Al principio, los reyes de Francia lograron salirse con la suya, pues tras Enrique II Plantagenet, así llamado por las hojas de retama con las que adornaba su casco, a mediados del siglo XII, los monarcas ingleses que le sucedieron fueron débiles o incluso cuestionados en la propia Inglaterra, como les sucedió a sus dos primeros herederos, sus hijos Ricardo Corazón de León y Juan Sin Tierra. Pero la historia terminó por dar la razón al último gran maestre de los templarios, Jacques de Molay, que, en venganza por el expolio del que había sido objeto su hasta entonces poderosa orden, maldijo desde la hoguera a la dinastía francesa de los Capetos. En 1328 moría el último de ellos, Carlos IV, sin heredero varón.

Por entonces se sentaba en el trono inglés un sobrino del fallecido rey francés, Eduardo III, que de inmediato reclamó la corona francesa apelando a los derechos de su madre Isabel, hermana del rey fallecido. La respuesta francesa fue negativa: la Ley Sálica impedía a las mujeres reinar o transmitir derechos al trono. El nuevo rey de Francia fue Felipe VI, miembro de una rama colateral de los Capetos: los Valois. Pero Eduardo III no lo aceptó: jamás rendiría homenaje –seguía siendo vasallo del rey francés, fuera quien fuese, por sus posesiones en Francia– a un usurpador. La guerra estaba servida.

Juana de Arco liberando Orleans, óleo de Jules Lenepveu, Panteón de París. La joven heroína, tenida por santa por su pueblo, galvanizó la resistencia de los franceses y elevó su moral de resistencia frente a los ingleses.

Y, contra todo pronóstico, se trató de una guerra que parecía renacer sin cesar de sus cenizas, pues ninguno de los dos bandos lograba una victoria decisiva ni terminaba de darse solución al contencioso que la había encendido, tan arraigada estaba la mentalidad feudal en la Europa de entonces. De poder a poder, en la tierra y en el mar, dentro de Francia y fuera de ella, ingleses y franceses parecieron en más de una ocasión salirse con la suya, infligiendo a su enemigo una derrota en apariencia concluyente, pero que nunca lo era lo bastante para impedir que el bando derrotado levantara de nuevo la cabeza, y las armas, contra el vencedor.

Así llegaron las cosas hasta comienzos del siglo XV. Por entonces los franceses estaban gobernados por Carlos VI, un monarca débil y con tendencia al desequilibrio, incapaz de poner coto a sus nobles, que se habían dividido en dos facciones lideradas, respectivamente, por las poderosas casas de Armañac y Borgoña. Mientras, los ingleses tenían por rey a Enrique V, un joven capaz, enérgico y de gran experiencia, criado en los campos de batalla, que se había propuesto como objetivo dar fin a la guerra que había asfixiado a su país durante casi una centuria.

Con su habitual resolución, Enrique reunió un poderoso ejército, construyó o confiscó los barcos para transportarlo y lo desembarcó en las costas francesas. El 21 de octubre de 1415, en la pequeña aldea de Agincourt, los ingleses, gracias a la contundente superioridad de sus arqueros, aplastaban un ejército francés que los duplicaba en número. La guerra podía haber terminado ahí si Enrique hubiera forzado marcha hasta París y se hubiera proclamado rey. Pero no lo hizo. Escaso de víveres, embarcó sus tropas y regresó a Inglaterra. El único fruto de la exitosa campaña fue un tratado por el que Enrique se casaba con la hija de Carlos y este le aceptaba como sucesor.

La guerra tocaba a su fin, pero la historia parecía empeñada en impedirlo. Enrique murió de repente en 1422 y cuando, poco después, lo hizo Carlos, los franceses se negaron a coronar al hijo del inglés y proclamaron rey a Carlos VII, hijo del monarca fallecido.

Ni que decir tiene que las mortecinas brasas del conflicto se reavivaron de inmediato. Los indignados ingleses invadieron Francia, que enseguida pareció de nuevo al borde del desastre. En esta ocasión la salvó una figura providencial: Juana de Arco, una carismática doncella campesina que para muchos franceses había sido enviada por el mismo Dios para salvar a su país.

Algo estaba cambiando en el conflicto. Ahora no eran ya los orgullosos caballeros franceses los que vencían a los ingleses, sino el pueblo llano, enardecido por la figura de Juana. Y, por supuesto, los aristócratas no iban a permitirlo, sobre todo si la insolente muchacha cuestionaba, como parecía estar haciendo, los fundamentos del orden social. Poniendo por delante sus intereses de clase en vez del bien de su país, los nobles traicionaron a Juana y la entregaron a los ingleses, que la quemaron en la hoguera acusándola de hechicería.

Por suerte para los franceses, Carlos VII no era tan inepto como su padre. Lejos de plegarse a los intereses de los nobles, impulsó la creación de un ejército permanente que, a un tiempo, le fortaleció a él y a su país. Luego fue sólo cuestión de tiempo. Los aliados de Inglaterra, en especial la casa de Borgoña, la abandonaron. Sus territorios fueron cayendo, uno a uno, en manos francesas, hasta que sólo la ciudad de Calais permaneció en poder de los ingleses. Corría el año de 1453. No se firmó en esta ocasión tratado alguno, pero la guerra había llegado a su fin.

49

¿Por qué los aztecas practicaban el canibalismo?

Esta es una de esas preguntas –ya hemos tenido alguna ocasión de ver cuán engañosas resultan y con cuanta insistencia nos asaltan– para las que todos parecemos tener una respuesta sencilla y rápida: se trataba tan sólo de una cuestión de fe, un asunto religioso. Los aztecas, al igual que los toltecas y los mayas, creían sinceramente que sus severos dioses les exigían frecuentes sacrificios humanos y que ellos mismos devoraran también la carne sanguinolenta de las víctimas inmoladas en su honor. Por tan sencilla razón, arrastraban a sus infelices prisioneros de guerra escaleras arriba de sus empinadas y bellas pirámides hasta alcanzar un pequeño templo. Una vez allí, cuatro fornidos sacerdotes los tumbaban boca arriba sobre un altar de piedra, les abrían el pecho de lado a lado con un afilado cuchillo de obsidiana y les arrancaban de cuajo el corazón, que, aún palpitante, era quemado de inmediato mientras el resto del cuerpo bajaba dando tumbos por las escaleras para ser devorado, una vez adecuadamente cocinado y, por lo que parece, aderezado con tomates y pimientos, por las masas excitadas por el espectáculo.

No obstante, no hace falta ser muy inteligente para comprender que esa respuesta en realidad no explica nada, pues de inmediato se nos plantea una nueva pregunta: ¿Y por qué la fe de los aztecas les exigía ese comportamiento y no lo hacía la de otros pueblos que vivían más o menos cerca de su territorio?

Una primera respuesta, en apariencia, pero nada más que en apariencia, más científica, apelaría a la existencia innata en el ser humano de instintos de amor y agresividad que explican el canibalismo como un compromiso entre las pulsiones opuestas de comerse a la víctima y matarla, pues el ser amado nos produce a un tiempo gran frustración. Ello explicaría, según estos autores, que en algunas culturas las víctimas sean tratadas con gran cuidado antes de su tortura.

La Edad de las Tinieblas

Sacrificios humanos mostrados en el Códice Magliabecchiano, uno de los códices coloniales de México, que data del siglo XVI. Sus 92 páginas constituyen un glosario de elementos religiosos, entre ellos deidades, ciertos ritos y vestidos, así como creencias cosmológicas.

Pero tan freudianas teorías de ningún modo explican por qué el canibalismo se limita a los prisioneros de guerra, y menos aún cuál es la causa de que tan violentamente *amorosa* conducta resulte privativa de algunas culturas y del todo ajena a otras no muy distintas en su nivel de desarrollo y su organización social. Más aún: ¿por qué en el resto del mundo la aparición del Estado condujo, por lo general, a la extinción de la práctica del canibalismo mientras entre los aztecas la consolidó? En términos más poéticos: ¿por qué las fieras divinidades mexicas alentaban a sus fieles a consumir carne humana mientras sus colegas del Viejo Mundo declaraban del todo vedada su ingestión y auguraban los más terribles castigos en la otra vida a quienes persistieran en ella?

Quizá la respuesta correcta sea mucho más prosaica que la pregunta. ¿No deberíamos tener presente algo tan simple como el hecho de que, por regla general, cada civilización humana se alimenta de lo que puede? Los esquimales no obtienen sus proteínas del pescado porque les guste más que la carne, sino porque esta es más bien escasa, aunque no inexistente, en el medio en el que viven. Por la misma razón, el pan se elaboraba en Europa con trigo, avena o centeno, mientras los nativos americanos usaban el maíz, los africanos el mijo o el sorgo y los orientales el arroz. ¿No comerían, quizá, los aztecas carne humana porque no tenían a su alcance otra fuente estable, suficiente y más barata de proteínas?

No deberíamos despreciar *a priori* esta posibilidad, por más que nos resulte chocante a primera vista. La fauna autóctona de América Central, o Mesoamérica, como dicen los arqueólogos, había quedado casi agotada unos doce mil años antes de nuestra era. La población, a pesar de todo, no dejó de crecer, pero no fue la carne, sino los vegetales el alimento que hizo posible este crecimiento. Por supuesto, las clases dirigentes se reservaron pescados, conejos, perros, pavos, patos y ciervos, especies no todas ellas muy sabrosas, pero que habían llegado a erigirse en auténticas exquisiteces. Pero el pueblo llano tenía que conformarse con maíz y judías, y no era raro que muchos de ellos se vieran obligados incluso a ingerir algas del lago Texcoco.

La carne, pues, era algo casi desconocido para la gran mayoría de los aztecas y un lujo para sus dirigentes. Y, en esas condiciones, ¿de verdad puede sorprendernos que los cadáveres de los desdichados prisioneros de guerra dieran pie a verdaderos festines colectivos de ingestión de las tan anheladas proteínas animales? Se objetará, desde luego, que se trataba de festines más bien parcos, pues las víctimas eran muy pocas en relación con la numerosa población mexica, no inferior a los dos millones de almas. Pero no debería escapársenos que no es el bienestar del conjunto de la población lo que preocupaba a los gobernantes de los primeros estados, tanto en América como fuera de ella, sino la seguridad de sus tronos. Y así contemplado el problema, el uso de la magra carne de los enemigos vencidos para mejorar un poco más la dieta de ciertos grupos sociales, por ejemplo los funcionarios o los soldados, en especial en períodos críticos, como hambrunas o momentos de alguna escasez alimentaria, sin duda hacía más fácil preservar esa estabilidad. Como reza el aforismo popular: «A falta de pan, buenas son tortas».

V

DESCUBRIMIENTOS Y REFORMAS

50

¿POR QUÉ SE «DESCUBRIÓ DE NUEVO» AMÉRICA EN EL SIGLO XV?

No, el enunciado de la pregunta no contiene ningún error. Aunque, en una expresión no poco eurocéntrica, seguimos llamando «Descubrimiento de América» a lo que hizo Cristóbal Colón en nombre de la Corona de Castilla el 12 de octubre de 1492, en realidad deberíamos denominarlo «redescubrimiento», pues el primer europeo que alcanzó las costas de lo que hoy conocemos como continente americano fue el comerciante y explorador noruego Erik Thorvaldsson, más conocido como Erik el Rojo, que desembarcó en las costas de Groenlandia hacia el año 982 de nuestra era. Incluso es posible que antes que él dos compatriotas suyos se dejaran caer por allí y que uno de ellos llegara a fundar un pequeño asentamiento, aunque de efímera permanencia. En todo caso, fueron los vikingos, no los españoles, los verdaderos descubridores de América.

Pero las repercusiones de aquel primer encuentro fueron nulas. Tenía que suceder así cuando era sólo el deseo de

Representación de un *drakkar* vikingo en el Tapiz de Bayeux, un gran lienzo bordado del siglo XI de casi setenta metros de largo que relata, mediante una sucesión de imágenes con inscripciones en latín, los hechos previos a la conquista normanda de Inglaterra, que culminó con la batalla de Hastings del año 1066. En una de estas naves debió de alcanzar Erik el Rojo las costas de Norteamérica en el siglo IX.

obtener mujeres, esclavos y botín el que movía a aquellos primeros exploradores, tan esforzados y temerarios como poco interesados en crear vínculos estables entre aquellas tierras remotas y las suyas propias. Por esa razón, ni los nativos americanos ni los europeos de los siglos oscuros del Medievo experimentaron cambio alguno en su modo de vida o en su concepción de las cosas a raíz de las tempranas expediciones vikingas hacia Occidente. Ambos mundos, el viejo y el nuevo, siguieron viviendo uno de espaldas al otro hasta finales del siglo XV. Y es por ello por lo que la pregunta cobra todo su sentido. ¿Por qué entonces? ¿Por qué no antes?

La respuesta es que sólo a finales del siglo XV Europa y los europeos estaban preparados para embarcarse en una relación que, hasta ese instante, superaba con creces sus posibilidades, sus necesidades y sus anhelos. Sólo a partir de 1450 la Europa bajomedieval, deshabitada y pobre, quebrada por graves conflictos sociales, magullada por la guerra y anegada por la angustia y el miedo, deja paso a una nueva Europa, llena otra vez de fuerza, segura de sí misma y preparada para desplegar su renovada vitalidad dentro y fuera de sus fronteras.

Como dirían los economistas, en la segunda mitad del siglo XV todos los indicadores relevantes muestran un claro cambio de tendencia. La población crece una vez más. Las tierras antes desiertas se repueblan; los caseríos extinguidos resucitan; las mortecinas urbes recuperan poco a poco el pulso de la vida. Se roturan campos, pronto cubiertos de cereales y vides, pero también de otras siembras que, como el lino o el cáñamo, nacen con las miras ya puestas en los mercados urbanos. Se reanima la artesanía, presta a satisfacer los antojos de unos burgueses ahora imbuidos de un renovado amor por la vida que exige joyas y trajes, libros salidos de la flamante imprenta y arcabuces cargados con pólvora recién llegada de la distante China. Se incrementan los intercambios, contagiado enseguida el Atlántico de la añosa propensión comercial de los puertos mediterráneos, y reclaman oro, plata y nuevas herramientas de crédito con que costear las grandes expediciones comerciales.

Algunos sucesos en apariencia perjudiciales provocarán chocantes resultados. En 1453, la caída de Constantinopla en poder de los turcos, que cierra la vía tradicional del comercio con Oriente, alejando a los europeos de la seda y las especias, sirve de incentivo para explorar nuevas rutas. Y la creciente necesidad de metales preciosos de un comercio que despierta de la languidez de la centuria anterior y no confía del todo en pagarés y letras de cambio contribuirá a despejar dudas, lanzando a los europeos en busca del oro y la plata allí donde pudieran hallarse, por inverosímil que parezca.

Pero el enlace entre ambos mundos dista de ser tan sólo un matrimonio por interés. También la mente y el espíritu tienen mucho que decir. El olvidado conocimiento de la esfericidad de la tierra revive en las últimas décadas del Medievo gracias a recopilaciones de los saberes antiguos que comienzan a circular entre geógrafos y marinos. La *Historia rerum*, de Eneas Silvio Piccolomini, *Il Milione*, de Marco Polo, o la *Imago Mundi*, de Pierre d'Ailly, aunque erróneos en algunos de sus cálculos sobre las dimensiones del planeta, que tenían por más pequeño de lo que en realidad es, abrían los ojos y las mentes de los europeos hacia la posibilidad de establecer nuevas rutas de navegación hacia China y la India. La construcción de buques más sólidos y rápidos, capaces de aventurarse en el océano, y las mejoras en su orientación lejos de la costa lo harán posible. El espíritu de cruzada, que había nutrido las infelices guerras contra los musulmanes de Tierra Santa, no ha muerto y demanda ahora nuevas almas que convertir, de buen grado o por la fuerza de las armas. Y, en fin, la quiebra progresiva de la mentalidad tradicional, barrida por poderosos vientos de cambio, fama y libertad, que impulsan la curiosidad y el ansia de aventura, hará el resto.

Es por todo ello por lo que, cuando el Medievo llega a su fin, los europeos se lanzan con decisión a explorar el mundo. Los portugueses optan por África y la costean en pos de un nuevo paso hacia Extremo Oriente. Los castellanos buscan lo mismo en el Atlántico, encandilados por la descabellada idea de Colón de navegar hacia el oeste para alcanzar China y la India por el este. Rezagados, ingleses y franceses no pueden sino tratar de hallar en el norte su propio camino hacia las Indias. Y los éxitos se suceden. En 1498, Vasco da Gama abría la ansiada ruta del Índico al tocar al fin tierra en Calcuta. Pero seis años antes, el 12 de octubre de 1492, Cristóbal Colón había descubierto, sin saberlo, un nuevo continente, que luego se llamaría América. Enseguida, los reinos ibéricos se reparten el mundo. Un mundo que, para bien y para mal, ya nunca volverá a ser el orbe cerrado, oscuro y dominado por la ignorancia y el miedo que habían conocido los hombres y las mujeres de la Europa medieval.

51

¿Y POR QUÉ LA DESCUBRIERON LOS ESPAÑOLES?

Según la célebre teoría de la nariz de Cleopatra, aquella que sostiene que si el apéndice nasal de la famosa reina de Egipto hubiera sido distinto, la historia del mundo lo habría sido también, la respuesta sería sencilla. Bastaría con alegar que se trató de simple azar. Cristóbal Colón trabajó para los Reyes Católicos, y descubrió las nuevas tierras en su nombre, tan sólo porque los monarcas con los que antes había probado suerte le dijeron que no. En otras palabras, si Juan II de Portugal o Enrique VII de Inglaterra, a quienes acudió con anterioridad, hubieran creído en él, los reyes españoles no habrían tenido ocasión alguna de financiar su proyecto, y habría sido la Cruz de San Jorge o el pendón portugués de los besantes y los castillos el que habría clavado en la isla de Guaraní, eso sí, bastante antes del 12 de octubre de 1492.

Pero la historia no es, ni mucho menos, tan sencilla. Aunque hoy nos pueda parecer que era así, los monarcas de finales del siglo XV no tomaban sus decisiones a la ligera, ni, a diferencia de cierto presidente norteamericano de nuestros días, consultaban a su astrólogo de cabecera cuando habían de enfrentarse a una cuestión de especial relevancia. En realidad, tanto el rey inglés como el portugués tenían sus buenas razones para negarse de plano a costear una empresa que a cualquier europeo de su época se le antojaba fantástica.

Juan II, el soberano luso, había gastado ya mucho dinero en la ruta africana y no deseaba dilapidar más en un nuevo derrotero. A pesar de ello, con buen juicio, decidió remitir el proyecto a una comisión de expertos geógrafos, que lo rechazaron con rotundidad, arguyendo, con toda razón, que las longitudes y las distancias de las que hablaba el futuro almirante eran del todo erróneas. Lo mismo hizo la junta que, poco tiempo después, examinó el proyecto en Castilla, cuyos atareados soberanos bastante tenían por entonces con la guerra de Granada. El nuevo fracaso impulsó a Colón a probar suerte con el monarca inglés Enrique VII, para lo cual envió a Londres a su hermano Bartolomé, que cosechó idéntica negativa.

¿Por qué, entonces, los reyes españoles reconsideraron después su respuesta y decidieron financiar un proyecto que, al decir unánime de los más acreditados expertos de la época, era disparatado?

Por supuesto, el cambio no se debió a una repentina mejora de sus dotes de persuasión —bastante escasas por lo que parece— ni a ninguna alteración importante de última hora incluida en el proyecto inicial, sino a la ayuda de amigos poderosos a los que, a estos sí, el genovés había logrado persuadir. ¿Quiénes eran esos amigos? Por lo que sabemos, los principales apoyos con los que contaba el audaz marino habría que buscarlos en círculos tan distintos como los comerciantes

Los primeros homenajes del Nuevo Mundo a Colón, por José Santiago Garnelo Alda. Museo Naval, Madrid. Aunque los españoles no descubrieron en realidad América, pues el primer contacto de los europeos con el continente se había producido en el siglo X, fue la gesta de Colón, y no la de los navegantes vikingos, la única que provocó cambios históricos de tal magnitud que permiten hablar del inicio de una nueva era.

florentinos y genoveses afincados en Sevilla, los banqueros que habían financiado no hacía mucho la conquista de las islas Canarias, los monjes de La Rábida próximos a los reyes, el entorno del príncipe heredero, don Juan, y los responsables de las finanzas de la Corona de Aragón. Pero una figura destaca sobre todas las demás, la de Luis de Santángel, un importante financiero judeoconverso valenciano que disfrutaba de una gran influencia sobre la reina Isabel y había conocido a Colón nada menos que en 1486, cuando, desesperado por la primera negativa de los monarcas, había decidido probar suerte en Francia.

Los argumentos del banquero, a la sazón importante acreedor del rey Fernando, eran tan contundentes como simples. Se trataba, sí, de un proyecto arriesgado por lo inverosímil, pero poco costoso, pues no eran muchos los barcos que habrían de armarse ni abundantes los pertrechos que habrían de allegarse para ponerlo en marcha. Además, si las coronas unidas de Castilla y Aragón no se avenían a financiarlo, quizá podría hacerlo la de Portugal, su mayor competidora, que ya había demostrado años atrás la escasa solidez de algunos de los supuestos científicos tenidos por ciertos hasta que sus descubrimientos los habían rebatido. La buena disposición del banquero a prestar él mismo el dinero para financiar la expedición del genovés terminó de convencer a los reyes.

Y hay algo más, quizá lo más relevante. En realidad, a pesar de los intentos de Colón, reales o previstos, en otras cortes, la cuestión había de decidirse entre españoles y portugueses, pues eran ellos entonces los más avanzados de los europeos en materia de navegación de altura. La ventaja inicial correspondió, como sabemos, al reino luso, pionero en la navegación por el Atlántico en pos de la ruta africana hacia las especias de Oriente. Los españoles, no obstante, compartían con sus vecinos ese monumental proscenio sobre el océano que, en palabras de Eugenio D´Ors, constituye la península ibérica. Los reinos hispánicos durante la Baja Edad Media, además, se habían erigido en una suerte de taller de pruebas de los descubrimientos en el que cada uno de ellos se había especializado en una faceta clave. Así, catalanes y aragoneses podían presumir de su dilatada experiencia en el comercio mediterráneo; los mallorquines tenían razones sobradas para sentirse orgullosos de su completo dominio de la cartografía; cántabros y vascos descollaban como hábiles constructores y pilotos de barcos; Castilla, en fin, aportaba el espíritu de empresa, la voluntad de hacer, el deseo de ir más allá. Una motivación en la que los ingredientes religiosos, la idea de cruzada, se mezclaban sin fronteras claras con los económicos, el hambre de oro, el deseo de abrir nuevas rutas comerciales. La vieja Castilla de la Reconquista, de espíritu medieval, militarista, obsesa de las profecías milenaristas, era muy real, pero no lo era menos la otra Castilla, de alma renacentista, progresista, ávida de explorar nuevos y lejanos horizontes, deseosa de navegar nuevos mares.

Pero el hecho de que fueran, a la postre, los castellanos quienes se apuntaran el éxito del descubrimiento de América se debió tan sólo a la apuesta personal de los reyes. En esto, como en tantas otras cosas, Isabel y Fernando supieron estar a la altura de los tiempos.

52

¿Qué fue la «revolución de los precios»?

Sin embargo, el descubrimiento, la conquista y la colonización del continente americano, que ocupó a los castellanos buena parte del siglo XVI, no supuso para los reinos hispánicos el generoso regalo de la historia que a primera vista podía parecer.

Y desde luego, lo parecía. Hasta 1540, más o menos, los buques españoles que regresaban de las Indias lo hacían con sus bodegas repletas de oro, la quintaesencia de la riqueza y la prosperidad para un europeo del siglo XVI. Primero los mediocres placeres de las Antillas, luego el brutal saqueo de los tesoros imperiales de Tenochtitlán y Cuzco, más tarde la febril búsqueda en los ríos y la explotación de los yacimientos ya conocidos por los nativos, y por último el feliz hallazgo de nuevos filones alimentaron un flujo constante hacia España del preciado metal, que si supuso en torno a diecisiete millones de pesos hasta 1545, alcanzaba ya los sesenta y seis millones −cerca de trescientas toneladas− en la segunda mitad del siglo.

Pero no sería el oro, sino la plata, el metal precioso que los españoles traerían de las Indias. Dos riquísimos yacimientos, el peruano de Potosí y el mexicano de Zacatecas, acompañados de muchos otros, derramarán una verdadera cascada argéntea sobre la España del siglo XVI: quince mil toneladas, que bien podrían ser muchas más si añadimos el efecto del contrabando, como mínimo un diez por ciento del total del comercio de metal precioso, aunque bien pudiera suponer un porcentaje muy superior.

En apariencia, los españoles debían haberse beneficiado sobremanera de semejante caudal monetario −el oro y la plata eran el dinero del siglo XVI− que no les costaba ningún esfuerzo obtener. Pero precisamente ahí estaba el problema. A nuestros compatriotas de entonces les sucedió lo mismo que a una de esas personas que, después de haber sido agraciadas con un gran premio de la lotería, terminan incluso más pobres que antes, tras haber despilfarrado su riqueza, lograda con tan poco esfuerzo, en meros caprichos, sin la inversión que les hubiera permitido multiplicarla o, en el peor de los casos, conservarla.

Porque lo que sucedió es que la economía española simplemente fue incapaz de responder al aflujo masivo de dinero con un incremento equivalente de la producción de bienes, respuesta que la habría convertido en la primera del mundo a una distancia inalcanzable de las demás. Lejos de ello, tanto la Corona, que se reservaba un quinto del metal precioso extraído, como los particulares que, por una razón u otra, recibían una parte de ese metal, lo utilizaron para adquirir mercancías en otros lugares de Europa, muchas de ellas suntuarias, otras destinadas a ser embarcadas en las flotas con destino a las Indias, que no contaban aún apenas con manufacturas con que satisfacer sus necesidades. Así, mientras el dinero en circulación crecía sin cesar, las mercancías que salían al mercado apenas lo hacían, con el inevitable resultado de que los precios de los productos se disparaban. Ese fenómeno fue lo que el primer historiador en estudiarlo, el norteamericano Earl J. Hamilton, que publicó su obra en 1934, denominó «revolución de los precios».

Pero si el fenómeno dio comienzo en España, porque era en el puerto de Sevilla, centro del monopolio comercial de las Indias, donde los panzudos galeones descargaban su preciosa carga, no se detuvo en ella. Sobre el papel, podría haber sucedido de ese modo, pues sólo los españoles podían, como decimos, comerciar con América, y, además, la exportación de metal precioso estaba prohibida por la ley. Pero lo cierto es que el oro y la plata no se quedaron en España, sino que se desparramaron por una Europa que los recibió con idéntica o superior avidez.

Ello se debió a diversas razones. La primera, a la que ya nos hemos referido, fue la importación a gran escala de mercancías europeas, por medio de testaferros españoles, para sortear así el monopolio y beneficiarse del comercio con las Indias. Había también, por supuesto, en los buques que partían hacia América productos españoles, pero cada vez menos, pues su elevado precio no los hacía competitivos y fueron perdiendo cada vez más cuota de mercado frente a los extranjeros. La segunda, la propia política imperial de la Monarquía Hispánica, cuyos tercios eran invencibles, pero tan caros que llevaron a los reyes españoles a endeudarse con los banqueros europeos para pagar sus soldadas, empeñando con frecuencia en el pago su parte del oro y la plata americanas. La tercera, el fraude, el contrabando y, por qué no decirlo, la piratería, sobre todo inglesa, que drenaban buena parte de las remesas de metal precioso hacia destinos distintos del oficial. Y, por último, la fuerte atracción que ejercían sobre muchos trabajadores europeos los mejores salarios que se pagaban en España, donde el dinero era abundante y por tanto valía menos, y que luego esos trabajadores se llevaban en sus bolsillos cuando regresaban a sus países de origen. La inflación alcanzó, de esta forma, a toda Europa, aunque con un impacto menor cuanto mayor era la distancia geográfica de España y más débil su relación económica con ella.

Como es fácil de imaginar, el coste de la inflación –en torno al trescientos por ciento a lo largo del siglo XVI– no se repartió por igual entre los españoles. Los humildes, la inmensa mayoría de la población, veían cómo sus pobres monedas valían menos cuanto más dinero había y más aprisa circulaba. Además, el crecimiento demográfico, muy fuerte en esta centuria, presionaba los salarios a la baja en un momento en que la abundancia de moneda impulsaba los precios al alza. Al final del siglo, la situación de las masas populares llegará a ser dramática. Incluso la nobleza, que vivía entonces de las rentas fijas pagadas por los campesinos, padecía la inflación mientras, forzada por los reyes a residir en la corte o cerca de ella, lejos de sus viejos castillos, debía soportar gastos mayores. Por el contrario, comerciantes, armadores, banqueros y artesanos se enriquecieron. Sin embargo, escasos en España, más numerosos en otros lugares, carecían aún de confianza suficiente para contagiar sus valores al resto de la sociedad. Los títulos nobiliarios constituían aún la principal fuente de prestigio y de reconocimiento social, y poseer uno de ellos era para un burgués la mejor forma de culminar su carrera. En medio de una Europa que despliega sus energías con tanto vigor, la burguesía tan sólo comienza a desperezarse. Su momento no ha llegado todavía.

53

¿Qué era la alquimia?

Esta es otra de esas preguntas que resultan sencillas sólo en apariencia: muchas personas creen saber la respuesta, pero la mayor parte de ellas están equivocadas. Ni la alquimia es lo

El alquimista, de Pietro Longhi, 1757. Aunque la alquimia ha quedado en la cultura popular como el ilusorio proceso usado para transformar plomo en oro, en realidad no era sino la visión del mundo compartida por las gentes cultas de todos los tiempos anteriores a la revolución científica del siglo XVII.

que la mayor parte de los profanos piensan que es, ni se desarrolló en la época en que casi todo el mundo da por hecho que se desarrolló. Nos encontramos aquí con un damnificado más de la novela histórica barata y el cine de consumo masivo.

Como diría Don Quijote, «desfagamos el entuerto» lo antes posible. La alquimia no era, en absoluto, «eso» que hacían en la Edad Media los magos o hechiceros que buscaban una sustancia capaz de transmutar en oro puro cualquier metal. Ni siquiera mejoramos mucho la aproximación a la verdad histórica si añadimos alguna alusión a la Piedra Filosofal o al Elixir de la Vida, ni aun si situamos la alquimia en los remotos orígenes de la química o la farmacia modernas. Y, para concluir, tampoco es cierto que fuera una práctica exclusiva de la Edad Media, ni que este período aportase a la disciplina los mayores o más célebres adeptos al Arte Sacro, las más genuinas de sus metas o los más característicos de sus procedimientos.

No nos dejemos llevar por los extremos; debemos conceder que sí hay algo de cierto en esta concepción popular de la alquimia. Pero se trata de una verdad superficial, parcial, y tan truncada que se aproxima con gran riesgo a la mentira. Afirmar, sin más, que los alquimistas no eran otra cosa que paranoicos que malgastaban su vida en la obsesiva tarea de descubrir la receta capaz de transformar los metales en oro es hacerle a la alquimia tanta justicia como se la haríamos a un rábano comiéndonos sus hojas.

Es verdad que los adeptos al Arte Sacro pasaban su tiempo en sus laboratorios buscando con tesón la sustancia capaz de transmutar en oro el plomo y los demás metales «innobles». Pero también lo es que no era ese su único objetivo. Perseguían, asimismo, otras metas, como el célebre Elixir de la Vida, a un tiempo medicina universal y panacea contra la muerte, o la creación en el laboratorio de la propia vida, los llamados homúnculos, cuya sola concepción se adelanta muchos siglos a la idea moderna de la fertilización *in vitro*. Y no nos engañemos, no todos los alquimistas exhibían tan candoroso idealismo; eran muchos los que investigaban sobre temas más mundanos, como la elaboración de sustancias provistas de utilidad práctica en el terreno de la cosmética, la minería e incluso la guerra. Y no faltaban los oportunistas y los falsarios que no buscaban otra cosa que enriquecerse con rapidez, haciendo creer a otros, casi siempre opulentos y poderosos, que eran dueños del secreto del «polvo de proyección» o Piedra Filosofal, y obteniendo así de ellos los medios para vivir como reyes sin más trabajo que alimentar las hueras esperanzas de sus cándidos benefactores.

Pero eso es quedarse en la superficie del problema. A pesar de las apariencias, la alquimia no era tan sólo una práctica; era una filosofía, una concepción del mundo, una manera, en fin, de aproximarse a la realidad. Y no la de unos pocos excéntricos o iluminados, sino la de todos cuantos se tenían en su época por personas cultas. Porque los verdaderos alquimistas no buscaban enriquecerse a sí mismos o a otros fabricando oro por toneladas. Bien al contrario, el hallazgo de la sustancia milagrosa que podía transformar el plomo en el dorado metal no tenía para ellos otro sentido que el de probar que habían logrado algo mucho más substancial, que era lo que de verdad perseguían con sus experimentos: comprender las verdaderas leyes que rigen la naturaleza y acceder a un estadio superior de conciencia en el que dejarían de ser hombres para transformarse en excelsos ayudantes del Creador en la tarea de conservar y perfeccionar el universo. La alquimia, la auténtica al menos, no era asunto de magos o hechiceros, y menos aún de oportunistas o de falsarios, sino de verdaderos filósofos.

Por esta razón, volviendo a la concepción popular de la alquimia, tampoco puede considerársela, sin más, la antepasada precientífica de la química. No cabe negar, por supuesto, que sus adeptos se valen de herramientas y técnicas similares, y que desarrollan sus trabajos en un laboratorio dispuesto de un modo parecido. Pero mientras la química es una ciencia sin conciencia, hija de una visión del mundo, la que surge en la Ilustración, en la que razón y fe marchan de espaldas por caminos diferentes, la alquimia es inconcebible sin las creencias filosóficas que la acompañan y le aportan todo su sentido. Además, la química, como ciencia que es, no puede conformarse con comprender la naturaleza; busca dominarla, someterla del todo a la voluntad del ser humano. La alquimia, por el contrario, trata también de entenderla, pero con el único fin de colaborar con ella.

Para terminar, tampoco fue el Arte Sacro un fenómeno exclusivamente medieval, por más que la imagen popular del alquimista lo haya convertido, junto a caballeros y siervos de la gleba, en un icono más de la Edad Media. En realidad, los primeros pasos de la disciplina son tan antiguos como la humanidad misma, y se remontan, como demostrara varias décadas atrás el prestigioso antropólogo rumano Mircea Eliade, a la Prehistoria, cuyas diversas mitologías engendraron buena parte del universo mental en el que se movieron durante milenios los alquimistas de toda procedencia geográfica y cultural. La alquimia vivió su edad dorada en la Europa de los siglos XV al XVII, mucho menos en la Edad Media que en la Moderna, pero alquimistas hubo ya en Mesopotamia y en Egipto, en la India y en China, entre los griegos y los romanos, y no faltaron tampoco después del siglo XVIII, cuando la eclosión de las ciencias experimentales condenó a la marginación a la alquimia, expulsándola de las universidades y motejándola de conocimiento esotérico propio de falsarios o iluminados.

Tal es, por supuesto, la imagen que aún hoy sufren los alquimistas. Pero incluso en el presente, cuando los a menudo prepotentes valedores de la ciencia y la tecnología afirman tener respuesta para cualquier dolencia que ataque el cuerpo humano y cualquier interrogante que angustie su mente, la alquimia continúa existiendo, y no dejan de buscar sus seguidores, siempre insatisfechos con los dictámenes del conocimiento establecido, su propio camino hacia la verdad.

54

¿Cuál era la mentalidad de los hombres y mujeres del Renacimiento?

Pero no pensemos que la mentalidad europea era la misma que un par de siglos atrás. No ha cambiado, desde luego, la de los humildes, los campesinos y artesanos, que permanecen atrapados en su tiempo sin historia, fieles a sus viejas rutinas materiales y espirituales como quien no conoce ni ansía conocer nada distinto, pues no ve en el cambio sino una amenaza. Pero sí lo está haciendo, y mucho, la de las élites de aquella Europa que parecía por fin dispuesta a liberarse del oscurantismo.

Porque si, como vimos, el mundo cambia a comienzos del siglo XVI, no lo hacen menos sus pobladores, al menos los pocos privilegiados que tienen acceso a las nuevas formas y las nuevas ideas de la cultura, el pensamiento y el arte. La mentalidad de estos individuos, muy distinta de la medieval, es ahora optimista, abierta, dinámica, incluso hedonista, henchida su alma por el deseo de apurar hasta las heces la copa de la vida, ansiosa por disfrutarla con los cinco sentidos, en un verdadero estallido de deleite del todo desconocido, y aun pecaminoso, para la humanidad del Medievo.

Y no es que los hombres y las mujeres del Quinientos hayan perdido la fe. No han dejado en absoluto de creer en Dios, salvo en muy raras excepciones, pero no hacen ya de esa creencia el motor único de su existencia. Ingenuamente asido a la razón, que ha vuelto a descubrir tras casi un milenio de abandono, el ser humano se siente ahora capaz de desvelarlo todo, de comprenderlo todo, incluso de cambiarlo todo. Mirando con embeleso a la naturaleza, no ve ya en ella a un despiadado tirano que le esclaviza, el afligido valle de lágrimas que describían entre veladas amenazas los hoscos predicadores medievales, sino un inmenso abanico de oportunidades de conocimiento y gozo.

Algo tiene que ver en todo ello el redescubrimiento de la Antigüedad clásica, que se inicia en las últimas décadas del Medievo. Ya en 1431, la celebración en Florencia, al norte de

Italia, del decimoséptimo Concilio Ecuménico de la Iglesia católica, que sueña con la reunificación de las ramas latina y griega de la Cristiandad, trae a la capital del Arno la herencia de la cultura clásica, nunca perdida por completo en tierras de Bizancio. No mucho más tarde, en 1439, abre sus puertas la Academia Platónica Florentina, que con el tiempo congregará a los más célebres humanistas italianos, y las ideas del célebre filósofo ateniense empiezan por fin a competir con las de su alumno Aristóteles, verdadero señor intelectual de la Edad Media, por la hegemonía en el marco de la cultura occidental. Por fin, en 1453, la caída en poder de los turcos de Constantinopla, capital del agonizante Imperio bizantino, envía hacia Italia una nutrida avalancha de intelectuales helenos que traen consigo no sólo su nunca olvidado conocimiento de la Antigüedad clásica, sino también muchos originales de obras griegas inéditas en Occidente, entre ellas algunos textos platónicos perdidos o sólo conocidos hasta ese momento a través de referencias.

En este caldo de cultivo, y mientras Platón no deja de ganar terreno al otrora invencible Aristóteles, mecenas tan destacados como el banquero florentino Cosme de Medici envían a sus agentes a recorrer Europa en busca de manuscritos clásicos, ansiosos por enriquecer con ellos sus ya importantes bibliotecas. Así se redescubren textos perdidos de Cicerón, Séneca o Quintiliano, entre otros. Grecia y Roma, redivivas, ofrecerán, pues, los modelos que han de ser imitados en el pensamiento y en la vida, y, al igual que el suyo, el arte del Renacimiento toma de nuevo al hombre como medida de todas las cosas, y escribe por primera vez en mayúsculas el nombre de sus maestros. Ha nacido el humanismo.

Cosa siempre de unos pocos, la nueva actitud ante el mundo va calando como una lluvia fina entre las élites. Desde Italia, donde nace, se difunde por toda Europa gracias a la correspondencia entre eruditos, a la imprenta, invento de mediados del siglo XV que multiplica y abarata la antes escasa y carísima producción de libros, y a los viajes, cada vez más sencillos, cómodos y frecuentes, y desborda a las universidades tradicionales, fieles a los viejos principios. Sus ideas se enseñan en colegios financiados por ricos mecenas, o en universidades de nuevo cuño, como la de Alcalá, cercana a Madrid, y empapan a nobles y burgueses, que adoran la nueva estética y alimentan con largueza a sus creadores. Y de su mano, Europa cambia su rostro, mirándose de nuevo en una tradición que parecía haber olvidado. Si la Edad Media había sido, a decir de Ernst Gombrich, una noche tachonada de estrellas, el comienzo de la Moderna se asemejaba al brillante amanecer de un nuevo día.

55

¿Por qué se enfrentó Lutero al papa de Roma?

Como era de esperar, pues no deja de ser una manifestación más del siempre inquieto espíritu humano, también la religión se contagió enseguida de los nuevos vientos. El continente europeo vivía a fines del Medievo una verdadera efervescencia religiosa. Pobres y ricos, eruditos e ignorantes padecían, cada uno en la medida de su nivel cultural y de su sensibilidad, más o menos educada, una aguda urgencia de respuestas, y exploraban en su busca nuevos caminos espirituales. La Iglesia católica, que debía haber liderado esa exploración, o al menos así se esperaba de ella, seguía mostrándose del todo incapaz de hacerlo, como lo había sido dos siglos atrás. Papas, cardenales y obispos vivían para la política o el arte, cuando no gastaban su tiempo en ocupaciones más mundanas, desatendiendo a su grey cuando más los necesitaba. El cura de aldea, tan impúdico como iletrado, hacía pública ostentación de su ebriedad, convivía con total descaro con sus barraganas o traficaba sin tapujos con los sacramentos, que dispensaba como si de remedios mágicos se tratase. Pocas cosas habían cambiado en la Iglesia desde que recibiera el primer aviso de la historia, doscientos años atrás. El alma de Europa volvía a mostrarse vacía, anhelante, esperando impaciente las ideas que vinieran a llenarla, como un terreno abonado al que sólo faltaban las semillas adecuadas para germinar.

Esas ideas vieron la luz el 1 de noviembre de 1517. Martín Lutero, monje agustino, teólogo y profesor en la

Martín Lutero predicando en el Castillo de Wartburg, de Hugo Vogel, Ayuntamiento de Hamburgo. Las ideas de Lutero, aunque más elaboradas, en realidad recogían mucho de la tradición de las herejías medievales y respondían a su misma razón de ser: la necesidad de dar respuesta a la angustia de las masas europeas que se sentían abandonadas por la Iglesia oficial.

villa alemana de Wittenberg, hizo entonces públicas noventa y cinco tesis en las que condensaba la misma y profunda angustia espiritual que sentían tantos europeos de entonces. Para muchos, en ellas se hallaba por fin la respuesta a los interrogantes de sus contemporáneos. El libre examen, es decir, la libertad de los fieles para leer la Biblia; la justificación por la fe, que no era sino la contundente afirmación de que la fe sola, sin buenas obras, bastaba para la salvación; la reducción a dos, el bautismo y la eucaristía, de los sacramentos tradicionales, y el rechazo frontal de la corrupta jerarquía eclesiástica, en especial el papa de Roma, se extendieron como la pólvora por el Sacro Imperio y los países escandinavos, donde señores, príncipes y reyes abrazaron enseguida la nueva religión, se declararon jefes indiscutibles de su propia iglesia y confiscaron sin más los bienes del clero.

Otros reformadores siguieron pronto el ejemplo de Lutero. En Suiza se difundieron con rapidez las ideas de Ulrico Zuinglio, que negaba la presencia de Cristo en la Eucaristía. Francia y los Países Bajos se poblaron de seguidores de Juan Calvino, que predicaba la sola salvación de los predestinados por Dios. En Inglaterra, Enrique VIII, deseoso de anular su matrimonio con Catalina de Aragón, rompía con la Iglesia de Roma. Reformistas más radicales, como los anabaptistas, rechazaban el mundo y no dudaban en imponer sus ideas por la fuerza. Europa entera parecía presa de un ansia irrefrenable de libertad religiosa que amenazaba con cuestionar, e incluso destruir, el monopolio que hasta entonces detentaba la Iglesia de Roma.

Aunque tarde, la jerarquía católica por fin reaccionó. La llamada Contrarreforma, que no era sino un voluntarioso intento de responder desde la más absoluta rigidez del dogma a los tormentosos interrogantes espirituales del siglo, trató de regenerar el catolicismo y de rearmar ideológicamente a sus ministros para hacerlos capaces de combatir con éxito el protestantismo. La doctrina se reafirmó sin cambiarla un ápice; la jerarquía reforzó sus posiciones; el papa se revistió de una autoridad aún más indiscutible; el clero vio mejorada su formación y reforzada su moral, y nuevas órdenes religiosas como los jesuitas partieron dispuestas a una lucha sin cuartel contra los enemigos de la ortodoxia.

Poco resolvió todo aquello. Los humildes no lograron entonces las anheladas respuestas para su alma y menos aún los necesarios regocijos para su cuerpo. Aunque de faz en apariencia más humana, el protestantismo, en sus diversas variantes, no era en realidad más capaz de ofrecer consuelo para los males de este mundo que el catolicismo. Antes bien, lejos de aceptar, como hacían los católicos, que el sacrificio de Cristo había regalado a los seres humanos la redención y la vida, los protestantes tenían por irremisible el pecado e incluso, como los calvinistas, negaban por completo la libertad del individuo frente a los inapelables designios de Dios, al punto de identificar el éxito económico en esta vida con la salvación en la otra, de la que venía a constituir un signo de predestinación. Y, en fin, como era de esperar, el orden social, que unos y otros tenían como natural y querido por Dios, no experimentó cambio alguno como resultado de la Reforma.

56

¿Qué provocó las guerras de religión?

No por ello dejaron los europeos, como habían hecho no mucho tiempo atrás, de dirimir sus diferencias religiosas en los campos de batalla. Regiones, grupos sociales e incluso países enteros quedaron divididos por el surgimiento de la nueva fe, y los adalides de una y otra forma de entender el cristianismo, rivalizando en intolerancia y teniéndolas por irreconciliables, lanzaron a sus huestes al combate.

Alemania fue la primera en desangrarse. Bajo la autoridad nominal de un emperador que no dejaba de ser un *primus inter pares* sin poder real, los príncipes se alinearon a favor o en contra de las tesis de Lutero, viendo unos la oportunidad de enriquecerse a costa del patrimonio de la Iglesia católica si las abrazaban, prefiriendo los otros quedarse donde estaban por certidumbre o por lealtad. Mientras, los humildes aprovechaban el caos resultante para levantarse en armas contra los que, católicos o protestantes, sólo les ofrecían un negro futuro de aguda miseria económica y queda sumisión espiritual, pues Lutero, tras haber alimentado las esperanzas de los pobres, desautorizó sus aspiraciones de igualdad social y sancionó el derecho de los príncipes a reprimir por la fuerza las revueltas de los campesinos.

Tras varias décadas de feroz guerra entre los príncipes, coaligados con el emperador Carlos V los católicos, contra él los protestantes, todo quedó en suspenso, en espera de una solución definitiva que no llegaría hasta casi un siglo después, cuando la Paz de Westfalia de 1648 sancionara para siempre la división religiosa de Alemania y su fragmentación política. Entretanto, la Paz de Ausburgo de 1555 establecía el derecho de los príncipes a escoger la religión de sus súbditos, quienes, católicos o luteranos, continuaban sometidos en lo espiritual y en lo social.

De manera similar, y no menos violenta, se desarrollaron los hechos en Francia, donde el poder real era mucho mayor, pero no era menor la división de la aristocracia ni menos clara su tendencia al particularismo. Al igual que en Alemania, el rey proclamó su lealtad a la Iglesia católica y una parte de los nobles le secundaron, mientras otros, que habían abrazado las tesis de Calvino, decidían enfrentarse abiertamente con él. Entre 1558 y 1598, Francia se desangró en una guerra casi continua que sólo concluyó cuando el principal líder calvinista, Enrique de Borbón, se convirtió al catolicismo a cambio del trono. Su célebre y cínica frase, «París bien vale una misa», es lo bastante elocuente para hacer superflua cualquier explicación: Francia sería católica, pero, a diferencia de los alemanes, los franceses podían no serlo, pues el edicto de Nantes de 1598 garantizaba a los hugonotes, los calvinistas galos, el derecho a conservar su religión. Desde entonces, Francia sólo tendría un enemigo: los españoles.

Pero estos, que apenas habían sufrido disensiones dentro de sus propias fronteras, bastante tenían ya con la revuelta de los holandeses, en la que se mezclaron factores religiosos, políticos y económicos lo bastante graves para alimentar un conflicto que se prolongó durante ocho décadas, entre 1568 y 1648. La llamada guerra de los Ochenta Años presenta, no obstante, una factura externa muy similar a los conflictos religiosos alemanes y franceses: una nobleza dividida que se agrupa en sendas ligas a favor y en contra de su soberano, con la salvedad de que en este caso cada una de las alianzas poseía una continuidad geográfica evidente, al proclamarse el sur leal a Felipe II y a la religión católica y el norte en rebeldía contra el monarca y contra su fe. Fue por ello por lo que la paz no pudo construirse sobre un compromiso, como en Francia o en Alemania, sino que llegó tan sólo cuando los contumaces soberanos españoles reconocieron la independencia de los territorios protestantes, integrados en un estado bajo la denominación de «Provincias Unidas de los Países Bajos».

Pero ¿qué estaba pasando en realidad? O, en otras palabras, ¿qué suerte de proceso histórico subyacía bajo aquel paroxismo de violencia espiritual que se apoderó de Europa durante más de un siglo?

Se trata de una pregunta emocionante, sobre todo porque estamos muy lejos de saber la respuesta. ¿Se trataba tan sólo del fruto de la debilidad del clero católico, incapaz, como vimos, de responder a las demandas espirituales de su angustiada grey? ¿O más bien subyacía en aquellos conflictos la rapacidad descarada de los príncipes y aristócratas, ansiosos de apoderarse de las pingües riquezas de la Iglesia? ¿Quizá sería más correcto ver en las guerras de religión, como hicieron en su momento los historiadores marxistas, una rebelión de las bases sociales del capitalismo emergente contra las limitaciones canónicas a la acumulación de beneficios? Respuestas atractivas, sin duda, pero insuficientes por sí solas y bastante fáciles de rebatir. Muchos de los primeros reformadores poseían gran cultura y moralidad personal. Monarcas como el propio emperador Carlos V o el francés Francisco I no fueron tentados por las riquezas de la Iglesia. Y ¿acaso se encontraba la católica Italia más lejos del capitalismo que muchas zonas atrasadas de Alemania o de Francia que abrazaron enseguida la reforma? Quizá la respuesta sea la más sencilla de todas: ante un fenómeno de índole religiosa la causa primera ha de ser religiosa. La espiritualidad cambiante de finales del Medievo exigía una nueva religión, menos formalista, más atenta al individuo y a sus inquietudes. La Iglesia española, que así lo entendió de la mano del enérgico cardenal Cisneros, quedó libre del virus reformador. Luego, la religión se mezcló con las ambiciones políticas y los intereses económicos y, en muchas ocasiones, se erigió más en un pretexto que en una causa. Pero ¿acaso puede sorprendernos que así fuera?

57

¿A qué debió España su hegemonía en Europa?

Tentados estamos de responder con una de esas frases simples y contundentes que tanto gustan a algunos editores y a ciertos periodistas inclinados al sensacionalismo más atroz, pero tienden a provocar genuina repulsión a los historiadores que merecen tal nombre. Si nos permitiéramos caer en esa peligrosa tentación, diríamos, sin más, que a la casualidad.

Aun así, tendríamos que explicarnos. ¿Cómo podría el simple azar, sin contar al menos con un limitado concurso de otros factores de índole económica, social o política, explicar un fenómeno tan evidente y duradero como la hegemonía española en Europa en el período que abarca, de manera aproximada, el siglo XVI y la primera mitad del XVII? Por supuesto, no podría.

Pero sí hemos de reconocer que el albur, la casualidad o, como diría cualquier europeo de la época, la Providencia tuvieron mucho que ver. Veamos de qué modo.

El azar determinó muchas cosas; la primera, y poco probable, que la recién nacida Monarquía Hispánica, con tanta previsión levantada por Isabel I de Castilla y Fernando II de Aragón, quedara sin herederos nacidos en España y acabara en manos de Carlos de Gante, un príncipe foráneo; la segunda, y todavía menos probable, que en tal príncipe confluyera, junto a la herencia española, el legado de algunos de los soberanos más poderosos de Europa. De su abuela Isabel recibía Castilla, sus posesiones norteafricanas y su aún incipiente, pero ya prometedor, imperio del Nuevo Mundo. Fernando le había dejado Aragón y con él, Nápoles, Sicilia y Cerdeña. María de Borgoña, su abuela paterna, le legaba los Países Bajos y el Franco Condado, a caballo entre Francia y Alemania. Y, en fin, el emperador Maximiliano, su abuelo paterno, las posesiones patrimoniales de los Habsburgo en Austria y el Tirol, a las que Carlos sumaría después, muerto en Mohács a manos de los turcos el rey Luis, las coronas de Hungría y Bohemia. Semejante acumulación de territorios no se había producido en Europa desde que Carlomagno, a punto de concluir el siglo VIII, uniera bajo su cetro Francia, Alemania e Italia y reclamara para sí el ansiado título de los emperadores romanos.

Sobre el papel, la hegemonía que el joven Carlos podía ejercer sobre Europa era incontestable, pues ningún rey de la época tenía acceso a un volumen comparable de recursos demográficos y financieros. Pero la realidad era algo distinta, y las bases de su poder, menos sólidas de lo que aparentaban. La gran dispersión de sus estados, carentes de la continuidad territorial de los reinos pequeños, tornaba costosa y difícil su defensa y disparaba los gastos de una Corte que acompañaba a su porfiado soberano de un extremo al otro de sus vastas posesiones. Las grandes diferencias de usos, idiomas y leyes, preservadas con celo según la mentalidad propia de la época, retardaban y entorpecían el gobierno de los territorios y su cooperación en pos de un objetivo común. Y, en fin, su propia dimensión concitaba sobre Carlos suspicacias que podían volverse en su contra, desde los reyes de Francia a los príncipes alemanes, pasando por el mismo papa, a la postre también un soberano secular.

El Gran Capitán recorriendo el campo de la batalla de Ceriñola, por Federico de Madrazo, (1835). Museo Nacional del Prado, Madrid. Los tercios fueron sin duda uno de los instrumentos de la hegemonía española como las legiones lo fueron de la romana.

Pero el príncipe borgoñón disponía, y esto no era ya fruto del azar, sino de la queda labor de los siglos, de muy eficaces instrumentos para imponer su voluntad dentro y fuera de sus territorios. Sus rentas eran las mayores entre los soberanos de su tiempo, gracias, sobre todo, a la solidez del poder real en Castilla, cuyo gobierno había avanzado hacia el absolutismo más que el de ningún otro reino; al caudaloso flujo de plata que empezaba ya a llegar de las Indias; a los cuantiosos ingresos que obtenía de Italia y los Países Bajos, los territorios más prósperos de Europa, cabeza del comercio internacional y sede de las principales casas de banca; y, por último, al crédito que esos mismos banqueros se mostraban proclives a asegurar a un monarca avalado por tan colosales posesiones, por más que su abuso reiterado le condujera a un endeudamiento excesivo, en nada distinto al del resto de los soberanos de aquella Europa siempre en guerra.

Pero también en esa guerra, si llegaba el caso, y casi siempre llegaba, la ventaja estaba de su lado. Las reformas de la organización militar castellana impulsadas años atrás por Gonzalo

Fernández de Córdoba, llamado con toda justicia el Gran Capitán, habían asegurado a los Reyes Católicos un instrumento bélico de excelente calidad. Los Tercios, cuyo halo de virtual invencibilidad arruinó la reputación de la vigorosa caballería francesa y las prietas falanges de piqueros suizos, ofrecieron a los Habsburgo más de siglo y medio de supremacía militar. A la milicia se sumaba la diplomacia, cuya proverbial competencia era también un legado de su abuelo Fernando, quien había hecho del espionaje y el matrimonio dinástico sus herramientas preferidas. Sendas bodas sellarán la amistad inglesa, encarnada en el enlace entre su hijo Felipe y la reina María Tudor, y la portuguesa, asegurada por los esponsales del mismo Carlos con la infanta Isabel.

Cierto es que algunas de estas ventajas del césar Carlos se perdieron para sus sucesores. Los monarcas españoles no contaron, desde luego, con la herencia imperial del primero de los Austrias, separada de la española por su expreso deseo. Pero, en compensación, fue mucho mayor el metal precioso que recibieron de las Indias, pronto incrementadas con la aportación del imperio colonial portugués. Y aunque, como fue en el caso de Inglaterra, algunos de los amigos de Carlos pronto se tornaron enemigos, los cimientos de la hegemonía española parecían sólidos, y así fue hasta mediados del siglo XVII. Después, las cosas serían muy distintas. El Imperio en el que nunca se ponía el sol se sumergió poco a poco en un ocaso que muy pronto daría paso a una larga noche.

58

¿Y POR QUÉ FUE TAN INTENSA LA DECADENCIA DE ESPAÑA?

Cuando, muerto Felipe II en 1598, asciende al trono su hijo, Felipe III, la Monarquía Hispánica es aún un edificio de apariencia imponente; su primacía en Europa, indiscutible, y su prestigio, considerable. Los recursos con que cuenta el monarca para preservar sus vastas posesiones no admiten aún parangón entre los soberanos de su época. El caudal de la

La rendición de Breda, por Diego Velázquez (1635). Museo Nacional del Prado, Madrid. Ambrosio Spínola, al mando de los tercios de Flandes, recibe de Justino de Nassau las llaves de Breda, rendida tras un largo asedio. El hecho, acaecido el 5 de junio de 1625, fue una de las últimas victorias relevantes de los españoles en aquel siglo. El fin de la hegemonía de los Habsburgo de Madrid se encontraba ya próximo.

plata americana no ha frenado su aflujo hacia las arcas reales. Castilla, aun agotada, continúa soportando a pie firme el formidable esfuerzo fiscal que le demanda su señor. Los Tercios resultan todavía temibles para cualquier ejército del continente, y la Armada, reconstruida al poco del fracaso de la Invencible, no ha perdido la supremacía en mares y océanos. La Administración, aunque lenta, es minuciosa y llega a cada rincón de una Monarquía en la que continúa sin ponerse el sol. Y la cultura hispana, pujante ya en el siglo anterior, deslumbra ahora con la grandeza de su Siglo de Oro. Las cosas no parecen muy distintas en 1621, cuando un nuevo rey, Felipe IV, se sienta en el trono. Y, sin embargo, pasadas apenas cuatro décadas, tan colosal edificio político se ve obligado a postrarse ante Francia, y un poco más tarde, agonizante ya la centuria, convertido en un gigante con pies de barro, ha dejado de contar entre las grandes potencias, mientras las cancillerías de Europa se reparten sus despojos. ¿Cómo puede explicarse una caída tan rápida y profunda?

En realidad, la crisis española no tiene mucho de excepcional. Primero, porque el XVII es, en buena parte de Europa, un siglo espasmódico. Su población pasa de cien a ochenta millones de almas entre 1600 y 1650. Las malas cosechas, el hambre y la peste azotan el sur del continente. Los humildes se rebelan en muchos lugares; en otros, en la propia Francia, en Cataluña, en Portugal, la nobleza local, harta de financiar a reyes vampiros que drenan sus recursos sin compartir con ella el poder, se alza contra sus propósitos centralizadores. Alemania sufre el azote de la guerra de los Treinta Años. Inglaterra decapita a su monarca y, tras una feroz guerra civil, da a luz un nuevo orden político. Y es que la crisis es general, pero también desigual en su alcance. Los reinos del norte la superan pronto y salen de ella fortalecidos y prestos a tomar de los pueblos ribereños del Mediterráneo el testigo del progreso histórico. España, el más poderoso de ellos, fue el que con mayor violencia sufrió la caída, o, al menos, el que padeció el infortunio más visible, pues caía desde más alto.

Hay, además, una razón general, un proceso común a todas las épocas al que a menudo tendemos a prestar poca atención. Nada hay de extraño en que toque a su fin la hegemonía de un Estado. Todas las grandes potencias de la historia han visto debilitarse su preponderancia, ya poco a poco, ya con súbita brusquedad, y han terminado por perderla. En realidad, sobre los imperios de todos los tiempos pesa una inexorable condena en virtud de la cual los grandes, y casi siempre crecientes, dispendios que exige su defensa terminan por socavar los cimientos económicos de su poder. Tal mecanismo actuó con evidente claridad en el caso de la Monarquía Hispánica, cuyos soberanos, a pesar de sus rentas colosales, fueron forzados a solicitar empréstitos cuyo monto se incrementaba sin cesar y que en realidad nunca se hallaron en condiciones de pagar. Los esfuerzos que impusieron a la población, cada vez mayores y tanto más dolorosos cuando coincidían con períodos de crisis, en parte por ellos mismos provocados, terminaron por hacerse insufribles y estallaron en forma de revueltas populares y movimientos secesionistas –Cataluña, Portugal– que, unidos a la guerra exterior, forzaron a los reyes españoles a abandonar la lucha.

Si entramos en detalle, comprobaremos la veracidad de estas afirmaciones. A lo largo del siglo XVII, perdió España nada menos que un millón de habitantes, fruto de la guerra continua dentro o fuera de sus fronteras, la sucesión de malas cosechas, la persistente sangría de gentes que cruzaban el océano en busca de mejor futuro en las Indias, la insensata expulsión de los moriscos, que privó al país de un solo golpe de trescientos mil súbditos, y el azote de la viruela, el tifus, la disentería y, sobre todo, la peste. La agricultura, golpeada por un clima especialmente rudo en este siglo y víctima de la desidia de sus aristocráticos propietarios y las crecientes exacciones a los campesinos, dejó de ser capaz de alimentar ni aun a los sufridos españoles de entonces, muchos de los cuales se vieron forzados, en palabras de un consejero real, a sostenerse con «hierbas que cogen en el campo y otros géneros de sustento no oídos ni usados jamás». La industria, de por sí escasa, languideció hasta morir, sin mercado interior o exterior, ni capitales, y menos aún empresarios, desalentados por las constantes alteraciones de la ley de la moneda, las aduanas interiores, los tributos señoriales, las tasas de los municipios y los siempre crecientes impuestos reales. El comercio, nulo de puertas adentro, disminuyó también en el exterior al ritmo de la pérdida de importancia de la Península en el comercio de las Indias, el agotamiento de las minas, la guerra naval continua, los impuestos excesivos, el parejo incremento del fraude y el contrabando, y el creciente desarrollo de las propias economías coloniales, que empezaron a producir por sí mismas muchas de las mercancías que antes habían de adquirir por fuerza en la Península. La economía española, nunca demasiado pujante, se encontró así inmersa en una profunda depresión. Y sin cimientos económicos sólidos, ninguna gran potencia podía sostenerse, pues la fuerza militar se nutre, en última instancia, del dinero, y hacía falta cada vez más en aquella Europa del XVII en la que la tecnología bélica había convertido la guerra en un juego muy caro.

59

¿FUE EN REALIDAD EL SIGLO XVII UN PERÍODO DE CRISIS EN EUROPA?

No cabe negar que el XVII fue un siglo muy difícil. Para la inmensa mayoría de los europeos, los años malos superaron con creces a los buenos. Se objetará que eso era lo propio de la Europa previa a la Revolución Industrial, cuando el incremento sostenido en la producción de alimentos se hallaba limitado por el agotamiento periódico de las tierras. Pero lo cierto es que las malas cosechas, las hambrunas y las pestes azotaron más de lo que era habitual a los habitantes del continente, o al menos a muchos de ellos. Y no es más halagüeño el panorama que nos ofrece el resto de los indicadores tradicionales de prosperidad social. La población apenas creció, y hubo momentos a lo largo de la centuria en los que llegó a ser algo menor que a su comienzo. El enojo de los humildes cristalizó en frecuentes revueltas que llegaron incluso a poner en peligro el orden establecido. El optimismo renacentista se disipó, minado por el hambre, la enfermedad y los abusos de los agentes del fisco y los ejércitos en lucha. La conciencia europea, en fin, como escribiera Paul Hazard, sufrió una indudable conmoción cuando entrevió cuán difícil iba a resultar conciliar los caminos de la razón y la fe.

Pero sería un error identificar sin matices esta crisis con la que asoló Europa tres centurias atrás. La del siglo XIV fue una crisis universal, una profunda recesión que trastornó cada faceta de la vida colectiva, de la demografía hasta el arte, pasando por la economía y la política. La del XVII fue, más bien, una crisis de crecimiento.

¿Qué significa esto exactamente? En primer lugar, es necesario recordar que, como anticipábamos en la pregunta anterior, la crisis no golpeó por igual al conjunto de Europa, y sus consecuencias económicas resultaron incluso benéficas, aunque sólo si se las contempla desde la privilegiada atalaya del futuro. Es cierto que regiones enteras se despoblaron por completo. El Sacro Imperio perdió cerca de la mitad de sus habitantes; España, la cuarta parte. Pero otras, en especial en

Inglaterra y los Países Bajos, disfrutaron de un claro impulso demográfico. Su economía no experimentó todavía cambios decisivos, pero la producción se fue adaptando, poco a poco, a las exigencias del mercado, no el interior, pues poco podían demandar aún las depauperadas masas europeas, sino el que ofrecían las colonias, las propias, pero también las ajenas, que sus dueños legítimos, españoles o portugueses, apenas podían proteger.

Se traficaba con oro, especias y otros productos de lujo, pero también con madera, pescado, grano, metal o esclavos, según las necesidades impuestas por las colonias en auge. Y gracias a ese tráfico experimentaron los usos comerciales valiosos progresos. Grandes empresas, como la Compañía Holandesa de las Indias Orientales, organizaron ambiciosas expediciones con el fin de ampliar los límites del mundo conocido y cubrieron de factorías las principales rutas. La bolsa, el mercado en el que cambiaban de manos sus acciones, nació en Ámsterdam apenas iniciado el siglo. Se acumularon, en fin, los capitales, y surgieron, aunque de forma embrionaria, las instituciones que harían posible, dos siglos más tarde, el inicio de la revolución económica que cambiaría el mundo de forma decisiva; una transformación radical, de magnitud tan sólo equiparable a la que se había producido diez milenios atrás, en la revolución neolítica.

En segundo lugar, las revueltas no son ahora, como en el siglo XIV, una suerte de reflejo maquinal, una variable dependiente de las convulsiones económicas y demográficas. Sus causas se hallan, por el contrario, en el excesivo esfuerzo fiscal impuesto por el belicoso Estado moderno a un pueblo exhausto y a unas élites regionales privadas del acceso a un poder que el monarca predica absoluto. El proceso se había iniciado cien años antes, pero entonces los soberanos habían podido incrementar sus rentas sin asfixiar a la sociedad porque los descubrimientos geográficos, los nuevos metales preciosos y el desarrollo del comercio les habían regalado ingresos extraordinarios. Ahora, apuradas esas fuentes de renta y en un marco de grave crisis económica, la presión se torna excesiva y conduce al pueblo a la violencia.

Pero lo que más debe importarnos es que esas revueltas, si bien apenas alteraron nada de inmediato, tuvieron mucho impacto a largo plazo. Se trató de cambios más bien discretos que fluían, como una sutil corriente subterránea, bajo la engañosa quietud superficial de las instituciones sociales, esperando alcanzar la suficiente masa crítica para explotar bajo la forma de auténticas revoluciones en el tránsito entre los siglos XVIII y XIX. La distancia entre la sociedad legal, encarnada todavía en los estamentos, y la real, definida por las clases, se incrementó. Las seculares prerrogativas de los privilegiados, nobles o clérigos, continuaron vigentes. Pero la vieja aristocracia se vio ya forzada a recibir en sus filas a los burócratas premiados por un Estado en constante expansión y a los ricos burgueses que compraban sus títulos a los reyes faltos de recursos. Las nuevas noblezas, de toga o de dinero, no dejaron así de crecer. Sin embargo, la burguesía, cada vez más opulenta, no era aún capaz de contagiar al resto de la sociedad sus ideales de esfuerzo y progreso individual. Era ella la que, al igual que en la centuria anterior, buscaba ser aceptada, comprando respeto en forma de tierras y títulos que, alejándola de una misión histórica aún apenas intuida, la acercaban al menos a un poder que, de momento, sólo los reyes poseían. Pero el proceso había dado comienzo y sería ya imparable, bien que no en toda Europa al mismo ritmo. Acelerado en Inglaterra, donde la cabeza de todo un rey cayó en el cesto del verdugo y la nobleza hubo de compartir ya el poder con la burguesía, del todo frenado en el este del continente, donde habría que esperar casi tres siglos para que una sola revolución recorriera en unos pocos años todo el camino que en otras tierras exigió décadas.

La guerra entre lo viejo y lo nuevo no se detiene ahí. La lucha se libra también en los espíritus, donde la conciencia europea se enfrenta a una profunda crisis de identidad. El humanismo había reivindicado para el ser humano un lugar en el cosmos, pero sin cuestionar a Dios; había exaltado la razón, pero sin discutir la tradición ni el magisterio de la Iglesia. Los pensadores del XVII van más allá. La obra del francés René Descartes, sobre todo, acarrea el germen de un cambio trascendental. La actitud que la inspira, animada por la duda metódica, implica un ataque frontal a la visión del mundo construida sobre la autoridad y la tradición. La nueva ciencia agudiza la crítica. Galileo Galilei, corrigiendo a los antiguos, confirma el modelo heliocéntrico de Copérnico. Newton, rechazando el magisterio de Aristóteles, ofrece a los científicos el marco teórico en el que insertarán sus hallazgos durante los tres siglos posteriores. Mientras, el conocimiento de nuevas gentes y culturas hace más fácil cuestionar la validez exclusiva de la civilización occidental. Los principios sobre los que se asienta el orden político reciben críticas. John Locke reprueba el absolutismo, proclama la igualdad de los seres humanos y entiende la sociedad como el fruto de un contrato entre las personas por el que ceden al soberano una parte de su libertad.

Nada de esto alcanza al pueblo, que vive atrapado en su inmutable rutina; es cosa de unos pocos elegidos que discuten de ciencia y de filosofía en los salones de la alta sociedad; de los raros ministros que animan a los reyes a tomar bajo su amparo a los filósofos, fundando academias, observatorios y sociedades científicas. La mayoría continúa fiel a las enseñanzas de la Iglesia, que se aferra a la tradición para frenar las nuevas fuerzas y predica su ahora reforzada ortodoxia, valiéndose de la portentosa escenografía barroca para conmover los corazones de los fieles. Pero la semilla está en la tierra, presta a brotar y multiplicarse cuando halle condiciones favorables. La centuria siguiente se las dará. El siglo XVIII será, él sí, el Siglo de las Luces.

60

¿Qué provocó la guerra de los Treinta Años?

La peor guerra que Europa había conocido hasta entonces dista mucho de ser un fenómeno sencillo, pero sí es, como todas las guerras y revoluciones, el resultado de un proceso previo que sólo estalla cuando, disparado por un suceso o una decisión concreta, alcanza la masa crítica. En el caso que nos ocupa son dos los grandes procesos que venían desarrollándose, de marea larvada, en las décadas anteriores y nos permiten comprender, siquiera a grandes rasgos, el estallido y la posterior evolución del conflicto: la cuestión religiosa en el seno del Imperio alemán, cerrada sólo de forma incompleta con la Paz de Augsburgo de 1555, y la hegemonía europea, cuyos parámetros principales, basados en el dominio de los

Descubrimientos y reformas

El vivac, por David Teniers II (1640-1650). Museo Nacional del Prado, Madrid. La guerra de los Treinta Años marcó el final de la hegemonía española y el comienzo de la francesa, pero también el clímax de una crisis que, al afectar sobre todo a las viejas potencias continentales, ayudó a encumbrar a las nuevas, como los Países Bajos e Inglaterra.

Habsburgo de Madrid y Viena, estaban siendo alterados por la irrupción de nuevas potencias, en especial Francia.

La cuestión religiosa distaba mucho de haberse resuelto en el Imperio. Apenas habían transcurrido unas décadas desde de la Paz de Augsburgo cuando el odio entre católicos y protestantes se reavivó, y ambas facciones tomaron de nuevo las armas. Las guerras de Aquisgrán, entre 1593 y 1598, Colonia, en 1600, y Estrasburgo, entre 1592 y 1604, fueron guerras de religión. Con soberanos católicos sentados en el trono imperial, la quema de templos protestantes y su persecución, más o menos descarada, no hacía sino crecer. Era cuestión de tiempo que Alemania se dividiera otra vez en dos bandos, y así sucedió. En 1608 se fundaba la Unión Evangélica, una alianza defensiva de los príncipes y ciudades protestantes dirigida por el elector palatino, Federico V, y al año siguiente veía la luz la Santa Liga Alemana, que reunía a los católicos bajo el liderazgo de Maximiliano de Baviera. La más pequeña chispa podía hacer estallar un barril que la intolerancia religiosa había ido colmando de pólvora hasta hacerlo rebosar.

Y la chispa saltó al fin el 23 de mayo de 1618, cuando algunos aristócratas protestantes bohemios, incómodos ante la desvergonzada política procatólica del nuevo emperador Fernando II, arrojaron a dos legados suyos por una ventana del castillo de Hradčany. Aunque ninguno de ellos murió, pues todos cayeron en blando –sobre unos arbustos de acuerdo con unas versiones, sobre un montón de estiércol según otras– la que pasaría a la historia como la Defenestración de Praga constituyó el pistoletazo de salida para una rebelión general de los protestantes de todo el Imperio. Los bohemios depusieron enseguida a Fernando y nombraron a Federico V. El emperador depuesto, como era de esperar, no se resignó. Con ayuda de la Santa Liga y el apoyo del papa y del rey español Felipe III, su primo, recogió el guante y se lanzó a la guerra con ánimo de fortalecer de una vez por todas el poder imperial y reimplantar el catolicismo como única religión en toda Alemania.

Entre 1618 y 1624, las victorias católicas se sucedieron. La derrota de la Montaña Blanca, en 1620, desarticuló en la práctica el ejército protestante. Con un poco de generosidad, el emperador Habsburgo podía haber reforzado su poder y firmado la paz. Pero no se conformó con una victoria parcial y trató de imponer a los príncipes la sucesión hereditaria del trono imperial –hasta entonces el emperador era elegido por un colegio de cuatro príncipes y tres arzobispos– y la devolución a la Iglesia de sus bienes secularizados. Tales pretensiones excedían en mucho lo que los príncipes podían tolerar, pues menoscababan a un tiempo su patrimonio y su poder. Además, su formulación misma puso sobre aviso a los soberanos europeos, facilitando la conversión de lo que hasta ese instante era tan sólo una guerra civil religiosa en una guerra internacional en la que la religión pasó a segundo plano frente a los intereses geoestratégicos de las principales potencias europeas.

En efecto, si los príncipes protestantes alemanes eran derrotados por completo, el poder de la dinastía Habsburgo, convertida al fin Alemania en un poderoso reino unificado y sentados ya los soberanos de esa casa en el trono de Madrid, cabeza de la mayor potencia de Europa, sería insoportable para el resto de los monarcas europeos, que tenían ahora una buena razón para inmiscuirse. Así, entre 1625 y 1648, uno tras otro, varios soberanos, protestantes o no, intervinieron en apoyo de los príncipes alemanes rebeldes a su emperador.

El primero en hacerlo fue Cristian IV, a la sazón rey de Dinamarca y luterano convencido, pero que no entraba en la guerra por motivos religiosos, sino geopolíticos, como la mejora de su posición frente a Suecia en el Báltico y el control del ducado danés de Holstein, entonces en manos de los Habsburgo. Tras la derrota danesa, el testigo pasó al monarca sueco Gustavo Adolfo II, quien, financiado por el cardenal francés Richelieu, y motivado por el deseo de imponerse sobre Dinamarca en el Báltico, entró en guerra con el emperador. También fracasarán en sus aspiraciones los suecos, quienes, muerto su rey en 1632, se ven forzados a abandonar. Pero la nueva paz, firmada en 1635, será tan efímera como las precedentes, porque es ahora la misma Francia, recuperada ya de sus problemas internos y dirigida todavía con mano firme por el cardenal Richelieu, que no muestra escrúpulo religioso alguno, la que, encabezando una poderosa alianza, interviene de manera directa en ayuda de los protestantes.

Año tras año, y mientras, de poder a poder, la victoria cambia de dueño, una cruel guerra arrasa Alemania, víctima como nunca antes de los brutales abusos de los ejércitos en campaña. Estados y príncipes pasan de uno a otro bando; los generales se suceden, y España, cuyo decidido apoyo resulta cada vez más precioso al bando imperial, se debilita por momentos, con media Europa en su contra y, finalmente, resquebrajada por las rebeliones de Cataluña y Portugal. La victoria de los franceses en Rocroi, el 19 de mayo de 1643, pone fin al mito de la imbatibilidad de los Tercios españoles y da la puntilla a los Habsburgo. La Paz de Westfalia de 1648 cambiará Europa para siempre. La religión se convierte, o empieza a convertirse, en un asunto privado; el papa pierde una influencia que ya no recuperará, y en el terreno de las relaciones internacionales, la hegemonía de la Monarquía Hispánica deja paso al postulado sobre el que se construirá la diplomacia europea de los siglos venideros: el equilibrio entre alianzas cambiantes de potencias que se rigen por sus propios intereses antes que por su fe.

61

¿Por qué fracasó en Inglaterra la monarquía absoluta?

Entre aquellos estados soberanos llamados a configurar el orden internacional de los siglos posteriores se encontraba uno que no podía aún presentarse como acreedor al título de gran potencia, pero resultaría ser con el tiempo el mayor beneficiario del principio de equilibrio de poder establecido en Westfalia: Inglaterra.

Poco después de la firma del tratado que había puesto fin a la guerra de los Treinta Años, el monarca inglés Carlos I sería decapitado y sus pretensiones absolutistas, en nada distintas a las de sus homólogos europeos, cercenadas de raíz en aras de un sistema político basado en la representación de la sociedad, o, mejor dicho, de los grupos más ricos en su seno, y en el equilibrio entre la Corona y el Parlamento en que aquellos hallaban acomodo. ¿Por qué sucedió esto sólo en Inglaterra mientras el resto de Europa marchaba decidida por la estrecha senda del absolutismo?

Una vez más, es necesario remontarse varias décadas atrás para entender lo sucedido, pues en las revoluciones, como las guerras, y por volver al símil de la pregunta anterior, es necesario llenar el barril de pólvora para que la chispa lo haga estallar, y eso suele llevar bastante tiempo. Veamos, pues, en este caso cuál fue la pólvora y cuál la chispa.

Las causas profundas del fracaso del absolutismo en la Inglaterra moderna —la pólvora— hay que buscarlas en ciertos rasgos que se venían poniendo de manifiesto en la sociedad inglesa desde el siglo anterior. A diferencia de otros países como España o Francia, en Inglaterra la monarquía autoritaria del XVI sufrió notorias limitaciones. Careció, para empezar, de ingresos seguros y cuantiosos, como la plata de las Indias o el monopolio francés de la sal; el ejército permanente a su disposición fue siempre muy reducido y siguió dependiendo de la ayuda de los nobles; y en cuanto a la burocracia estatal, se mantuvo más bien raquítica y, por ende, incapaz de llegar a todo el reino. La ruptura con Roma de Enrique VIII y su subsiguiente

Oliver Cromwell, por Robert Walker (1649). National Portrait Gallery, Londres. La Revolución inglesa del siglo XVII, al llevar al poder a las clases comprometidas con el desarrollo del capitalismo, hizo de Inglaterra la mayor potencia comercial del mundo y, a la larga, su taller.

confiscación de los bienes eclesiásticos, en especial las extensas propiedades agrarias de los monasterios, ofreció una oportunidad de oro al rey para robustecer la base económica de su poder. Sin embargo, sus urgentes necesidades de dinero le obligaron a malvender las tierras así adquiridas a la nobleza rural, que se enriqueció de manera notable, tornando casi imposible el reforzamiento del poder real. Difícilmente podían los soberanos de las islas soñar con convertirse en monarcas absolutos cuando, en algunos aspectos, no habían dejado de ser reyes medievales.

Mientras tanto, el barril seguía llenándose poco a poco de pólvora sin que los monarcas lo apreciaran. En el tránsito entre los siglos XVI y XVII, tanto la población como la economía de Inglaterra experimentaron un importante auge. Ciertas actividades, como la elaboración de jabones, la minería o la trefilería —fabricación de alambre— acrecieron considerablemente su producción, mientras crecía también de forma significativa el comercio y, lo que es mucho más importante, la nueva riqueza empezaba a repartirse de otro modo. En pocas palabras, mientras la tierra pasaba de manos de la endeudada Corona, la Iglesia y los grandes aristócratas arruinados por su ostentoso tren de vida a las de la *gentry* –la clase media y la pequeña nobleza rural– y los comerciantes, estos se beneficiaban también del auge del comercio y las manufacturas. El resultado era evidente y anticipaba lo sucedido en Francia siglo y medio más tarde: se estaba produciendo una disfunción entre la realidad social y la realidad política.

En efecto: el poder lo detentaban los de siempre; la riqueza estaba en otras manos. Era cuestión de tiempo que sus propietarios considerasen su derecho la participación en el proceso de toma de decisiones. El Parlamento, en el que tanto la *gentry* rural como los burgueses estaban cada vez más representados, podía servirles de eficaz medio de expresión frente a una Corona que, lejos de mostrarse sensible a sus argumentos, se abrazaba cada vez más a la Iglesia y los aristócratas. El puritanismo, con su exaltación de la ética personal –algo de lo que, a sus ojos, carecían la Corona, la Iglesia y los aristócratas– les suministraba la imprescindible cohesión ideológica que necesitaban, así como, llegado el caso, organización y liderazgo. Los jugadores se miraban frente al tablero. El barril estaba lleno de pólvora.

Faltaba, pues, la chispa que lo hiciera explotar. ¿Cómo se prendió? Su primer destello fue la intransigencia de la Corona y de la Iglesia, que, lejos de mostrarse dispuestas a escuchar las demandas de los críticos y, en su caso, plegarse a algunas de ellas, optaron por una política por completo reaccionaria que no sólo pretendía reforzar al desprestigiado clero oficial y reducir la representación de las nuevas fuerzas sociales en el Parlamento, sino limitar sus poderes y reforzar los de la Corona, en lo que parecía un camino sin retorno hacia el absolutismo regio. Así las cosas, la decisión del rey Carlos I de gobernar sin el Parlamento, imponiendo los tributos a su albedrío, fue vista por la oposición como una verdadera provocación que facilitó su unidad frente a la Corona en un momento en el que los partidarios de esta, la Iglesia y los aristócratas, estaban más divididos que nunca, y todo ello en el contexto de una profunda crisis económica que provocaba el malestar de las clases populares y las hacía proclives a la rebelión. Si la oposición se levantaba y lograba movilizar al pueblo, la Corona estaría perdida.

A grandes rasgos, eso fue lo que sucedió en la década de 1640, aunque envuelto en los ropajes de una guerra civil de la que el orgulloso Carlos I salió derrotado. La intentona absolutista del monarca fracasó; el propio rey fue ajusticiado, y, tras un fugaz paroxismo político y religioso durante el que cualquier experimento, por descabellado que fuera, pareció posible, se consolidó un nuevo régimen construido sobre dos cimientos: la libertad religiosa y el gobierno representativo de las clases propietarias, con la consiguiente limitación del poder del rey. En 1688, después de una nueva revolución, se añadirían a estos rasgos los partidos políticos, unos derechos individuales más amplios y un electorado pasmosamente activo y organizado. Nunca existiría, pues, absolutismo en Inglaterra.

62

¿Y POR QUÉ TRIUNFÓ EL ABSOLUTISMO EN EL RESTO DE EUROPA?

Parece evidente que la respuesta a esta pregunta se deduce de la anterior. Lo más lógico sería pensar que si en el resto del continente sí triunfó el régimen político que en Inglaterra no lo había logrado fue porque su sociedad no había experimentado los cambios descritos. Y de algún modo así es. Los regímenes políticos continentales −con la parcial excepción de los Países Bajos− habían avanzado mucho más por el camino del reforzamiento de la autoridad de la Corona ya en el siglo XVI. Paralelamente, sus sociedades lo habían hecho mucho menos en el proceso de deterioro de la riqueza de los estamentos privilegiados, la aristocracia y el clero, en este caso católico, y de desarrollo de las actividades relacionadas con el comercio y las manufacturas. Pero es necesario que profundicemos siquiera un poco en estos dos argumentos.

A despecho de las dos grandes construcciones políticas de vocación universal, el Imperio y el Papado, ya en franca decadencia, las monarquías europeas salieron de la Edad Media notablemente fortalecidas. La aristocracia y el clero no habían perdido su riqueza ni su preeminencia social; incluso en el más lábil terreno de los valores, su forma de vida y su visión del mundo seguían presentándose como ejemplos al resto de la sociedad. Sin embargo, su poder político se había atenuado y los monarcas europeos se esforzaban por disminuirlo aún más, reforzando su autoridad y dotándose de los medios necesarios para ello.

Muchos fueron los caminos, pero único el objetivo. Cuando los aristócratas se rebelan contra la autoridad real, el monarca los derrota y les priva de sus feudos; cuando una gran casa nobiliaria se queda sin descendencia, pronto se suman sus tierras a las del rey. Un matrimonio bien concebido puede también servir para unir un nuevo título, y un nuevo patrimonio, a la Corona, como ocurre con las bodas de Luis XII de Francia con Ana de Bretaña. Por toda Europa, la aristocracia de sangre tiene que soportar la creación por el soberano de nuevas noblezas nacidas de la venta de títulos o del ennoblecimiento de los funcionarios leales. La misma Iglesia debe soportar la creciente injerencia del monarca en el nombramiento de obispos y abades. Las ciudades, al principio aliadas de los reyes, no salen tampoco demasiado bien paradas, pues poco tardan estos en cercenar sus privilegios. Las cortes, bastión de la sociedad frente al Estado, languidecen. Sus convocatorias se espacian cada vez más; sus cometidos se cercenan; los tributos que aprueban pierden peso frente a los que por su cuenta imponen los reyes.

Mientras, el aparato estatal crece y se densifica en torno al monarca. Su Consejo, designado por él a su libre albedrío, se fortalece a despecho de otros órganos, erigiéndose en la más alta autoridad del Estado. Los representantes del rey, escogidos entre la pequeña nobleza provinciana y los clérigos formados en el derecho romano, se multiplican y comienzan a llegar a todas partes, imponiendo su jurisdicción sobre el aún denso tablazón de prerrogativas señoriales.

Nada de esto, empero, habría sido suficiente de no ser por el rápido éxito de los monarcas europeos en dos campos de especial relevancia: la Hacienda y el Ejército. Los reyes del Medievo vivían, como un aristócrata más, de los recursos de sus tierras, a los que añadían los servicios aprobados por los órganos representativos –cortes, parlamentos, dietas, estados generales– y, cuando la guerra llegaba, habían por fuerza de sumar a sus exiguas tropas las mesnadas de nobles y clérigos, sus vasallos, quienes, sometidos al deber feudal del *auxilium*,

Famoso retrato del Rey Sol realizado en 1701 por Hyacinthe Rigaud, para su nieto, el rey Felipe V de España, aunque finalmente el lienzo se quedó en Francia, donde hoy se exhibe en el Museo del Louvre. El monarca francés se convirtió en la viva encarnación del absolutismo.

acudían a su llamada. Desde el siglo XV, ambas realidades cambian de forma radical.

Los reyes, poco a poco, lograrán añadir a las rentas de sus tierras las provenientes de nuevos tributos estables y del todo ajenos a la voluntad de los órganos representativos de los estamentos: gabelas sobre la sal, tasas a los intercambios, capitaciones a las personas, impuestos a las cosas... Con sus nuevos recursos, pueden al fin reclutar, entrenar y pagar un ejército permanente, que no depende ya de la voluntad de sus vasallos, incapaces, por otra parte, de oponérsele, pues las nuevas armas, en especial la artillería, son tan caras que sólo el Estado tiene ya dinero suficiente para adquirirlas o fabricarlas. Ambos instrumentos, Hacienda y Ejército, se convertirán en los pilares de su poder.

Pero para entender bien el proceso es necesario añadir un factor más. En la Europa continental el absolutismo no se impuso tan sólo como resultado del creciente fortalecimiento del poder del rey, sino de la permanencia de estructuras sociales que en el caso inglés se habían debilitado mucho entre las últimas décadas del siglo XVI y las primeras del XVII. Mientras en las islas se fortalecían con rapidez el comercio y las manufacturas, crecía la riqueza, y la Iglesia y los aristócratas perdían peso frente a la pequeña nobleza rural y la burguesía, tales procesos se desarrollaban mucho más despacio en el continente. Privados de su poder los estamentos privilegiados tradicionales y sin nuevas clases capaces de disputar al monarca su autoridad, esta no podía sino crecer y crecer hasta convertirse en absoluta. Y eso fue lo que sucedió. Si Luis XIV podía decir, con toda razón, «El Estado soy yo», era porque en la Francia de la segunda mitad del siglo XVII no había nadie capaz de negarlo.

63

¿Por qué el arte barroco es tan recargado?

Esta pregunta requiere de una breve introducción antes de abordarla. La pregunta es obvia: ¿qué es el Barroco? Originalmente, por supuesto, un estilo artístico, o, en sentido amplio, un período de la Historia del Arte occidental; en otras palabras, un conjunto de rasgos propios y reconocibles compartidos por un grupo lo bastante numeroso de artistas y sus productos —ya sea de un solo género, por ejemplo, la pintura, ya de varios: pintura, escultura, arquitectura, artes menores— durante un período determinado de tiempo y, por extensión, el período mismo. Pues bien, ¿cuáles son esos rasgos en el caso del Barroco?

Sin afán de exhaustividad, diríamos que el arte barroco se caracteriza por encauzar una virulenta reacción contra las señas de identidad del arte del Renacimiento, que se había impuesto en Occidente entre los siglos XV y XVI. Frente al equilibrio, la armonía, la proporción y la mesura de que habían hecho gala los autores renacentistas, los barrocos abrazarán el movimiento, el contraste, la intensidad; frente al gusto por la línea recta, preferirán las curvas; frente a la idealización de la realidad, optarán por representarla sin ambages, en toda su crudeza, incluso deleitándose en sus aspectos más desagradables y sórdidos; frente al color, preferirán el claroscuro; frente al día, la noche; frente a la calma, la tormenta.

Se objetará que no era la primera vez que esto sucedía y, de algún modo, es cierto. Para algunos historiadores, incluso podría explicarse la historia del arte occidental como una sucesión de períodos clásicos y barrocos, de forma que los segundos serían siempre el fruto de una reacción contra los primeros, como si el talento del artista, de tanto en tanto, sintiera una irrefrenable necesidad de rebelarse contra las normas, las proporciones y los cánones, y hubiera de dar rienda suelta a su libertad creadora.

Pero esto no responde del todo a nuestra pregunta: ¿por qué el arte Barroco con mayúsculas, el que triunfa, a grandes rasgos, entre 1600 y 1700, es tan recargado? Responderla exige que recordemos que los estilos artísticos, sin cuestionar lo que de verdad pueda haber en ese movimiento pendular entre clasicismo y barroco que destacan algunos autores, no son manifestaciones aisladas, sino el fruto del contexto histórico en el que nacen, se desarrollan y, al final, claudican frente a un nuevo estilo.

Y es en ese contexto donde hay que buscar el resto de la respuesta. Entre los siglos XVI y XVII, como vimos, Europa se convulsiona, víctima de un paroxismo espiritual que, lejos de circunscribirse a los grupos dirigentes, se extiende también entre los humildes: los campesinos, las masas urbanas, el bajo clero. La Reforma protestante, anegando el continente como una ola imparable, es percibida por la Iglesia católica como una amenaza a la que es necesario dar respuesta. Y no basta con argumentos o dogmas, que sólo convencen a los intelectuales; urge apuntar también a la sensibilidad, a la emoción, al corazón en fin, pues es este el único idioma que pueden entender las gentes sencillas. No pensemos por ello que el Barroco fue tan sólo la herramienta de propaganda de la Contrarreforma; también los países que habían abrazado el protestantismo comprendieron la necesidad de usar el arte como instrumento al servicio del proselitismo, y su estética, aunque similar en algunos aspectos, no duda en distinguirse de la propia de los países católicos tanto, al menos, como su misma fe.

Fachada de San Carlo alle Quattro Fontane (1634-1640), de Francesco Borromini, Roma. Aunque dentro del Barroco pueden encuadrarse estilos muy distintos, el recargamiento y la profusión decorativa constituyen algunas de sus señas de identidad más genuinas.

Por otro lado, si las iglesias entendieron pronto cuán efectivo podía llegar a ser el arte como herramienta de propaganda, no lo hizo menos el Estado. Los monarcas europeos, deseosos de afirmar un poder que predicaban absoluto y querido por Dios, no dudaron en levantar en este siglo los palacios más grandiosos –Versalles sobre todos ellos– una suerte de modernas pirámides cuya función, al igual que en la época de los faraones, no era otra que recordar al pueblo la futilidad de cualquier oposición al orden establecido.

Pero hay algo más que religión y política tras el arte barroco: la crisis de la conciencia europea no es sólo, como vimos, una crisis religiosa, sino de pensamiento. El hombre del Renacimiento era optimista porque su razón recién descubierta le había llevado tan sólo a descubrir un orden natural dentro del que él mismo se sentía a gusto, y ese orden natural era equilibrado, armonioso, sereno. Ahora, en el siglo XVII, Descartes impone la duda como método y concluye que nuestros sentidos pueden mentirnos; lo que perciben puede no ser cierto; el orden puede ser engañoso; lo único de lo que podemos estar seguros es de que existimos y de que, como sujetos, percibimos el mundo subjetivamente. ¿Cómo no iba el arte a hacerse eco de un cambio de perspectiva tan radical? El artista no representa el mundo como es, porque esto es imposible, sino como lo percibe, y ¿acaso la realidad que percibía en aquella centuria atormentada era armoniosa, pacífica, agradable a los sentidos? Es obvio que no. Cuanto el pintor, el escultor, el arquitecto ve a su alrededor es hambre, guerras, violencia, angustia, inseguridad... Por ello su arte deja de ser armónico, equilibrado, proporcionado y se torna dinámico, inquieto, tenso, retorcido, teatral, torturado. El Barroco, como el Renacimiento, no hace sino ser fiel a su siglo.

VI

LA ERA DEL LIBERALISMO

64

¿POR QUÉ DECIMOS QUE EL XVIII FUE EL SIGLO DE LAS LUCES?

Las luces, en la vieja simbología tan cara al ser humano desde tiempos remotos, se oponen a las tinieblas, como, ya en nuestros días, la civilización se enfrenta a la barbarie y la razón a la superstición. El siglo XVIII significó, para sus élites y para muchos historiadores posteriores, el triunfo de la razón y de un nuevo concepto de civilización unido de forma indisoluble a ella. Con toda lógica merece, pues, el apelativo que se le dio y que aún conserva.

Pero las luces no son sólo espirituales. Todo en aquel siglo resplandeciente parece animado por una rara y pasmosa energía. La población crece una vez más, dejando atrás el luctuoso siglo XVII. No se olvidan las hambrunas ni las epidemias, pero la mortalidad empieza a bajar. El clima más suave, la medicina más avanzada, la roturación de tierras y los nuevos cultivos, como el maíz y la patata, alimentan mejor a los humildes y prolongan su vida. Las manufacturas despiertan, impulsadas por la iniciativa privada o, donde esta falta, por el propio

Estado, que se embarca decidido en la producción de artículos de lujo para los ricos, cañones para sus ejércitos o barcos para sus flotas. El comercio, aún escaso en el interior del continente, crece y se vigoriza gracias a los navíos que unen, aún más que en el siglo anterior, en un lucrativo triángulo las costas de Europa, América y África. Los flamantes capitales se acumulan en espera de un destino igualmente fructífero que ya empieza a entreverse en la industriosa Inglaterra de las últimas décadas del siglo.

La burguesía, actriz principal de estos significativos cambios, comienza a tomar conciencia de su importancia y se irrita ante el desprecio de la nobleza que reclama del monarca el monopolio de los altos cargos, pensando ya en un mundo nuevo y distinto donde el poder político sea hijo de la riqueza y de la cultura, y no de la sangre, mientras crecen en su interior las ideas llamadas a convertirlo en realidad. Las revoluciones que sirven de bisagra al Antiguo Régimen y al nuevo se preparan, así, entre la creciente insatisfacción de los burgueses y la miseria terrible de los humildes, y frente a los gobernantes de un Estado que, sólo a medias seducidos por la razón, tratan de usarla como herramienta del crecimiento económico y de la fuerza militar, sin reparar apenas en la terrible contradicción que supone verter en los odres viejos y podridos de la sociedad estamental y el absolutismo el vino nuevo que les brindan los filósofos.

Porque los filósofos y pensadores, ingenuos y poco atentos al estático pasar de un pueblo llano que vive como siempre lo ha hecho, incapaz de sentir anhelo de lo que no ha conocido nunca, creen de verdad disipadas las tinieblas de la ignorancia y, guiados por la razón, confían en un progreso que no puede detenerse. El XVIII es el siglo de la crítica. Se critica desde la sátira y la burla, desde la reflexión seria y meditada, desde imaginarios libros de viajes que enfrentan las miserias de lo europeo con las bondades de una sociedad utópica. Se critican los valores y las normas, los usos y las costumbres, los fundamentos mismos de la sociedad. Se critica el cristianismo, que encarna por sí solo casi todo cuanto desprecian los filósofos al uso: la primacía de la fe sobre la razón, la concepción de la vida terrena como un medio, la maldad radical del ser humano, la autoridad como argumento que se basta a sí mismo, la revelación como fuente del conocimiento de Dios. Y frente a él, esencia primera de lo viejo, de lo caduco, de lo erróneo, se plantan los cimientos de un mundo nuevo en el que la Razón, erigida en diosa, habría de reinar por derecho propio, inspirando cada dimensión de la vida colectiva de los seres humanos, iluminando su existencia con una intensidad mucho mayor de lo que lo había hecho la fe. Ha nacido la Ilustración.

Como no podía dejar de suceder, pues eran cosa de una élite social tan exclusiva como minoritaria, la educación sería el camino para difundir las nuevas ideas. Pero la heredada, orientada por los valores del pasado, sometida a los dictados de la Iglesia, basada en la cansina, acrítica y huera repetición de los principios nacidos de la supuesta autoridad de los antiguos, no servía. Se necesitaba una nueva, práctica, capaz de fomentar los saberes útiles, la geografía, las lenguas vivas, la física, las matemáticas, la biología, la historia, la política; orientada a la formación de ciudadanos prontos a participar en la vida pública; progresiva e integral, muy atenta a cada dimensión del espíritu humano, y pública, sostenida por el Estado.

Pero mientras esta educación llega, los ilustrados se entregan con arrojo a la tarea de divulgar su pensamiento. *La Enciclopedia*, compendio del saber de la época, extiende por toda Europa los conocimientos útiles que han de asegurar al individuo la felicidad. Con ellos, se difunden también nuevos modelos de comportamiento. Triunfa la mujer, que encarna el placer, la sensualidad, el amor frívolo; lo hace el filósofo, conciencia crítica de los males de su tiempo; también el burgués, símbolo del trabajo, el esfuerzo y el conocimiento útil; y el aventurero, encarnación suprema de la libertad y el cosmopolitismo...

¿Cambia Europa con todo ello? Sí y no. La luz de la razón ilumina tan sólo a unos pocos: aristócratas inquietos y desocupados, burgueses audaces y emprendedores, ciertos clérigos insatisfechos... apenas uno de cada cien europeos se contagia de las nuevas ideas. Pero están ahí y ya no van a irse. Y en su seno brota la semilla de una ideología mucho más nueva que, esta sí, alimentará la mayor transformación vivida hasta entonces por la humanidad. Entre los ropajes ampulosos, y a veces vanos, de la Ilustración, el liberalismo se prepara para derribar de un golpe único y letal el caduco edificio del Antiguo Régimen.

65

¿Qué fue el despotismo ilustrado?

Pero no es el liberalismo la ideología del siglo. Los ilustrados no llegan tan lejos; la mayoría de ellos ni siquiera confían en el pueblo pobre e ignorante o en las clases medias raquíticas para transformar el mundo. Sus frías ideas no pueden seducir a los humildes, a quienes, en su interior, desprecian. Son los príncipes, los reyes, en fin, los soberanos, el objeto del deseo de sus sueños de progreso, pues sólo ellos poseen el poder y pueden usarlo para cambiar las cosas. Y de aquella alianza contra natura viene a surgir el despotismo ilustrado.

Monarcas ambiciosos como Federico II de Prusia, inquietos como José II de Austria, escépticos como Catalina II de Rusia o moderados como Carlos III de España pusieron en marcha en sus estados políticas de modernización más o menos inspiradas en las ideas ilustradas. Sin dejar ni por un instante de considerarse soberanos absolutos, se proclamaron servidores de sus súbditos, entregados a la búsqueda de su felicidad. «Todo para el pueblo, pero sin el pueblo», sería su divisa oficiosa. Sin embargo, la fusión entre razón y monarquía no fue completa. Los reyes tomaron de los filósofos tan sólo aquello que convenía a sus intereses, despreciando lo demás. Su objetivo no era en modo alguno atacar los fundamentos de la estructura social y política, que consideraban vigentes, sino robustecer el Estado y reforzar a un tiempo su propio poder. Las reformas que introdujeron, pues, sirvieron a este fin más que al de la supuesta felicidad de sus súbditos, y siempre se detuvieron, con la sola excepción de José II, que al final hubo de renunciar a ellas, en los límites del orden social y político heredado.

Sin embargo, las suyas fueron verdaderas reformas, no meros arreglos cosméticos de unos regímenes caducos, pues los déspotas ilustrados nacieron precisamente en los países más rezagados, como Rusia; en los estados incipientes, aún a medio hacer, como Austria o Prusia, o en las viejas potencias que habían perdido su nervio, como España y Portugal. Sin burguesía, o siendo esta muy débil, hubo de ser el Estado quien asumiera su papel. Pero ello exigía preparar primero a este para desempeñarlo con ciertos visos de éxito. De ahí que las reformas se

Catalina II, por Virgilius Eriksen (1766-1767). Galería Nacional de Dinamarca. La zarina rusa se convirtió en epítome del despotismo ilustrado, como Luis XIV lo había sido del absolutismo.

orientaran al principio hacia la centralización del gobierno, la extensión de la Administración, la sumisión de la Iglesia, la eliminación de los privilegios territoriales y el robustecimiento de la Hacienda y el Ejército. Más tarde, el remozado aparato estatal se usó para extender la educación, impulsar la agricultura y la industria y fomentar el comercio, fuentes de las que los monarcas esperaban obtener hombres y tributos que convirtieran a sus reinos en potencias respetables en la arena internacional.

Su eficacia, no obstante, fue escasa. Siendo paradójico el pensamiento mismo de los filósofos, no podía dejar de ser incongruente su hijo espurio, el despotismo ilustrado. ¿Acaso no eran la violencia y el egoísmo tan connaturales al ser humano como las virtudes que exaltaban los ilustrados? ¿No eran tan humanos la pasión y el sentimiento como la razón? Los filósofos carecían de respuestas a estas preguntas, pero pretendían cambiarlo todo sin contar con nadie, y menos que nadie con el pueblo, el primer beneficiario de los cambios. En cuanto al despotismo ilustrado, quería detenerlos en el punto en que podían empezar a ser peligrosos para el orden establecido, negándose a constatar, en una contradicción tan terrible como evidente, que cuanto mayor fuera su éxito, más cercana a su fin estaría la misma monarquía absoluta que pretendía fortalecer.

Así era. Una economía más dinámica, más productiva, erigida sobre las manufacturas y el comercio, no haría sino poner en marcha poderosas fuerzas económicas y sociales que, cuando alcanzaran un cierto grado de desarrollo, se revelarían incompatibles con los estamentos, los privilegios, la propiedad vinculada y, en fin, el propio absolutismo. Si los ministros ilustrados tenían éxito, abrirían sin querer la puerta al capitalismo, y este necesitaba para arraigar y crecer algo tan sencillo, pero a un tiempo tan radicalmente incompatible con el Antiguo Régimen, como la libertad.

66

¿POR QUÉ CAMBIÓ LA ACTITUD DE LA BURGUESÍA EN LAS POSTRIMERÍAS DE LA EDAD MODERNA?

Con permiso de los psicólogos, podríamos decir que se trató, sobre todo, de una cuestión de autoestima. Pero ¿cómo valorar la evolución de un asunto tan subjetivo como la autoestima? Y más aún: ¿cómo hacerlo en el pasado? ¿Cómo saber cómo pensaban en realidad los burgueses que vivían en las postrimerías de la Edad Moderna, justo en el momento en el que se disponían a iniciar la conquista de un Estado que hasta entonces había sido propiedad casi exclusiva de la nobleza y el clero?

Dado que, como es obvio, no podemos inquirir sobre estas importantes cuestiones a personas que llevan difuntas varias centurias, la mejor manera de darles respuesta es leer con atención lo que ellas mismas escribían antes y después del momento en el que la mentalidad de la burguesía europea empezó a cambiar. Escogeremos así dos obras que podemos considerar lo bastante cualificadas para ejercer de portavoces de la mentalidad burguesa anterior y posterior al instante en que empezó a producirse su transformación.

La primera es la célebre *Leviatán*, escrita por el filósofo inglés Thomas Hobbes en 1651 y tenida de forma unánime por la Biblia teórica del absolutismo. «El hombre es un lobo para el hombre» es su frase más conocida, y la que, de algún modo, representa mejor el contenido de la obra. Como los seres humanos, piensa Hobbes, son del todo incapaces de convivir en paz por sí solos, necesitan un Gobierno poderoso, una monarquía absoluta, que les impida destrozarse unos a otros. No se sorprendan si les digo que el libro destila en todas sus páginas miedo, inseguridad y desconfianza, los sentimientos predominantes en una burguesía que mira al Estado en busca de protección frente a la aristocracia y frente al pueblo llano, una burguesía que aún no es consciente del papel de líder del progreso económico, social y político que le tiene reservado la historia.

Bien distinta es la sensación que transmite la lectura de otra obra, escrita tan sólo unos pocos años después, el *Segundo Tratado sobre el gobierno civil*, de 1689, del también inglés John Locke, uno de los más conspicuos fundadores del liberalismo político. Frente al absolutismo sin ambages de Thomas Hobbes, defienden sus páginas el parlamentarismo; frente a la incertidumbre, el desasosiego y la búsqueda en el Estado de un poder capaz de proteger los intereses de los propietarios, predomina la seguridad en el futuro, la fe en la capacidad del individuo y la desconfianza en un Gobierno que, dejado del todo a su albedrío, tiende siempre a la tiranía y cuyo poder debe, en consecuencia, ser limitado antes que fortalecido. El miedo ha desaparecido del todo. En Locke encontramos el alegato de una burguesía dispuesta a tomar las riendas de la historia para conducirla de acuerdo con sus intereses.

Pero ¿qué le ha ocurrido entonces a la burguesía? ¿A qué se debe el cambio? ¿Cómo un grupo social ha pasado en sólo cuatro décadas del recelo a la confianza, de la vacilación a la firmeza? Lo que ha sucedido se llama, sencillamente, desarrollo económico. Habían transcurrido tan sólo cuarenta

Portada de la edición príncipe de *Leviatán*, de Thomas Hobbes (1561). La obra de Hobbes revela una burguesía carente de confianza en sus posibilidades que mira al Estado ansiosa de protección, no todavía ávida de poder.

años, pero se trataba de cuarenta años clave. Inglaterra no era la misma. La revolución había dejado el Poder en manos de un Parlamento que actuaba al servicio de los comerciantes y manufactureros, y aprobaba, una tras otra, leyes pensadas para proteger sin reparos sus propios intereses de clase. Los cerramientos rurales convirtieron la tierra en propiedad de empresarios que veían en ella tan sólo un medio para obtener beneficios; las Actas de Navegación hicieron de los buques ingleses los amos del océano; la Declaración de derechos de 1689 aseguraba los de elegir profesión, escribir sin censura sobre asuntos políticos y emprender negocios; el dinero, abundante y barato, animaba a quienes desearan embarcarse en cualquier empresa económica. Y por fin, cuando el triunfo británico sobre los Borbones en la crucial guerra de

Sucesión española, sellada por el tratado de Utrecht de 1713, abrió en la práctica a los mercaderes de las islas las puertas del vasto Imperio español en América, su primacía económica, que no haría sino consolidarse y ampliarse a lo largo de la nueva centuria, quedó asegurada. ¿Acaso no había motivos para la confianza?

Pero no debemos caer en tópicos. La transformación de la mentalidad burguesa no fue tan radical ni tan completa como siempre se ha dicho. Como demostraría en el año 1981 *La persistencia del Antiguo Régimen*, el revelador estudio del historiador estadounidense Arno J. Mayer, la élite dirigente europea era a fines del siglo XIX mucho más tradicional de lo que las obras anteriores venían aceptando. Cien años después de la Revolución francesa, y cuando los regímenes políticos liberales parecían marcar la pauta en el continente, la mentalidad burguesa aún no se había impuesto sobre la aristocrática, sino que más bien se había mezclado con ella, asimilando en el proceso muchos de sus rasgos y dando así origen a una clase dominante híbrida, pero hegemonizada por los valores, las pautas de conducta e incluso la estética de los aristócratas.

Antes de las guerras mundiales, en toda Europa parecía existir una única élite transnacional que hablaba como los franceses, cazaba como los ingleses, usaba monóculo como los prusianos y se reunía, con puntualidad exquisita, en los mismos y exclusivos lugares de veraneo para reforzar los lazos que hacían de ella la verdadera clase dirigente de todos los países europeos, sin excluir la Francia laica y republicana. Y era en esa clase privilegiada en la que deseaban integrarse los hombres de negocios, los empresarios y profesionales de éxito del continente, adquiriendo tierras, erigiendo grandes mansiones campestres y urbanas, enviando a sus hijos a las exclusivas escuelas donde se educaban los vástagos de la aristocracia y, en fin, imitando hasta la náusea el porte, el acento, los modales, la apariencia y el modo de vida de aquellos en cuyas filas pretendían ser admitidos, tal y como ocurría doscientos años antes, cuando los burgueses apenas soñaban siquiera con acceder a la dirección política de los estados europeos. La revolución no había terminado en victoria, sino en pacto.

67

¿Por qué se alcanzó el equilibrio entre las grandes potencias en el siglo XVIII?

Otra forma, quizá más sencilla, de hacer esta pregunta sería: ¿por qué desde comienzos del siglo XVIII no existió en Occidente una potencia hegemónica comparable a la España anterior a 1650 o a la Francia del Rey Sol después de esa fecha? Podríamos tratar de ofrecer una respuesta rápida y decir simplemente que la principal razón fue que la guerra se había vuelto tan onerosa que ningún estado podía asumir solo los costes de la hegemonía. Pero nos encontraríamos entonces inmersos en una de esas exasperantes situaciones en las que una pregunta lleva a otra y ninguna respuesta logra aclarar nada. Vayamos, pues, por partes.

¿Por qué la guerra se había vuelto tan cara a partir de 1700? Naturalmente, no se trató de algo que sucediera de repente. La que el historiador británico Geoffrey Parker ha denominado «revolución militar» se había iniciado en realidad casi dos siglos antes, y no se trató sólo de una revolución tecnológica, sino de un conjunto de cambios de carácter organizativo, táctico y estratégico que alteraron de forma significativa e irreversible la manera tradicional que tenían los europeos de hacer la guerra.

El primer cambio fue de número. A comienzos de la Edad Moderna, las nuevas armas forzaron a los pequeños ejércitos de jinetes de la nobleza a dejar paso de nuevo a las grandes masas de infantes. En 1415, en la célebre batalla de Azincourt, por ejemplo, habían combatido ocho mil soldados ingleses contra doce mil franceses; al inicio de la guerra de Sucesión española, sin embargo, Luis XIV disponía de un ejército de 360.000 hombres.

El segundo cambio afectó a la calidad. No sólo había más soldados; se trataba de soldados mucho mejor armados, equipados y adiestrados. Hacia mediados del XVII, las viejas picas y alabardas se habían visto obligadas por fin a rendirse ante la mayor eficacia de los mosquetes de mecha, que al final de la centuria dejaron paso al fusil con llave de sílex y

A lo largo de la Edad Moderna, y en especial en el siglo XVIII, la evolución tecnológica y los cambios en la logística y la organización militar convirtieron la guerra en una actividad muy cara, de modo que se hizo imposible para un solo estado alcanzar la posición hegemónica detentada en siglos anteriores por la Monarquía Hispánica o la Francia de Luis XIV. Las coaliciones y el equilibrio se convirtieron en la característica fundamental de la diplomacia europea de la época. En la imagen, la batalla de Poltava, 1709.

bayoneta, más liviano, más rápido y de mayor alcance. A la vez, los tradicionales ropajes multicolores fueron sustituidos por los uniformes y cambiaron las formaciones adoptadas por las tropas en batalla. El cuadro, propio de los tercios españoles, dejó paso a la línea, menos vulnerable a las cargas cerradas de fusilería, que avanzaba a ritmo de tambor hacia las posiciones enemigas. Pero evitar el pánico exigía una moral muy alta en la tropa y una mayor coordinación, capaz de asegurar que cada unidad se hallara en el lugar asignado y se moviera en la dirección esperada cuando se le ordenara. Todo ello requería, a su vez, períodos de instrucción muy prolongados y, en consecuencia, mucho más caros, pues los reclutas debían ser no sólo alimentados y uniformados, sino también alojados en cuarteles estables que era necesario edificar y mantener.

Mayor repercusión económica tuvo aún la extensión de la artillería, facilitada por la irrupción del cañón de hierro, mucho más barato, ligero y fácil de transportar que las piezas tradicionales de bronce, y la consiguiente obsolescencia de las antiguas murallas de las ciudades, altas, rectas y delgadas, pensadas para frenar a la infantería, que hubo que sustituir por nuevas fortificaciones más bajas, gruesas e inclinadas, con frecuentes ángulos, casi siempre en forma de estrella, ideadas para resistir mejor las gruesas balas de los cañones de asedio.

Pero no sólo los ejércitos habían cambiado; lo había hecho el continente entero. La Europa del XVIII era mucho mayor en lo económico, lo político y lo diplomático que la de las centurias precedentes. Sus fronteras se han extendido hacia Oriente al incorporarse la Rusia modernizada por las reformas de Pedro I. Pero lo han hecho más hacia Occidente, donde las azules aguas del Atlántico bullen con un comercio colonial cada vez más intenso cuya protección exige grandes armadas. Asegurar de forma eficaz extensiones tan vastas y mantenerse en solitario como poder hegemónico a un tiempo en el continente y en los océanos resulta ahora imposible para cualquier estado, por extenso, rico y poblado que sea.

Las ideas también se han transformado. Con los viejos poderes universales, el Imperio y el Papado, se desmoronan también los principios que sustentaban sus pretensiones. Las guerras no se librarán más por la fe, sino como resultado del análisis frío y objetivo de los intereses nacionales o, en su defecto, dinásticos, que hacen y deshacen, una y otra vez, alianzas en las cuales un mismo estado se sitúa en uno u otro bando, y con unos u otros amigos, según el momento y la conveniencia.

La combinación de estos factores explica la historia de las relaciones internacionales del siglo XVIII. No se trata en absoluto de una era de paz; guerras hubo muchas a lo largo de la centuria, pero se trataba de guerras distintas: guerras de intereses, no de principios; guerras limitadas en el tiempo, pero extendidas en el espacio, allende los mares, donde crecía el comercio y la riqueza; guerras de caballeros, que se regían por un código estricto y apenas mortificaban a la población civil, y, sobre todo, guerras de coaliciones, que podían cambiar, y lo hacían sin reparos, entre un conflicto y el siguiente. La era de las hegemonías había terminado para siempre.

68

¿Por qué la Revolución Industrial empezó en Inglaterra?

Si hay una pregunta a la que no resulta demasiado fácil dar una respuesta sencilla, es esta. La Revolución Industrial inglesa fue un proceso tan complejo y cuyas raíces penetran de manera tan honda en el tiempo que es necesario abordar con paciencia y cautela su explicación.

Vayamos, pues, por partes, y empecemos, como quizá parece lógico, por la economía: ¿había algo especial en la economía inglesa antes del siglo XVIII que la convirtiera en candidata ideal para iniciar la Revolución Industrial? Es obvio que sí. Pero ¿qué y desde cuándo? Esa es otra cuestión. Desde luego, no parece que fuera así antes de la gran crisis del siglo XIV. Hasta ese instante, la producción agraria inglesa dependía, como en todas partes, de la economía señorial, con sus grandes propietarios, el inevitable trabajo forzoso de aldeanos dependientes y, en fin, un paisaje poco favorable al incremento de la productividad de la tierra, para unos un símbolo de su posición social y una fuente de renta, y para otros un mero instrumento de supervivencia.

La gran epidemia de peste negra de 1348 transformó el panorama. Al escasear los labriegos, se hicieron mucho más valiosos y se impuso la explotación en pequeñas parcelas a cambio de una renta en metálico. Pero al dedicar al fin todo su empeño a una tierra que poseían de manera estable y, por tanto, consideraban, en cierto modo, propia, pronto empezaron a surgir diferencias entre los campesinos. Los más industriosos o austeros incrementaron sus ingresos, lo que les permitió arrendar o adquirir más tierra; los que no lo eran perdieron la suya. Así fueron surgiendo labradores ricos que vendían una parte de sus cosechas en el mercado, atesoraban beneficios, los reinvertían en la compra de nuevas tierras, contrataban jornaleros y, con ello, promovían el avance del sector agrario y preparaban el camino a la revolución agrícola del siglo XVIII. Mientras, algunos señores se reservaban parte de sus tierras para su explotación directa, aunque en este caso no para cultivarlas, sino para dedicarlas a la cría de ovejas, pues se trataba de una ocupación menos intensiva en mano de obra –un bien muy escaso y caro después de la gran peste– y, por tanto, con menos costes de producción. Con ello, Inglaterra se erigió, junto a Castilla, en la mayor productora de lana de Europa Occidental.

Sin embargo, el exceso de producción pronto hizo bajar los precios, lo cual sirvió de incentivo al desarrollo de una industria textil propia que pronto se hizo más competitiva que las hilaturas flamencas o italianas, forzadas a pagar lo que les pedían los comerciantes de lana extranjeros que las abastecían, y no tardó en extenderse al campo, donde los labradores usaban sus largos ocios en el tejido de prendas que luego les compraban los mismos empresarios que les habían suministrado la materia prima.

En las centurias posteriores se irían añadiendo nuevas piezas al puzle de la Revolución Industrial inglesa. Una de especial relevancia fueron los *enclosures* o 'cerramientos'. Fue a lo largo del siglo XVI cuando frente al *openfield* o 'campo abierto' tradicional, ligado al espíritu comunitario campesino, se inició un proceso de cercado de los campos de labor con vallas que impedían el acceso a otro que no fuera el propietario de la parcela. Comenzó así a extenderse poco a poco un concepto pleno de la propiedad que favorecía a los emprendedores frente a quienes permanecían fieles a la costumbre, y a los nobles, que podían imponerlo por la fuerza, frente a los pequeños campesinos. El proceso, por tanto, no sólo favoreció la extensión de la propiedad privada, sino su concentración, que impulsó las mejoras técnicas y el incremento de la productividad de la tierra.

Mientras, la difusión en Inglaterra del puritanismo, que no sólo no condenaba la acumulación de riqueza, sino que la tenía por señal de predestinación positiva, sirvió de claro incentivo para el ahorro, la inversión y el riesgo empresarial, pues quienes ahora se entregaran a los negocios con ánimo de enriquecerse no sólo no habían ya de temer las penas del infierno, como vaticinaba la Iglesia católica, sino que podían con toda justicia esperar los beneficios del cielo.

Con todo ello iba creciendo en el campo un nutrido sector de labradores acomodados, mientras el desarrollo de la industria textil, al que se añadirían luego la metalurgia y la minería, impulsaba el comercio y alimentaba, en número y riqueza, las clases medias urbanas. Pero la nula correlación existente entre la riqueza de estos grupos sociales y su participación en el proceso político se tornó insoportable para ellos, que se sentían excluidos por un sistema que sólo concedía una cierta voz a la aristocracia, por lo que pronto volvieron sus ojos hacia el Parlamento, esperando hallar en él al portavoz autorizado de sus demandas.

Así alimentada, la revolución inglesa de mediados del siglo XVII tuvo como resultado una aceleración política de los procesos socioeconómicos descritos, pues el Parlamento empezó a actuar desde ese instante como instrumento de los grupos vinculados al comercio y las manufacturas, y las leyes llamadas a impulsar con claridad su desarrollo se sucedieron. Se intensificaron los cerramientos, que convirtieron la tierra en propiedad de una clase de empresarios que veían en ella tan sólo un medio para obtener beneficios. Las Actas de Navegación y una política colonial decidida hicieron de los barcos ingleses los amos del océano, con el consiguiente beneficio para el comercio y las manufacturas de las islas, que empezaron a apropiarse de los mercados coloniales, incluyendo a los que formaban parte de los imperios de otras potencias. El *Bill of Rights* –la Declaración de Derechos– de 1689 aseguraba a los ingleses libertades individuales como la de elegir profesión, emitir opiniones en público y emprender negocios, con los efectos favorables que pueden suponerse sobre el desarrollo económico del país. En 1694, la fundación del Banco de Inglaterra facilitaría aún más las inversiones productivas al expandir el crédito y dar con ello comienzo a un largo período de tipos de interés bajos que no podían sino beneficiar a quienes desearan embarcarse en una empresa marítima, comercial o industrial. Y por fin, cuando la ya citada victoria británica en la guerra de Sucesión española, sellada por el tratado de Utrecht de 1713, abrió a los barcos ingleses las puertas del colosal Imperio español en las Indias occidentales, su primacía marítima y comercial, que no haría sino ampliarse a lo largo del nuevo siglo, quedó asegurada.

Las condiciones de partida no podían ser mejores, pero a ellas se sumó la decidida política que llevaron a cabo los gobiernos británicos de la centuria, sin cuyo concurso no se

Navíos de línea británicos del siglo XVIII, por Geoff Hunt. La supremacía de Gran Bretaña en los mares fue sin duda uno de los principales factores del temprano inicio de la Revolución Industrial en aquel país.

habría producido nunca la Revolución Industrial en las islas. Conscientes de lo que les iba en ello, destinaron siempre la parte del león del presupuesto del Estado a la Armada Real, lo que la convirtió en dueña y señora de los océanos, muy por delante de sus dos principales competidoras, la francesa y la española. Con ello, Gran Bretaña pudo asegurarse el control de las principales rutas marítimas, lo que entonces equivalía a decir las principales rutas comerciales, y los mercados y las fuentes de materias primas más importantes del mundo pasaron a sus manos. Así, cuando a mediados de siglo las empresas textiles inglesas se encontraron con un mercado mundial cuya demanda sólo ellas podían satisfacer, no tuvieron más remedio que introducir las mejoras técnicas capaces de incrementar la producción al ritmo que se les exigía. Tenían los barcos, tenían el algodón de la India y tenían los capitales para ello. Tampoco les faltaba voluntad y espíritu de riesgo. Y lo hicieron. La Revolución Industrial había comenzado.

69

¿Por qué, una vez que comenzó, ya nadie pudo parar la Revolución Industrial inglesa?

Pero habría sido demasiado pedir que un proceso que aseguraba a sus beneficiarios fortuna y poder en una magnitud hasta entonces desconocida permaneciera para siempre en sus manos de forma exclusiva. Era cuestión de tiempo que se extendiera al resto de la economía y del mundo, y así sucedió. Pero ¿cómo lo hizo?

Primero en Inglaterra, luego en el resto de Europa Occidental y en Norteamérica, la economía se transformó por completo. Toda una cascada de innovaciones técnicas transmutó en verdadera industria la manufactura tradicional. La fábrica sustituyó al taller gremial y la vivienda campesina. Los capitales, hijos de la agricultura y del comercio colonial, financiaron las nuevas máquinas. El espíritu de empresa, que apostaba por el riesgo azaroso de la industria en lugar de la tranquila seguridad de las inversiones en bonos o tierras, trazó sus metas.

La industria textil fue la primera en cambiar y Gran Bretaña, como no podía ser de otro modo, el país en que lo hizo antes. No se trataba de una mera casualidad. Dueña de la India, que atesoraba inmensas reservas de algodón barato, y de las rutas comerciales oceánicas, encaraba, en las últimas décadas del XVIII, una situación extraordinaria: la demanda mundial de tejidos, pues al mundo entero llegaban ya sus barcos, se había hecho tan importante que se vio forzada a aumentar su producción con tal urgencia que no le servían ya las técnicas tradicionales. La innovación fue la respuesta; el beneficio, el resultado. Y sin traba alguna que lo frenase, multiplicado una y otra vez por una continua reinversión, el país pronto logró un crecimiento económico sin precedentes.

Pero los capitales así acumulados crecían de tal modo que su remuneración comenzó a descender. Urgía encontrar nuevos destinos para la inversión. Cuando, en 1829, George Stephenson concluía su primera locomotora a vapor, la *Rocket*, que apenas pasaba de cuarenta kilómetros por hora, ocurrió el milagro. Los capitalistas, ansiosos de beneficio, acudieron en

La *Rocket*, de George Stephenson, la primera locomotora de la historia, en una reproducción actual. La introducción del ferrocarril revolucionó la Revolución Industrial y permitió la inversión de un gran volumen de capital acumulado en la industria textil que no encontraba destino.

masa a financiar el ferrocarril. Rieles, vagones y maquinaria precisaban hierro y carbón. La minería y la siderurgia, movidas por el tirón de la demanda, aumentaron su producción. La oferta de puestos de trabajo se incrementó también. Más trabajo significaba más salarios y, por tanto, más gente en disposición de adquirir los bienes que producía la industria textil. Había dado comienzo un círculo virtuoso de crecimiento sostenible.

Mientras, las nuevas máquinas llegaban también al campo. En realidad, la revolución agrícola precedió a la industrial, pero también la acompañó y aceleró su ritmo. Por fin en manos de gentes que veían en la tierra una empresa antes que una fuente de prestigio, el agro había empezado a cambiar antes que las manufacturas. La rotación cuatrienal, que alternaba en las parcelas cereal de verano y de otoño, leguminosas y plantas forrajeras, permitía a un tiempo aprovechar del todo la tierra disponible y recuperar su energía con un abono más abundante. Más tarde, las nuevas máquinas, trilladoras, segadoras y tractores, suplieron brazos con caballos de vapor. Los rendimientos empezaron a crecer y la agricultura se convirtió enseguida en eficaz aliado del progreso industrial. Modernizada, regalaba a la industria su excedente de mano de obra, que marchaba a la ciudad presta a engrasar con hombres la insaciable maquinaria de la fábrica; le proporcionaba el alimento que solicitaba una población en acelerado crecimiento; le aseguraba nuevos capitales que financiaban su creciente inversión, y, en fin, obtenía de ella las máquinas que permitían el aumento de su productividad, abriendo ante sus ojos un mercado nuevo y prometedor.

No fue necesario mucho más. En Gran Bretaña, donde gobernaban desde mediados del XVII las mismas clases que impulsaban los cambios, era suficiente con que el Estado no se interpusiera en el camino de la innovación. Ni siquiera se requería del Gobierno una reforma del sistema educativo que asegurara la disponibilidad de mano de obra cualificada. Las máquinas eran todavía tan sencillas que hasta los niños podían manejarlas y, por desgracia, de hecho lo hacían. Pero no sucedía así en el resto de Europa. Sus estructuras económicas, sociales y políticas revelaban diferencias, pero se hallaban en todos los casos menos avanzadas. Cuando sus gobiernos, aterrados por la invasión de productos británicos que sufrían sus mercados, comprendieron la necesidad de impulsar el desarrollo industrial, no tuvieron otra salida que animarlo ellos mismos. Sin embargo, no todos los países afrontaban la partida con las mismas cartas.

Algunos como Francia, Bélgica, Alemania o Estados Unidos tenían en sus manos los triunfos decisivos para alzarse con la victoria en el gran juego del desarrollo económico. Poseían un gran mercado, abundantes fuentes de energía, capitales suficientes y cuantiosa mano de obra, y estaban, además, gobernados por una clase política presta a introducir las reformas necesarias. Los estados del este y el sur de Europa, por el contrario, con un mercado interior pobre, capitales escasos o poco atraídos por la inversión productiva, cortas reservas de carbón y hierro, y gobiernos incapaces de enfrentarse a las trabas legales que frenaban el desarrollo de la industria moderna, quedaron rezagados o se descolgaron del todo durante largo tiempo. Otros países, como es el caso de Japón y, en especial, los Estados Unidos de América, mostraron enseguida una enorme capacidad de adaptación y quemaron etapas a un ritmo acelerado que les colocó a la cabeza de la economía mundial en unas pocas décadas.

Porque el proceso industrializador, una vez iniciado, reveló enseguida su capacidad para alimentarse a sí mismo, como un coche que fuera cambiando de marcha cuando las revoluciones del motor iban alcanzando el límite. Agotado un sector, el testigo de las innovaciones técnicas, la inversión y el empleo pasaba a otro, que tomaba el relevo como motor del crecimiento. En el último tercio del siglo XIX, el petróleo y la electricidad ocuparon el lugar del carbón; la química y la metalurgia desplazaron a la industria textil, y el Estado y las grandes corporaciones, que fundían el capital financiero y el industrial, comenzaron a sustituir al pequeño empresario. Es la segunda revolución industrial. Vendrán después de ella, ya en la centuria siguiente, la tercera y la cuarta. La economía humana, de la mano de Occidente, había encontrado el camino del crecimiento sostenido que habría de conducirla a la sociedad de consumo. Las crisis, hijas de la naturaleza cíclica de la economía capitalista, empañarían de tanto en tanto el horizonte. Pero el mundo no volvería a ser ya aquel lugar inmóvil, congelado en el tiempo, que conocieron los hombres y las mujeres del Medievo.

70

¿Por qué se rebelaron contra Inglaterra los colonos norteamericanos?

Digamos que por dos causas, general una, específica la otra. En cuanto a la primera, parece que una suerte de ley histórica predice que cuando la fracción social dominante en un territorio sometido a dependencia política de otro deja de obtener beneficio económico de esa dependencia comienza a trabajar por ponerle fin y, dada la posición social que ocupa, termina por lograrlo en un plazo más bien corto. En cuanto a la segunda causa, se trata, más que de una, de un conjunto interconectado de factores que merecen un análisis un poco más sosegado.

Veamos, para empezar, cuáles pueden considerarse las causas profundas de la Revolución norteamericana, que debemos buscar, en buena lógica, en la situación de las trece colonias británicas en las décadas inmediatamente anteriores a su independencia. Los primeros asentamientos británicos en la costa este del continente, que datan del primer cuarto del siglo XVII, habían prosperado mucho desde entonces. No sólo había aumentado, como era de esperar, su población y su riqueza. A mediados de la centuria siguiente contaban ya con algunas ciudades de una magnitud respetable, como Filadelfia, Nueva York, Boston o Charleston, que servían como centro a un comercio cada vez más activo y a unas manufacturas en auge. Y lo que es mucho más importante, estas prometedoras ciudades constituían la residencia de unas dinámicas clases medias y una burguesía emprendedora cuya opulencia crecía por momentos.

A diferencia de lo que más tarde sucedería en Francia, no había aquí cerriles aristócratas que se negaban a compartir el poder ni un pueblo miserable que no tenía nada que perder. La tierra siempre había sido abundante y la mano de obra escasa, por lo que cualquier persona libre dispuesta a esforzarse podía llegar a gozar sin demasiadas dificultades de un cierto nivel de vida. En cuanto a la política, el gobierno representativo constituía en las trece colonias una tradición de la que sus ciudadanos se sentían orgullosos. Cada una de ellas contaba con una asamblea representativa elegida por sufragio censitario, pero muy extendido, cuya opinión debía tener en cuenta el gobernador nombrado por la por otra parte lejana Corona británica.

Vemos, pues, que algunos de los ingredientes del pastel revolucionario que luego encontraremos en Francia están ya presentes, pero no todos. En especial, no lo están la aguda miseria de las clases populares francesas ni la exclusión de los burgueses del poder. Tenemos, pues, que identificar otros disparadores del descontento de la burguesía y del malestar popular que puedan explicar con claridad la determinación de ambos de sublevarse contra el orden político vigente y su designio de sustituirlo por otro edificado sobre postulados distintos.

Estos disparadores fueron sobre todo de naturaleza económica, y hay que buscarlos en la profunda frustración de los colonos con el resultado de su participación, del lado

Capitulación de Cornwallis (1781), de John Trumbull (1821). Capitolio de los Estados Unidos, Washington D. C. La pintura representa la supuesta rendición de Cornwallis en la batalla de Yorktown ante las tropas estadounidenses. Sin embargo, el general británico no se hallaba presente en el campo de batalla cuando la rendición tuvo lugar.

británico, en la guerra de los Siete Años contra franceses y españoles, entre 1756 y 1763. Esta frustración alcanzó, con carácter general, a los milicianos que habían tomado parte, con escaso beneficio, en los combates, pero también, y sobre todo, a los líderes coloniales que, acabada la guerra, se vieron postergados en honores y prebendas en beneficio de los procedentes de la metrópoli. Por si esto fuera poco, y al igual que luego sucedería en Francia, la respuesta de la Corona al déficit fiscal provocado por el aumento de los gastos militares no fue otra que la de incrementar los impuestos que pesaban sobre las colonias y forzarlas a someterse de modo cada vez más rígido al monopolio comercial británico.

El descontento de los colonos empezó a crecer, y se puso de manifiesto enseguida. Fueron convocadas asambleas conjuntas de representantes de los distintos territorios y, al igual que sucedería más tarde en la Francia revolucionaria, proliferaron los documentos de agravios y protestas, pero también, de forma creciente, las asonadas y las revueltas. La más célebre, tanto que aun hoy da nombre a un partido político norteamericano, el *Tea Party*, fue el llamado «Motín del té», que se produjo en Boston el 16 de diciembre de 1773. En él, un grupo de colonos arrojó al mar el cargamento de té que transportaba un barco de la Compañía Británica de las Indias Orientales, beneficiaria del monopolio del comercio de dicha hierba en las colonias.

Lejos de avenirse a negociar, la respuesta de Londres fue el endurecimiento de las normas económicas que habían de soportar las colonias y el recorte de sus prerrogativas de carácter político en favor de los representantes de la Corona, mientras los colonos franceses de Quebec, incorporados tras la guerra a la soberanía británica, recibían un trato mucho más favorable. Y, como era de esperar, esta represión sazonada con agravio no provocó sino un efecto del todo contrario al que perseguía. La toma de conciencia política de las colonias y su organización se aceleraron. En cuanto a la primera, se desplegó sobre postulados de nítido cariz liberal, en virtud de los cuales se afirmaba el derecho que asistía a los colonos a la participación en los procesos de toma de decisiones que les afectaban. En cuanto a la segunda, se desarrolló con tanta rapidez que en 1774 las asambleas locales habían sustituido a los representantes de la Corona como gobernantes efectivos en varios territorios y era ya convocado en Filadelfia un Congreso Continental.

Por entonces, la posición favorable a la independencia se había convertido en ampliamente dominante entre los colonos. La respuesta británica, declarando sediciosos a los rebeldes y enviando contra ellos un cuerpo expedicionario, alejó toda posibilidad de reconciliación. La revolución y la guerra caminarían de la mano; sólo la victoria en la segunda aseguraría el éxito de la primera.

71

¿POR QUÉ LOS COLONOS ESPAÑOLES IMITARON A LOS NORTEAMERICANOS?

En el caso del mal llamado Imperio español, el disparador de la revolución que culminaría en su independencia no fue otro que la invasión de España por los ejércitos de Napoleón en

La era del liberalismo

La batalla de Ayacucho (1824), por Martín Tovar. La célebre batalla supuso el final de las aspiraciones de España de conservar sus provincias americanas.

mayo de 1808. Mientras en la Península aristócratas y militares, aldeanos y clérigos, hombres, mujeres y niños se entregaban a una guerra a vida o muerte contra los franceses, los virreinatos americanos comenzaban a romper, con cierta discreción al principio, sin ningún disimulo más tarde, sus seculares vínculos con la metrópoli.

En América, al igual que había sucedido en la Península, la sorpresiva invasión francesa, el secuestro de la familia real en el país vecino y la espuria entronización de José I crearon un vacío de poder formal. Pero este no se mantuvo mucho tiempo. En aplicación de un argumento jurídico de curiosa modernidad, que sostenía que al quedar en suspenso la prerrogativa regia recuperaba el pueblo la plenitud del poder, se constituyeron también allí juntas que rechazaron de plano la legitimidad del nuevo rey y se proclamaron «conservadoras de los derechos» del monarca legítimo, Fernando VII. El 5 de agosto de 1808 nacía la Junta de México; en septiembre lo hacía la de Montevideo, y a partir de la primavera de 1809 fueron surgiendo organismos similares en el resto de los territorios americanos.

Como sucedió en España, las juntas estaban integradas por «notables» locales. Se trataba de hombres maduros de cierta posición social y alguna cultura que se negaban a reconocer al nuevo gobierno virreinal, el cual, tan «afrancesado» como las nuevas autoridades peninsulares, había acatado el régimen impuesto por Napoleón, y asumían la soberanía en nombre de la sociedad. Sobre el papel, las juntas no suponían un reto a la integridad del Estado transoceánico español, que tenía por provincias suyas, y no por colonias, aquellos territorios. Pero sí que lo eran, y mucho, pues su intención real, lejos de conservar los derechos de su soberano, era la de convertirse en dueñas de sus propios destinos.

El peligro residía en el hecho nada despreciable de que en los virreinatos americanos los notables que copaban las juntas eran «criollos». Descendían de españoles, pero ya no se consideraban tales. Favorecidos durante siglos por el orden vigente en la América hispana, habían aceptado de buen grado una soberanía que amparaba sus intereses, mirando hacia otro lado cuando incurrían en abusos sobre los indios o burlaban el monopolio comercial sevillano por medio de un descarado contrabando del que obtenían pingües beneficios. Pero cuando las reformas implantadas durante el reinado de Carlos III sometieron al control de eficientes funcionarios de la Corona las dependencias españolas y convirtieron en verdaderas colonias lo que hasta entonces habían sido en la práctica reinos en manos de sus élites locales, los criollos se irritaron profundamente y dejaron poco a poco de ser leales al orden vigente.

Otros factores aceleraron el proceso. Cultos muchos de ellos, formados algunos incluso en las grandes universidades europeas, los criollos habían asimilado muchas de las ideas propias de la Ilustración y el liberalismo. La igualdad ante la ley, la soberanía nacional y los derechos individuales serán los principios que justifiquen la independencia de la América hispana. El ejemplo de las colonias inglesas de Norteamérica, con las que se identifican, actuará como acicate. No en vano su situación era parecida. Al igual que ellos, o así lo creían, los colonos del norte habían sostenido con su esfuerzo el poder del Imperio británico, que les pagaba con impuestos más gravosos y ruinosas prohibiciones comerciales. De ese modo, su independencia marcará, a partir de 1783, el camino a seguir a los criollos de la América hispana. La asfixia económica y la debilidad militar de la metrópoli, cada vez más evidentes en las guerras contra franceses y británicos de finales del siglo XVIII, y claramente insostenibles tras las humillantes derrotas de la Armada española en San Vicente y Trafalgar, les anima a seguirlo. La invasión napoleónica y el desplome del Estado borbónico, que convierten ya en imposible una respuesta de fuerza desde el otro lado del Atlántico, les brindan una ocasión irrepetible para hacerlo.

Quizá un triunfo inmediato y estable del liberalismo en la Península podría haber frenado el proceso al asumir buena parte de sus reivindicaciones. Pero las Cortes de Cádiz, cuya Constitución convertía a los virreinatos en provincias en pie de igualdad con las peninsulares, no controlaban un territorio sobre el que el rey francés José I parece sólidamente asentado en 1810. Se suceden entonces las primeras declaraciones de independencia. Venezuela la proclama en abril de ese mismo año; Cartagena de Indias se subleva en mayo y Bogotá en julio; México se declara estado independiente en septiembre. América empieza a desligarse de España.

Pero, como en el caso de los colonos norteamericanos, no existe unanimidad. No todos desean la independencia. La sociedad se fractura. Los «realistas», con el apoyo de las tropas enviadas desde España tras la derrota de Napoleón en 1813, se enfrentan a los «patriotas», dispuestos a romper por completo las ataduras con la metrópoli. Líderes carismáticos como Antonio José de Sucre, Simón Bolívar y José de San Martín nutren con su fe la llama del naciente patriotismo americano. Pero es la triste impotencia de la ruinosa España fernandina la que sella el destino de América. Después de unos años, la victoria se decanta hacia el lado criollo. En 1821, el triunfo de Carabobo asegura la independencia de la Gran Colombia. En 1822, en Pichincha, Ecuador, gana la suya. La batalla de Ayacucho, en 1824, separa de España el último de los territorios que permanecían bajo su control, el virreinato del Perú. Tras esa fecha, la independencia de la América continental es ya un hecho irreversible. Sólo quedarán, como muestra residual de la pasada grandeza de la presencia española en aquel hemisferio, Cuba y Puerto Rico.

72

¿POR QUÉ ESTALLÓ LA REVOLUCIÓN EN FRANCIA?

Por más que les moleste, y les molesta mucho, a los tan profusos como orgullosos valedores de la singularidad de la gran Revolución francesa de 1789, la mejor manera de comprender por qué estalló un movimiento revolucionario en Francia en esa fecha es tratar de integrarlo en la peripecia histórica por la que atravesó todo Occidente, y no sólo el país galo, en las pocas décadas que transcurren entre los años setenta del siglo XVIII y los cuarenta del siglo XIX, pues ese período fue testigo, en casi todas partes, de un verdadero paroxismo revolucionario que, antes o después, terminó por contagiar a todas las naciones occidentales. Veamos, pues, qué ocultas fuerzas se iban gestando por entonces, de manera más o menos soterrada, en aquellas sociedades en apariencia tranquilas.

A grandes rasgos, la revolución, lo mismo en Francia en 1789 que en las trece colonias americanas en 1776 o en España en 1812, la provocó una disfunción, o, en otras palabras, un desajuste. Ese desajuste nacía de la distinta velocidad a la que se habían transformado en los países occidentales, a lo largo de todo el siglo XVIII, la sociedad y el Estado.

La primera lo había hecho muy rápido, en especial en algunos territorios. Por supuesto, lo había hecho en Gran Bretaña, entregada ya con toda su energía al desarrollo de su industria. Pero Gran Bretaña ya había tenido su revolución en el pasado siglo XVII y contaba con un Estado capaz de dar amparo, sin resquebrajarse, a las nuevas fuerzas sociales, la burguesía sobre todo, que cabalgaban el brioso corcel de su economía. No sucedía lo mismo, empero, en otros lugares. En Francia, por ejemplo, aunque el avance de su comercio había sido menor que el inglés a lo largo del siglo XVIII y su industria apenas merecía ese nombre, la burguesía había experimentado también un notable crecimiento y sentía, cada vez más, que el Estado que, en teoría, debía amparar sus intereses no era suyo, sino que actuaba al servicio exclusivo de los grupos sociales cuya fortuna, lejos de cimentarse sobre el comercio o las manufacturas, lo hacía sobre la tierra: la aristocracia y el clero.

LA ERA DEL LIBERALISMO

La Libertad guiando al pueblo, por Eugène Delacroix (1830). Museo Louvre-Lens, Lens (Francia). Aunque la burguesía trató de impulsar una imagen romántica de la revolución, era el hambre más que la libertad lo que guiaba al pueblo francés.

La situación de quiebra en la que, con la excepción ya mencionada, se hallaba el Estado absolutista en casi todas las naciones de Occidente vino a precipitar las cosas. Después de un siglo de costosas guerras, los reyes estaban endeudados hasta las cejas y no encontraban nuevas fuentes de recursos. Si incrementaban la presión fiscal sobre el comercio y la industria, sin duda acabarían por ahogar su crecimiento; el pueblo llano, que soportaba la inmensa mayoría de las cargas y gabelas, se hallaba exhausto. Sólo la supresión de la exención fiscal casi total de la que disfrutaban aristócratas y eclesiásticos podía aliviar las cosas, pero eso habría supuesto atacar las bases del sistema mismo. Por si fuera poco, la aristocracia y el clero no sólo se negaron a auxiliar a la Monarquía en tan delicado trance, sino que exigieron de esta la devolución de viejos privilegios que para ellos constituían derechos arrebatados por los reyes.

Así lo hicieron saber violentamente en Francia en 1787, cuando una verdadera «Revuelta de los privilegiados» frenó en seco los proyectos reformistas del ministro Calonne, que pretendía suprimir parcialmente las exenciones fiscales. En otras palabras, el Antiguo Régimen se encontraba en un callejón sin salida: o ponía fin a la situación de privilegio que se hallaba en su naturaleza misma, y con ello moría, o moría de igual modo como resultado de su incapacidad para financiar un Estado que se había vuelto demasiado gravoso.

Así las cosas, cegada la vía de la reforma fiscal y bloqueado su acceso a un poder al que creía tener derecho por su riqueza y su cultura, la burguesía no halló más camino que el de la revolución. Pero ¿cómo llevarla a cabo? ¿Acaso disponían los burgueses, escasos en número y apartados de las instituciones, de fuerza suficiente para torcer en su beneficio los designios de la monarquía absoluta?

El azar, «la coyuntura» dirían los historiadores, acudió en su ayuda. La convocatoria, motivada por la crisis, de los casi olvidados «Estados Generales» —no se reunían desde 1614—, la cámara de representación de los estamentos franceses, les dio voz y una poderosa plataforma política desde la que podían forzar los cambios; la sublevación de las masas populares, llevadas al borde de la inanición por el brutal encarecimiento del pan que las sucesivas malas cosechas habían provocado, les proporcionó la fuerza para hacerlo. La burguesía pondría la cabeza; el pueblo, sin saberlo, el músculo.

De nada habría servido si los líderes burgueses no hubieran sabido a dónde querían ir. Pero lo sabían muy bien. Las ideas liberales que abrazaban contaban ya con varias décadas de existencia. La revolución de las colonias inglesas de Norteamérica, cuyo gobierno había empezado a ponerlas en práctica, les ofrecía un ejemplo de cómo hacer las cosas. El Juramento del Juego de Pelota, el 20 de junio de 1789, por el cual los representantes del pueblo llano en los Estados Generales, burgueses en su mayoría, juraron no disolverse en tanto Francia no contara con una Constitución, señalaba el principio de un designio. La Revolución francesa había dado comienzo. El mundo ya no volvería a ser el mismo.

73

¿POR QUÉ LA REVOLUCIÓN ESTALLÓ TAN TARDE EN RUSIA?

Se trata de una pregunta poco habitual, pues no lo es mucho cuestionarse por qué no sucedió algo en lugar de por qué lo hizo. Sin embargo, tiene sentido planteársela, pues responderla de manera adecuada nos ayudará a comprender mejor lo que acabamos de decir sobre Francia.

Volvamos a los ingredientes de la receta revolucionaria. Necesitamos para elaborar con éxito este plato un desajuste entre una sociedad en cambio y un Estado inmovilista; un grupo social rico y frustrado en sus anhelos, la burguesía; una alternativa política a ese desajuste, el liberalismo; fuerza para imponerla, el pueblo desesperado por su miseria, y un lugar desde el que elevar con claridad la voz del descontento para hacerla llegar a los hombres y mujeres llamados a escucharla, una cámara representativa. Todos estos ingredientes estaban presentes en la Francia de 1789 y, adecuadamente mezclados y cocinados, hicieron estallar la revolución. Por tanto, las cuestiones que debemos afrontar son si podemos encontrar todos o algunos de ellos en la Rusia contemporánea y, de ser así, por qué entonces no se produjo allí ni siquiera un conato revolucionario.

Vayamos por partes. ¿Se estaba produciendo en la Rusia de 1800 algún tipo de desajuste entre la sociedad y el Estado? No, en realidad no cabe imaginar un mundo más perfectamente coherente en su atraso que el Imperio de los zares a comienzos del siglo XIX. La sociedad rusa de 1800 era, en esencia, la misma que la de varios siglos atrás, un descomunal país de campesinos miserables, ignorantes y supersticiosos, privados de la más esencial dignidad humana y, en su mayoría, siervos de una aristocracia terrateniente de riqueza inconmensurable. Las clases medias eran raquíticas, como lo era el comercio y la industria; la población urbana, ridícula; las posibles semillas del cambio, inexistentes. Por todo ello, el Estado que hundía sus raíces en esta sociedad arcaica e inmovilista no podía ser más acorde con sus fundamentos: una autocracia personalista

Aldeanos rusos de finales del siglo XIX. La ignorancia y la miseria del campesinado eran tan dramáticas que tendían a considerar su situación como natural y querida por Dios, y al zar como un padre que velaba por sus súbditos. Así las cosas, difícilmente podía estallar una revolución en el campo ruso.

que no conocía otra ley que la voluntad del zar ni otros derechos que acatar sus dictados, expresados por medio de ucases y garantizados por la ubicua ojrana, la terrible policía que administraba sin limitación alguna el terror necesario para reprimir cualquier conato de cambio. No había parlamento ni tribunales, y en cuanto a la Iglesia ortodoxa, el mismo zar era también su cabeza, con lo que ni siquiera ese freno, que en muchos países occidentales limitaba el poder del Estado, podía operar en Rusia. Como escribiera Possochkov a comienzos del siglo XVIII: «al igual que Dios es dueño del mundo, el zar es el dueño de su país».

La burguesía no es que sea pequeña o que carezca de cualquier conciencia de clase; sencillamente es que no existe. Contra todo pronóstico, la mayor parte de los médicos y los ingenieros, los abogados y los artistas, los intelectuales y los grandes financieros y comerciantes proceden de las filas de la aristocracia. Hay, eso sí, pequeños artesanos y menestrales, pero su forma de vida se asemeja más a la de los humildes que a la de sus homólogos de otros países. Queda, pues, el pueblo, pero sus condiciones no son las mejores para hacer de él un posible sujeto revolucionario.

Así es. En Rusia, decir «el pueblo» equivale a decir el campesinado, pues menos de cinco de cada cien rusos viven en 1800 en núcleos de población que merezcan el nombre de ciudades. Y no se trata de un campesinado comparable al de los países occidentales. Su opresión es tan natural para él que ni siquiera puede sentirla, y menos combatirla. Vinculado de por vida a una tierra que no puede abandonar, sufre una servidumbre que es, en muchos casos, peor que la esclavitud. Educado generación tras generación en una divinización efectiva de su soberano, preside su miserable morada un icono del zar, al que tiene por un padre santo, lejano y benévolo que entrega su vida al bien de su pueblo. El clero ortodoxo no juega un papel baladí en todo ello. El zar no sólo es la cabeza de su Iglesia, sino el garante de su privilegiada posición social. Por lo demás, el aldeano ruso, más que religioso, es ignorante, conservador y supersticioso. No sólo desconfía de lo nuevo, sino que lo teme.

En suma, y como dijera Madame de Stäel, activista en los primeros años de la Revolución francesa, en Rusia no había Tercer Estado. Y sin Tercer estado, no podía haber revolución. Conatos sí hubo, pero fueron obra de pequeñas minorías liberales que no constituían una clase, sino un mero grupo representativo sólo de sí mismo cuyas débiles semillas de cambio eran del todo incapaces de brotar en un campo tan estéril como la sociedad rusa. El aspecto que ofrecen los revolucionarios decembristas de 1825 abona con firmeza esta interpretación. Por supuesto, no eran burgueses, no podían serlo, sino nobles, un pequeño grupo de oficiales jóvenes que se habían empapado de ideas occidentales en el transcurso de la victoriosa campaña de la Sexta Coalición, que concluyó en 1813 con la derrota final de Napoléon en la propia Francia. Allí, estos jóvenes oficiales vieron por vez primera un mundo desconocido que brillaba ante sus ojos con luz irresistible y fueron de inmediato hechizados por él.

En Occidente no había siervos miserables, aristócratas cerriles y soberanos terribles, sino campesinos libres, nutridas clases medias, ciudades bulliciosas, universidades dinámicas, monarcas que ya no podían hacer cuanto deseaban e ideas avanzadas. Cuando regresaron a Rusia, quisieron implantar en su país al menos algo de lo que habían visto. Fundaron sociedades secretas y empezaron a conspirar. Unos eran republicanos; otros, monárquicos, pero todos deseaban liberar a los siervos y dotar a Rusia de un parlamento y una Constitución que garantizara los derechos de sus ciudadanos. Cuando, el 1 de diciembre de 1825, moría el zar Alejandro I sin que estuviera claro quién iba a sucederle, algunos de ellos creyeron llegado el momento de actuar. Pero aquello, que no podía ser una revolución, se quedó en golpe de estado fallido. Las tropas rebeldes fueron vencidas por otras leales al nuevo zar sin que el pueblo supiera nada ni pareciera mostrar ganas de saberlo.

Rusia se hallaba, en fin, en un estadio histórico distinto al de los países occidentales. Aún no se había producido allí del todo el tránsito de la sociedad medieval a la moderna, con lo que mal podía esta haber desarrollado en su seno las contradicciones que en Occidente condujeron al triunfo de las revoluciones burguesas. Más de un siglo le llevará a Rusia encontrarse en un nivel de madurez similar, y cuando lo logre, las contradicciones que surgirán entre su sociedad y su Estado serán ya de otra índole muy distinta. Hará la revolución, sí, pero no ya la burguesa, sino la proletaria.

VII

LA PRIMAVERA DE LOS PUEBLOS

74

¿POR QUÉ NAPOLEÓN HUMILLÓ A TODA EUROPA?

Las fulminantes victorias militares del emperador de los franceses siempre han atraído la atención de los amantes de la historia, y no son pocos los niños que, cautivados por ellas, resolvieron dedicar su vida a esta disciplina. Pero ¿qué hay detrás de esas victorias? ¿Por qué fue capaz Napoleón de derrotar, una y otra vez, a ejércitos superiores en número? ¿Cómo es posible que, durante quince años, un solo hombre sometiera a sus designios a las grandes potencias europeas y cambiara a su gusto la faz del continente, aboliendo de un plumazo monarquías con siglos de existencia y creando de la nada tronos para sus familiares y hombres de confianza?

La primera razón es evidente, y hay que buscarla en su genio militar. El raro talento táctico del insaciable corso se puso de manifiesto desde sus primeros años como teniente de artillería al servicio de la Francia revolucionaria, pero sólo se desplegó en toda su magnitud cuando pudo mandar ejércitos enteros y disponerlos a su gusto sobre el campo de batalla. Fue entonces cuando brillaron con deslumbradora intensidad los geniales postulados tácticos que le dieron victoria tras victoria y que, desde entonces, las academias militares de todo el mundo han aclamado como ejemplos de insuperable destreza en el mando.

Dejando de lado aspectos menores, pero importantes, como su obsesión por disponer de un perfecto conocimiento del escenario de la batalla antes de enfrentarse al enemigo, las verdaderas innovaciones que Napoleón introdujo en los planteamientos tácticos de finales del siglo XVIII afectaron a dos grandes aspectos: la disposición de las tropas sobre el terreno y la movilidad de las mismas antes y durante el combate, aspectos en los que los ejércitos franceses no tenían parangón.

Para no incurrir en un prosaico exceso de tecnicismos, imaginemos durante un momento la noche anterior a una batalla imaginaria. Las tropas imperiales descansan inquietas en las tiendas. Los soldados de guardia se arrebujan en sus gruesas capas al abrigo de las hogueras. Pero Napoleón no duerme. Absorto en los mapas que se despliegan sobre su gran mesa de campaña, invierte las últimas horas antes del combate en fijar en su memoria hasta el más nimio detalle del terreno en que va a luchar; precavido, ha enviado sus mejores tropas, al amparo de la oscuridad, a ocupar con rapidez las posiciones más ventajosas para sorprender al enemigo por la espalda cuando amanezca. Después, todo ocurrirá como siempre. Envuelto entre dos líneas, una que ataca y la otra que resiste, el ejército enemigo se rendirá en unas horas, como había sucedido en la batalla de Ulm en octubre de 1805. Si, aunque es poco probable, las cosas se tuercen y alguna de sus divisiones flaquea, el Cuerpo de Reserva acudirá velozmente en su ayuda y restaurará el equilibrio; si, por un extraño azar, el enemigo logra rodearle, como ocurrió aquel glorioso día en Austerlitz, aprovechará la menor distancia entre sus líneas para concentrar el fuego allí donde menos resistencia pueda encontrase, y enseguida se invertirán las tornas: quien envolvía quedará envuelto y será derrotado sin piedad. Y ya verá qué hará entonces con los supervivientes. La caballería de Murat podría perseguirlos y aniquilarlos sin piedad. Pero sabe que no conviene humillar demasiado al derrotado: el enemigo de hoy puede ser el amigo de mañana, e incluso él necesita amigos y aliados en una Europa presta a revolverse contra su dominio.

No son muchas ideas, pero son geniales. Sin embargo, como tantas veces sucede en la historia, tras las virtudes individuales del héroe o del genio es necesario rastrear el papel del contexto en el que desarrolla este las iniciativas que le conducen al éxito, las fuerzas históricas que juegan en su favor, pues por lo general heroísmo y genialidad lo son en relación a una época determinada, cuyas oportunidades —y este es un rasgo que comparten las grandes personalidades de la historia, sea cual fuere la época en la que vivieron— sabe explotar mejor que nadie esa individualidad poderosa a la que llamamos héroe o genio.

En este caso, esas fuerzas históricas eran las mismas que había desatado la Revolución francesa. Al hacerse con el poder, la burguesía había apelado a las energías del pueblo levantado en armas contra sus señores nobles y eclesiásticos, esperando devolverlo luego a sus campos y talleres sin otra compensación que la abolición de los diezmos y los derechos señoriales. Pero, amenazada por la agresión de las potencias absolutistas, la República hubo de contar de nuevo con los humildes. Ahora la nación también eran ellos, y tendrían que ser ellos los que la defendieran tomando las armas contra los extranjeros que ponían en peligro su supervivencia. En poco tiempo, toda Francia era un ejército y cada francés un soldado. La República podía poner en los campos de batalla cientos de miles de efectivos, y contra un ejército así, enorme y alimentado por la poderosa fuerza del nacionalismo, nada podían hacer los reducidos cuerpos de soldados profesionales de las potencias absolutistas. El primer anticipo pudieron contemplarlo las disciplinadas tropas austriacas del duque de Brunswick en la batalla de Valmy, el 20 de septiembre de 1792, cuando el general francés Kellermann, al gritar «Viva la Nación» mientras agitaba el gorro frigio sobre la punta de su espada, enardeció de tal modo a sus hombres que estos pusieron en fuga al enemigo. Goethe, testigo de los hechos, proclamó más tarde que «la era de los reyes había dejado paso a la era de los pueblos».

Sin duda era cierto. Y el primer general que fue capaz de cabalgar con destreza sobre los lomos de la nación en armas fue precisamente Napoleón. Por eso, además de su innegable genialidad, sus ejércitos fueron durante un tiempo invencibles. Pero la misma fuerza histórica que había jugado a su favor hasta 1808 no tardaría en volverse en su contra. En realidad, el genial corso moriría de éxito, pues la semilla del nacionalismo, que sus soldados habían sembrado por doquier en Europa, al germinar, daría también a sus enemigos la fuerza para derrotarle.

75

¿Por qué Napoleón fue vencido por los españoles?

Fue en España el primer lugar de Europa donde eso sucedió. Durante más de una década, Napoleón se había conducido con notable displicencia en sus relaciones con la que, aunque marchita, era todavía la mayor potencia colonial del mundo. La necesitaba; ansiaba adueñarse de su inmenso mercado americano, y deseaba el apoyo de su flota, la tercera de Occidente, frente a la todopoderosa *Royal Navy*. Pero también la despreciaba; desdeñaba a Carlos IV, su monarca simple e indolente, y a su valido Manuel Godoy, arribista y sin escrúpulos. En realidad, nunca había tratado a España como a un aliado en pie de igualdad, sino como a una suerte de estado satélite, al que había exigido de continuo dinero, buques y tropas, involucrándolo a su conveniencia en guerras contrarias a sus intereses nacionales.

Así fue hasta 1807. Fue entonces cuando el emperador, sabedor de la debilidad del Ejército español, decidió hacerse con el control directo del país. Para lograrlo, forzó a Godoy, comprando su voluntad con la promesa de un reino propio en el Algarve, a firmar el Tratado de Fontainebleau, por el que autorizaba a la *Grande Armée* a atravesar España con el fin de invadir Portugal, reacio a aplicar el bloqueo comercial con que el emperador esperaba derrotar a Inglaterra. Hacia febrero de 1808, se acantonaban ya en la Península cuatro cuerpos de ejército franceses con unos sesenta mil hombres. Pero si sus gobernantes eran inicuos, el pueblo español no lo era y su ira crecía por momentos, amenazando con estallar en forma de rebelión declarada. Los partidarios del Príncipe de Asturias, Fernando de Borbón, vieron la ocasión clara y la aprovecharon. La noche del 17 al 18 de marzo de 1808 tomaron al asalto

Malasaña y su hija batiéndose contra los franceses, por Eugenio Álvarez Dumont (1887). Museo Nacional del Prado, Madrid. Testimonio pictórico de la lucha callejera contra las tropas de Napoleón el 2 de mayo de 1808 en Madrid.

el palacio real de Aranjuez, capturaron a Godoy y forzaron al rey a abdicar la corona en su hijo.

Se trató de un triunfo efímero, porque con sesenta mil hombres en España, Napoleón podía hacer y deshacer en ella cuanto gustase. Demostrando quién tenía en verdad el poder, llamó a la familia real a Bayona, en el sur de Francia. Allí, forzó a Fernando a devolver la corona a su padre y ordenó a este que la entregara, a cambio de unos cuantos castillos, una generosa pensión y la promesa de respetar la religión católica y la integridad del reino, a la casa imperial francesa. Dueño ya de España, la regaló graciosamente a su hermano José y reunió en la misma ciudad una asamblea de sumisos notables españoles que redactaron al punto una suerte de Carta Magna para el nuevo estado títere del Imperio francés. El regalo no era del todo malo. En los artículos de la llamada Constitución de Bayona, el Estado español se organizaba como una monarquía hereditaria en la que el poder del soberano quedaba limitado por las prerrogativas de sus súbditos, garantizadas por unas Cortes bicamerales, y se eliminaban al fin las restricciones a la libertad de comercio e industria y los privilegios de la aristocracia y el clero. No se trataba de una verdadera Constitución, sino de una Carta Otorgada, pero era también un texto realista, acorde con el nivel de madurez de la sociedad española, y que sin duda habría servido de marco institucional oportuno para impulsar su progreso.

Pero el gesto altivo de Napoleón había sido también un gesto ignorante. El emperador no sabía que, ya entonces, los españoles, mucho más dignos que sus gobernantes, habían visto colmado el vaso de su paciencia. El 2 de mayo, cuando los franceses sacaban de palacio al infante don Francisco, el menor de los hijos de Carlos IV, los madrileños se alzaron contra las tropas galas. Por la tarde, el alcalde de Móstoles, Andrés Torrejón, animaba al país a levantarse en armas contra los franceses. La dura represión desatada por Murat, comandante de las tropas napoleónicas en España, no hizo sino avivar el fuego de la indignación popular. A finales de mayo, en cada ciudad, en cada pueblo, en cada aldea, los españoles se armaban: había que echar al invasor.

Pero la guerra que empezaba aquella primavera de 1808 no era una más. Bien al contrario, habría de ser la primera en que los franceses hubieron de enfrentarse a la voluntad de resistencia de todo un pueblo. Hasta entonces, Napoleón había vencido siempre, porque siempre se había batido con ejércitos profesionales en batallas campales, un arte en el que nadie parecía capaz de superarle. En España hubo también batallas, pero lo importante no fueron las batallas, sino una nueva forma de hacer la guerra en la que cada hombre, cada mujer y cada niño eran un enemigo, y cada palmo de terreno, un lugar hostil. La guerrilla, vocablo que los españoles regalaron al léxico universal de la guerra, imponía al ocupante una pesada carga, pues el enemigo no se dejaba ver, pero estaba siempre ahí; no podía ser vencido, porque no presentaba batalla; y, sin embargo, las ganaba todas, porque forzaba a las tropas regulares a una continua actividad que las desgastaba, las desmoralizaba y las mantenía ocupadas sin que nada pudieran hacer por evitarlo.

Los mariscales de Napoleón terminaron por ocupar la Península al precio de agotadores sitios como el de Zaragoza, inicuas derrotas como la de Bailén y abrumadores refuerzos que elevaron la cifra de soldados franceses en España hasta los doscientos cincuenta mil. Pero los patriotas españoles no se rindieron y su indomable deseo de expulsar de su tierra a los invasores, unido al apoyo del cuerpo expedicionario británico comandado por Wellington, terminó por darles la victoria y, restando fuerzas a los ejércitos napoleónicos en Europa, dársela también a quienes luchaban en todo el continente contra los designios del invencible corso.

Porque, y eso era lo que Napoleón no había entendido, mientras el país quedaba arrasado por la guerra, la Nación veía la luz, tomaba conciencia de sí y expresaba su voluntad de existir y de gobernarse. El pueblo, a la par que mostraba su entero rechazo a ser regido por un monarca extranjero e impuesto, se erigía en depositario de su propia soberanía, arrojada a los pies de los caballos del invasor; se constituía en juntas en cada villa, en cada ciudad, y enviaba representantes a las capitales para reconstruir así el edificio de la verdadera nación política que el Estado títere del rey José había tratado de menospreciar. Secuestrado el rey que la ostentaba, la soberanía había vuelto al pueblo, que no podía sino ejercerla como siempre lo había hecho, convocando unas Cortes. Por ello, la Junta Suprema, emanación última de las locales y provinciales, resignó sus poderes en una Regencia colectiva que asumió la misión de reunirlas. Pero tras el aparente respeto a la legalidad tradicional latía el deseo de aprovechar la ocasión que la historia había brindado para superar las contradicciones insalvables del viejo Estado. La guerra traería la revolución. Pero su motor no era la guerra, sino la Nación, y sería esa la fuerza que al final derrotase de forma definitiva al invencible corso.

76

¿Qué pretendió hacer el Congreso de Viena?

Sin embargo, Napoleón no era el único que no había entendido nada en aquella Europa en cambio acelerado. Cuando, derrotado al fin el llamado tirano por quienes no eran menos tiranos que él, se sentaron estos en Viena, entre 1814 y 1815, a decidir la forma de reconstruir Europa, su meta no era otra

El Congreso de Viena, por Jean-Baptiste Isabey, 1819. Los representantes europeos reunidos en la capital austriaca coincidían en su voluntad de devolver Europa al equilibrio anterior a Napoleón. Lo consiguieron, pero no sucedió así con el deseo de los gobiernos absolutistas de borrar la huella de la Revolución francesa, tarea que se revelaría imposible.

que la de dar marcha atrás al reloj de la historia, hacer como si nada hubiera pasado, y pintar de nuevo en su vieja apariencia el cuadro del mundo anterior a la Revolución francesa.

Las grandes potencias, Gran Bretaña, Austria, Rusia y Prusia, y muy pronto la misma Francia retornada al redil absolutista, trataron primero de asegurarse de que resultara imposible que un nuevo Napoleón jugase con los tronos y los reyes, y alterase a su albedrío las fronteras de los centenarios reinos de la vieja Europa. Sonó así de nuevo en voz alta la palabra «equilibrio». Francia regresó, con exiguos cambios, a sus antiguos límites, y se la rodeó por el este con una cadena de sólidos «estados-tapón» que impidieran un nuevo despertar de sus ansias sobre la Europa central. Bélgica y los Países Bajos se unieron en el nuevo reino de este nombre; se creó una Confederación germánica de 39 estados, y Austria y Prusia se fortalecieron al otro lado del Rin para frenar cualquier posible veleidad expansionista francesa. También Rusia y Gran Bretaña vieron pagados con territorios sus decisivos esfuerzos contra Napoleón. Ha nacido la Pentarquía, que, con escasos cambios, permanecerá vigente hasta la Gran Guerra: Gran Bretaña, Austria, Rusia, Prusia y Francia se disponen a regir a su capricho los destinos de Europa. Sus ejércitos, enviados allí donde se les requiera, serán garantía del nuevo equilibrio continental; los congresos internacionales, el lugar donde, juntos, decidirán cómo resolver las posibles crisis.

Pero junto al equilibrio, los plenipotenciarios reunidos en Viena deseaban, con mayor vehemencia aún, la vuelta al pasado. La palabra clave es, en esto, Restauración. Todo debía volver a ser como antes: cada monarca se sentaría de nuevo en el trono de sus padres; cada pueblo quedaría otra vez al albur de la voluntad de sus reyes; cada noble y cada clérigo se sentirían tan seguros como antes de sus privilegios seculares; cada campesino volvería a obedecer sin protesta a su señor. El liberalismo y el nacionalismo, las dañosas ideas nacidas de la Revolución francesa y difundidas, con toda intención o por mera emulación, por los nuevos códigos legales y los ubicuos ejércitos napoleónicos, quedarían enterradas para siempre en el olvido. El mundo debía volver a ser lo que siempre había sido.

Por supuesto, los remozados monarcas absolutistas no eran tan ingenuos como para pensar que bastaba con desear que el para ellos odioso pasado nunca hubiera existido para que el recuerdo de aquellos años llenos de esperanza quedase borrado para siempre. Por eso se prepararon para actuar. La Santa Alianza, un tratado firmado en septiembre de 1815 por los soberanos de las tres grandes potencias absolutistas al que luego se sumaría la Francia de Luis XVIII, comprometía a sus signatarios a intervenir allí donde apreciaran cualquier mínimo riesgo de rebrote de las ideas revolucionarias. Y así lo hicieron. Los ejércitos de Austria se cuidaron de aplastar a conciencia en 1820 el conato revolucionario iniciado en el reino del Piamonte, al norte de Italia. Las tropas francesas hicieron lo propio en España, donde los llamados Cien mil hijos de San Luis terminaron, tres años después, con la efímera experiencia constitucional del Trienio Liberal.

Pero ¿acaso era posible frenar el avance de la historia? Mientras los soberanos absolutistas trataban de congelar la política, la economía y la sociedad seguían cambiando, y era cuestión de tiempo que el desajuste entre una y otras fuera tan grande que, en total ausencia de reformas, la revolución regresara para resolverlo. Y eso fue lo que sucedió. En tres oleadas sucesivas, la revolución volvió a recorrer las tierras de Europa. Una vez más, las crisis de subsistencias, que alimentaron el descontento de las clases populares, fueron el disparador; el liberalismo y el nacionalismo proporcionaron las ideas, y la burguesía, el liderazgo.

En 1820, España, Portugal, Nápoles, el Piamonte, Grecia y, con cierto retraso, la Rusia zarista protagonizaron la ola revolucionaria. Los reyes absolutistas consiguieron, en la mayoría de los casos, dominarla, pero al menos Grecia logró independizarse del Imperio otomano en 1829, mientras hacían lo propio los antiguos virreinatos españoles en el Nuevo Mundo. Diez años después, la revolución regresó a Europa. En Francia, el rey absolutista Carlos X era derribado por una sublevación parisina que colocó en el trono al liberal Luis Felipe de Orleans; Bélgica se separaba de Holanda y proclamaba su independencia a la par que su liberalismo, encarnado en la persona de su rey Leopoldo I, y España, muerto por fin el absolutista Fernando VII, enfilaba la senda constitucional de la mano de la reina niña Isabel II. No todas las intentonas prosperaron. Polonia fracasó en su intento de separarse de Rusia, que reprimió a sangre y fuego el conato revolucionario polaco. En Italia, Austria volvió a aplastar sin piedad las revueltas, ahora en el Piamonte, Parma, Roma y Nápoles. En Alemania sólo algunos príncipes se avinieron a renunciar al absolutismo, pero la Confederación germánica siguió existiendo como tal, sin opción alguna de avanzar hacia la unidad real.

Mucho más éxito tuvo la oleada revolucionaria de 1848. Europa no era, en modo alguno, la misma. En los treinta años transcurridos desde la derrota de Napoleón, las fuerzas profundas del cambio habían progresado mucho. La sociedad se había transformado. La burguesía se había hecho más fuerte y el proletariado organizado era ya una realidad en muchos territorios europeos. Una vez más, la crisis de subsistencias actuó como disparador, pero unido a las malas cosechas, el desempleo industrial desempeñó ya un papel relevante, y junto a las ideas liberales y nacionalistas se hallaban ya presentes las primeras, aunque no demasiado elaboradas, manifestaciones del socialismo.

Todo comenzó, una vez más, en Francia, donde el monarca liberal Luis Felipe de Orleans fue derribado por una revolución de tintes ya claramente democráticos que condujo a la proclamación de la Segunda República. En el Imperio austriaco, el longevo canciller Metternich hubo de dejar el poder mientras el emperador Fernando I convocaba una Asamblea Constituyente. Entre tanto, Alemania e Italia resultaban anegadas por una poderosa ola liberal y nacionalista, y aunque los partidarios de la unificación estuvieron muy lejos de alcanzar sus objetivos, algunos monarcas implantaron por fin constituciones de corte liberal.

La Restauración había concluido; las dos grandes fuerzas que habrían de modelar la Europa del siglo XIX, el liberalismo y el nacionalismo, habían triunfado, y aunque aún eran muchos los que miraban con nostalgia el todavía cercano esplendor del Antiguo Régimen, también lo eran los que habían aprendido que, como escribiera Karl Marx en su libro *El Dieciocho Brumario de Luis Bonaparte*, el pasado puede repetirse, pero la primera vez lo hará como tragedia y la segunda, como farsa. La Europa de la Restauración había sido ambas cosas.

77

¿Eran iguales todos los nacionalistas?

Junto al liberalismo, el nacionalismo fue, sin duda, la gran fuerza modeladora de la Europa contemporánea. Pero el maridaje que con tanta frecuencia aparece ante nuestros ojos en los movimientos revolucionarios que se sucedieron en la primera mitad del siglo XIX no conforma, en absoluto, una combinación inevitable, sobre todo porque no había en la Europa de entonces una única manera de ser nacionalista, sino al menos dos de ellas, y muy diversas entre sí, hasta el punto de resultar ideológicamente incompatibles.

Existía, por supuesto, el nacionalismo liberal, al que podríamos denominar también nacionalismo civil o político. Como su propio nombre indica, esta ideología cursa siempre en estrecha vinculación con el liberalismo, por lo que abraza sin dudar los valores fundamentales de este: la libertad, la igualdad y los inalienables derechos del individuo. Por lo general, ve la luz en estados ya existentes –Francia sobre todos ellos– con el objeto de dotar de una nueva legitimidad a los regímenes liberales que, tras las revoluciones burguesas, se erigen en sucesores de las viejas monarquías absolutas de derecho divino propias del Antiguo Régimen. Si en estas el poder de los monarcas recibía su legitimidad de la historia, la dinastía y, en última instancia, de la voluntad de Dios, lo que de hecho convertía al altar en aliado inseparable del trono, en los regímenes liberales era la soberanía de la Nación la que, en el terreno de los principios, legitimaba el ejercicio del poder por sus nuevos ocupantes burgueses, por lo que el Estado debía ser nacional, habría de identificarse con una nación.

Ahora bien, dado que la Nación que postulaban los teóricos liberales no existía en la realidad histórica, pues todos los estados europeos no eran, en mayor o menor grado, sino heterogéneos agregados de territorios en ocasiones muy distintos en lengua, cultura e instituciones que los azares históricos de la guerra y los matrimonios dinásticos habían reunido bajo la misma testa coronada, había que crearla de la nada. Toda Nación debía ser un Estado; todo Estado debía ser una Nación. Era necesario, por tanto, ir del Estado a la Nación.

Para ello, los gobiernos liberales se afanaron en dotar de una identidad común a los súbditos, ahora elevados a la categoría de ciudadanos. Resultaba imprescindible que todos y cada uno de ellos olvidaran cuanto los hacía distintos, recordaran tan sólo lo que los hacía semejantes y sintieran más apego por la Nación en ciernes que por sus terruños particulares. Por ello, instrumentos como el servicio militar obligatorio; la escuela primaria universal, vehículo para enseñar a todos la lengua y la historia comunes; el tendido ferroviario, capaz de acercar entre sí territorios dispersos, o los símbolos nacionales, como el himno y la bandera, serán utilizados para imbuir en el pueblo el sentido de pertenencia colectivo que toda Nación necesita. Porque la Nación, así entendida, es un principio espiritual que se expresa en un ejercicio cotidiano, democrático y libre, el ejercicio de

La revolución de 1848 en Berlín en una litografía del siglo XIX. El nacionalismo, junto al liberalismo o contra él, se convirtió en una de las grandes fuerzas modeladoras de la Europa contemporánea.

la voluntad de convivir de aquellos que forman parte de ella. Nada hay aquí que remita a componentes de naturaleza irracional, ya sea histórica, étnica o cultural. Quienes forman una Nación es porque desean hacerlo. Con razón escribió el francés Ernest Renan, quizá el más reputado valedor de este nacionalismo, que «la Nación es un plebiscito de todos los días».

Diametralmente opuesta es la visión del nacionalismo étnico o cultural. Para quienes lo propugnan, la Nación es un ente de naturaleza espiritual que existe por sí misma, con independencia de la voluntad de quienes la integran. La Nación existe porque existe un espíritu nacional, un *Volksgeist*, del que, lo deseen o no, están imbuidos todos sus hijos e hijas y que se manifiesta en aspectos ajenos a la razón y a la voluntad, como la raza, la lengua, la historia y la cultura.

Por lo general, este nacionalismo ni se vincula a ideales liberales o democráticos, con los que resulta, por su esencia, incompatible, ni es propio de los estados ya existentes. Bien al contrario, actúa históricamente como el arma espiritual de quienes predican la necesidad y el derecho a la existencia de un Estado que no existe sobre la base de que sí lo hace una Nación preexistente. Como es lógico, los argumentos que se esgrimen para ello varían a conveniencia de quienes los usan. Allí donde no existe, como en Italia, una lengua común, se apelará a la gloriosa historia compartida, la de Roma en este caso; allí donde, como en Alemania, la lengua es, por el contrario, una realidad compartida y hondamente sentida, será este el argumento predominante, y la historia, que no puede servir sino para devolver a la vida contraproducentes remembranzas de división y guerras, será obviada, o se buscará en sus raíces remotas, los pueblos germanos, cuya noble pureza se opondrá, en un característico ejercicio de manipulación, a la corrupta esencia de los pueblos latinos.

La aplicación práctica de los argumentos de ambos nacionalismos pone de manifiesto su clara incompatibilidad. Alsacia y Lorena, por ejemplo, fueron territorios fronterizos en disputa entre alemanes y franceses a lo largo de buena parte del siglo XIX. ¿Cuál de los dos estados debía poseerlos? Claro está que el veredicto depende del criterio que se utilice. Sus habitantes, argüiría el nacionalismo liberal, se sienten franceses, luego deben formar parte de Francia; sin embargo, respondería el nacionalismo étnico, no cabe duda de que hablan alemán, por lo que deben integrarse en Alemania, pues constituyen una parte de ella aunque no deseen hacerlo. ¿Son conciliables ambas posturas? En política, por supuesto, todo es posible. En la actualidad nos rodean nacionalismos étnicos que apoyan sus reivindicaciones en derechos de cuño liberal, por más que la esencia de sus postulados ni lo sea ni pueda serlo. Pero si hay algo claro es que el nacionalismo liberal no puede involucionar hacia el autoritarismo, cosa que a su rival le resulta extremadamente fácil. De hecho, los fascismos europeos de la primera mitad del siglo XX son, antes que ninguna otra cosa, nacionalismos exacerbados. El nacionalismo étnico puede convertirse con extrema facilidad en el huevo de la serpiente del fascismo.

78

¿POR QUÉ CRECIÓ TANTO LA POBLACIÓN EN EL SIGLO XIX?

Durante miles de años, nada esencial había cambiado en la relación del ser humano con la naturaleza. La Tierra seguía siendo en 1800, como lo era siete mil años antes, un planeta de campesinos. Y se trataba, además, de campesinos pobres. No era tan sólo que la distribución social de la renta fuera injusta, sino que todo crecimiento de la producción, ya fuera debido a un pequeño avance tecnológico, ya a una infrecuente y afortunada concatenación de buenas cosechas, concluía invariablemente en una crisis alimentaria que daba al traste con los avances logrados en los años anteriores. Este proceso, la denominada Trampa Maltusiana, afectaba a todas las sociedades preindustriales. Cuando las buenas cosechas se sucedían, los controles demográficos se relajaban. Nacían más niños y, mejor alimentados, vivían más, se casaban antes y procreaban, a su vez, una mayor descendencia. La población crecía entonces, animada por una falsa sensación de bienestar, pero las nuevas bocas que alimentar exigían cosechas más abundantes, lo que forzaba a los campesinos, que no conocían otro modo de lograrlo, a explotar en exceso la tierra, impidiendo su recuperación, o a extender el cultivo a terrenos más pobres, como bosques o pastizales. Al cabo de cierto tiempo, los campos se agotaban y su producción caía en picado. El hambre se extendía entonces, debilitando los cuerpos y convirtiéndolos en presa fácil de la enfermedad y la muerte. En pocos años, todo volvía a estar como antes. La sociedad preindustrial parecía incapaz de escapar de la invisible condena que pesaba sobre ella.

Por ello, estas sociedades exhibían, sin excepción, unos rasgos demográficos exclusivos. La natalidad era muy alta, casi siempre superior al cuarenta por mil, pues las personas se casaban muy jóvenes y su descendencia era numerosa. Pero no por ello resultaba elevado el crecimiento de la población, pues los nacimientos quedaban nivelados por una fuerte mortalidad, en torno al treinta y cinco por mil, resultado de una esperanza de vida inferior a cuarenta años y un número muy alto de niños y

Inmigrantes europeos en el siglo XIX. La revolución demográfica no sólo alimentó las fábricas europeas, sino que llenó los campos y las minas de medio mundo, relajando la presión revolucionaria de las masas de desempleados del continente.

niñas que morían antes de cumplir su primer año de vida. Tras este trágico panorama se encontraban una brutal falta de higiene y unas condiciones sanitarias deficientes, pero, ante todo, una alimentación pobre y de mala calidad, producto de una labranza tecnológicamente incapaz de acrecer su producción sin alcanzar enseguida el umbral de los rendimientos decrecientes.

Todo empezó a cambiar, en los países más avanzados, en las últimas décadas del siglo XVIII. Mientras la natalidad se mantenía alta, la mortalidad empezó a reducirse, y las epidemias y hambrunas rebajaron su frecuencia y gravedad. El crecimiento de la población, por tanto, se aceleró hasta alcanzar tasas en torno al veinte por mil e incluso superiores. La Trampa Maltusiana parecía vencida. ¿Qué había sucedido? ¿A qué se debían estos cambios?

Ciertos factores tuvieron un pequeño impacto sobre el resultado final. Sabemos, por ejemplo, que el crecimiento de la población inglesa se inició a comienzos del siglo XVIII como consecuencia de la notable caída de la mortalidad asociada a la construcción de hospitales de aceptable calidad en muchas ciudades, la difusión de la vacuna, que permitió reducir el impacto de las enfermedades epidémicas, y la introducción de cultivos como la patata que acabaron poco a poco con las hambrunas que diezmaban periódicamente la población.

Pero no nos equivoquemos: los hospitales eran casi exclusivos de las grandes ciudades, por lo que su efecto sobre la mortalidad de un país en el que casi toda la población seguía viviendo en aldeas no podía ser demasiado relevante. Respecto a la vacuna, no se generalizó hasta pasado 1800, con lo que difícilmente pudo tener repercusión alguna sobre la demografía del siglo XVIII. Por otro lado, la patata por sí sola no podía provocar los efectos que se le atribuyen, sobre todo porque, sin cambios tecnológicos de calado, sus cosechas, como sufrirían más tarde los irlandeses, estaban sometidas a los mismos vaivenes que las de cualquier otro cultivo.

Además, siguiendo con el ejemplo inglés, no debemos olvidar que si la población ya crecía antes de 1760, lo hizo mucho más una vez traspasada la frontera del siglo XIX, cuando la Revolución Industrial se hallaba ya en pleno auge. En realidad, la industria fue un factor mucho más relevante del crecimiento demográfico que la sanidad, la higiene o la alimentación. En el fondo es lógico. Las fábricas constituían fecundos semilleros de empleo y, por ende, de prometedoras oportunidades para las parejas jóvenes y sus hijos. ¿Por qué no tener enseguida la descendencia que podía, dado que aún no existían limitaciones legales al trabajo infantil, aportar nuevos ingresos a la familia? Ya no era necesario como antes esperar a completar un aprendizaje en el taller o a poseer una granja propia. La Revolución Industrial aceleró un proceso que ya estaba en marcha gracias a las mejoras en la higiene, la sanidad y la alimentación. Pero lo cierto es que lo aceleró mucho.

79

¿Cuál fue el origen del movimiento obrero?

El nuevo orden nacido de las revoluciones había eliminado del todo las numerosas restricciones que el Antiguo Régimen imponía a la libre acumulación del capital, ya fuera industrial o financiero. No obstante, al sentar las bases de un sistema en el que el poder correspondía en exclusiva a los propietarios de la riqueza, facilitó la rápida reconciliación de la vieja nobleza y la flamante burguesía, ambas, a la postre, clases propietarias, en el gobierno de un régimen del que quedaba excluida la gran mayoría de la población.

Esta exclusión fue aceptada de buen grado al principio. Era de esperar que sucediera así en el caso del campesinado, que habitaba desde tiempo inmemorial en comunidades dispersas y poco numerosas, nada propicias para el desarrollo de una conciencia de clase, pero no en el del obrero industrial, cuya existencia discurría por caminos bien distintos. El continuo desarrollo de la industria y el crecimiento imparable de la población iba creando en torno a las ahora inquietas urbes europeas gigantescos cinturones de miseria en los que se hacinaba el nuevo proletariado. En ellos, los obreros de las fábricas, sometidos a jornadas interminables de trabajo e ínfimos salarios, privados de protección alguna frente a la enfermedad, los accidentes o la vejez, y sin medios para hacer valer sus derechos, prohibidos como estaban los sindicatos y las huelgas, empezaron a cobrar conciencia de su situación y pronto se unieron para cambiarla.

Pero, a pesar de que, desde nuestra cómoda atalaya del tiempo, pueda parecernos difícil de entender que los primeros obreros industriales no identificaran enseguida con claridad el origen de sus desdichas, su primera reacción contra la situación que padecían fue espontánea, desordenada, conservadora y, sobre todo, en nada merece el calificativo de «movimiento», si por él entendemos, como es habitual, una lucha consciente, organizada y dotada de unos objetivos concretos.

Bien al contrario, convencidos de que eran las máquinas mismas, y no la manera en que se utilizaban, las culpables del incremento inicial del desempleo y de las malas condiciones de trabajo que sufrían, dieron en destruirlas violentamente, creyendo que tan fútil acción había de resolver por sí sola sus problemas. Los obreros asaltaban las fábricas, las quemaban y saqueaban e incluso, en ocasiones, agredían o asesinaban a los ingenieros, a los que consideraban culpables de la existencia de aquellos que tenían por verdaderos engendros del demonio.

Tumultos de este tipo estallaron por doquier entre finales del siglo XVIII y comienzos del XIX en Gran Bretaña, el país donde la masa de obreros industriales se había incrementado con mayor rapidez. Allí fueron conocidos como «ludismo» a raíz del nombre de un tal John –o Ned– Ludd, un mítico

El líder de los luditas, de autor desconocido, 1813. El ludismo fue un movimiento irracional y de escasa utilidad para los obreros, pero tuvo la virtualidad de hacer visible el descontento del proletariado europeo con sus condiciones de vida.

obrero de existencia cuando menos incierta que llegó a ser popularizado por Lord Byron en su popular *Song for the Luddites*. Pero también se produjeron en Francia en las mismas fechas, y un poco más tarde en otros lugares de Europa.

El movimiento fue reprimido con extrema dureza, pero no desapareció por ello, sino como resultado de la conciencia que los obreros fueron adquiriendo de la futilidad de la violencia indiscriminada y de la verdadera naturaleza de las causas de su miseria. La protesta obrera entró entonces en una nueva fase. Entre los años treinta y cuarenta del siglo XIX, tanto en Gran Bretaña como en Francia, se materializó una efímera alianza entre las clases medias, que sufrían la total exclusión de un sistema político que vinculaba la riqueza con el derecho al voto, y los obreros, que padecían los abusos de ese mismo sistema en su dimensión social. En el caso de las islas, el movimiento recibió el nombre de Cartismo, pues sus principales demandas se contenían en un documento denominado la Carta del Pueblo (*The People's Charter*).

Redactada en el *British Coffee* de Londres el 7 de junio de 1837 y así denominada con una clara intención de evocar la célebre Carta Magna de la nobleza inglesa contra la tiranía real, fue remitida al Parlamento al año siguiente. En ella se exigía la extensión del sufragio a todos los varones mayores de 21 años, el voto secreto, la compensación económica y la eliminación del requisito de propiedad de los diputados, con el fin de que pudieran ocupar escaños las clases medias y los trabajadores, así como la reunión anual del Parlamento y la modificación de los distritos electorales, con el fin de adecuar su representación a su población efectiva. A estas demandas de carácter político, que respondían a las preocupaciones de las clases medias, el movimiento añadía otras de índole social, destinadas a mejorar la situación de los obreros, como una jornada laboral más corta, viviendas más dignas y mejores salarios.

En 1840 se creó la Asociación Nacional Cartista y el movimiento pareció cobrar un cierto impulso. Sin embargo, la dura represión que ejerció sobre él el Gobierno, así como las fuertes disensiones nacidas en su seno entre los líderes más moderados, como Robert Owen y William Lovett, que parecían conformarse con la mera reivindicación como táctica de lucha, y los más radicales, dirigidos por Feargus O'Connor y Bronterre O'Brien, que se inclinaban por medidas de presión más violentas, terminó por asfixiar al cartismo. En Francia, la alianza de las pequeñas burguesías y los obreros se mantuvo más tiempo e incluso se encuentra en buena medida tras el triunfo de la Revolución de 1848. Pero el ascenso al poder de Luis Napoleón Bonaparte y el golpe de Estado de diciembre de 1851, con la inmediata proclamación del Segundo Imperio, dio al traste con la alianza. Aunque la verdadera razón de su final fue otra. En realidad, las clases medias, propietarias al fin, no podían coincidir durante mucho tiempo con los obreros desposeídos. El proletariado había de seguir su propio camino en busca de un orden social en el que las fronteras que levantaba la riqueza fueran derribadas para siempre. Había de ser el bienestar de la sociedad entera, y no el del individuo, el fundamento de la vida colectiva.

Este camino no fue otro que el sindicalismo. Con todo, la creación de sindicatos recorrió sendas muy diversas en cada país y su fuerza fue, asimismo, muy distinta. En Gran Bretaña, también precursora en este proceso, los obreros apostaron por la creación de asociaciones de oficios, las denominadas *Trade Unions*, que surgieron con la vocación de agrupar a todos los trabajadores de un sector y lograr así la fuerza suficiente para negociar con los patronos. Sin embargo, el sindicalismo sería durante décadas cosa de una verdadera aristocracia obrera integrada tan sólo por los trabajadores más cualificados o los empleados en sectores tenidos por más distinguidos, como los encuadernadores o los tipógrafos, con muy escasa penetración entre las auténticas masas obreras, cuyos intereses, en contra de lo que pueda parecer, no eran siempre percibidos como convergentes.

Además, la férrea prohibición que pesó durante mucho tiempo en Occidente contra el asociacionismo obrero limitó sobremanera su desarrollo. Los sindicatos sólo fueron legales en Francia desde finales del siglo XIX; en Gran Bretaña, desde comienzos del siglo XX, y más tarde aún en Estados Unidos. A pesar de lo que a menudo se piensa, hacia 1900 sólo dos países en el mundo, Gran Bretaña y Alemania, poseían un movimiento sindical de cierta envergadura.

80

¿Quiénes fueron los «socialistas utópicos»?

Del difuso y casi inconsciente, pero profundo, anhelo de igualdad que anidaba en el alma de la mayoría de los obreros, terminó por nacer el socialismo. Pero una cosa era la práctica y otra bien distinta la teoría, que seguía su propio camino, casi siempre independiente del que con tanto esfuerzo habían empezado a recorrer los trabajadores de la industria. Tan diferente fue la dimensión intelectual del obrerismo que no fueron nunca verdaderos obreros quienes la protagonizaron, sino, antes bien, intelectuales, burgueses e incluso aristócratas que, conmovidos o indignados por la miseria que sufrían los hijos e hijas de la industria moderna, trataron de idear recetas para remediarla o se rebelaron con violencia contra los supuestos mismos de la sociedad que la permitía con la intención de edificarla de nuevo sobre unos cimientos más justos.

En sus primeros momentos, a comienzos del siglo XIX, los apóstoles del pensamiento obrero no eran sino meros filósofos, ingenuos idealistas henchidos de optimismo que confiaban en la bondad natural del ser humano y creían, con sorprendente candor, que la asociación pacífica de los trabajadores y la buena voluntad de los burgueses serían recetas suficientes para resolver la cuestión social, como entonces se la llamaba, o fríos tecnócratas que cifraban toda esperanza en el progreso de los recursos materiales. La historia los conoce como «socialistas utópicos», no porque este fuera el nombre que ellos decidieran darse, sino porque fue el que les dio, con evidente ánimo peyorativo, Friedrich Engels, uno de los padres fundadores del por él mismo denominado –con ánimo nada peyorativo, por supuesto– «socialismo científico».

Por otra parte, estos primeros filósofos del socialismo ni constituían una corriente ni deseaban constituirla, pero la notable variedad de las soluciones que ofrecían es, en realidad, bastante engañosa, y no pasa de la mera apariencia, pues el pacifismo, la cooperación y la falta de fe en la política como instrumento de cambio social se encuentran presentes, en mayor o menor grado, en todas ellas. El exilio interior de una sociedad que les disgusta; fiarlo todo al futuro sin hacer gran cosa por acelerarlo; la reforma, en el mejor de los casos... Son sus recetas preferidas. La revolución es para todos ellos algo tan ajeno como para los burgueses que, en el poco probable caso de que lo hicieran, sin duda escucharían sus propuestas con disimulada complacencia.

Sus ideas tienen, además, un cierto aroma romántico, como el olor del pergamino ajado y el color desvaído de la tinta envejecida por el paso del tiempo. El francés Charles Fourier, por ejemplo, propone como solución a la miseria obrera la extensión de los «falansterios», una suerte de colosales establecimientos agroindustriales para unas mil seiscientas personas, alojadas en un mismo edificio, semejante a un monasterio medieval, que trabajarían en común las tierras circundantes y se repartirían los beneficios, trabajando en armonía, aunque con distinta remuneración, el talento, el capital y el trabajo, y sin que tuvieran cabida en esta sociedad ideal los prejuicios ni los intereses burgueses. Se conformaría así un paraíso en la tierra en el que todos,

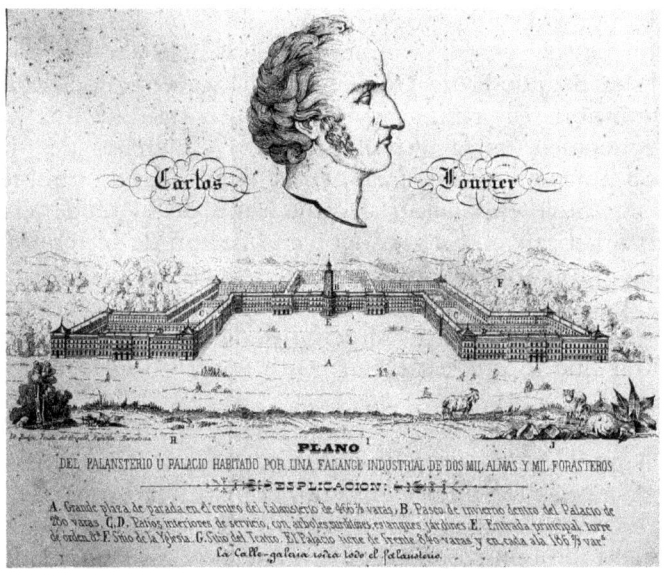

Representación ideal de un falansterio, comunidad utópica ideada por el francés Charles Fourier. El socialismo utópico, en realidad un movimiento filosófico, apenas sirvió en la práctica para mejorar la condición de los obreros.

hombres, mujeres y niños, serían libres, tanto desde el punto de vista económico y legal como cultural y sexual.

Mientras, al otro lado del canal de La Mancha, Robert Owen, un empresario británico preocupado por el bienestar de los trabajadores de sus fábricas, propuso la fundación de «pueblos cooperativos» básicamente dedicados a la agricultura en los que los seres humanos, dueños en común de los medios de producción, trabajarían juntos y se educarían para evitar la degeneración moral que, de acuerdo con su visión del mundo, se encontraba en la raíz de los problemas sociales. En la misma línea, y desde luego influido por Owen durante su exilio en Inglaterra, Étienne Cabet escribió una novela utópica titulada *Viaje a Icaria* y se convirtió tras su regreso a Francia en el apóstol de un verdadero movimiento pacifista y democrático —los Icarianos—, que se concretaba en la construcción de colonias igualitarias basadas en la propiedad común de los medios de producción.

Un poco distinta, por su mayor fe en el Estado, pero no menos basada en la presunta benevolencia de los poderosos, es la propuesta de Claude-Henri de Rouvroy, conde de Saint-Simon. El aristócrata francés propugnaba una suerte de tecnocracia en la que el poder sería ejercido de manera natural por personas especialmente cualificadas. Los gobiernos así constituidos liberarían al capitalismo de su tendencia a la desigualdad por medio de una planificación de la economía y grandes inversiones en obras públicas que eliminarían la pobreza, pero preservarían el mercado y la iniciativa privada sin más limitación que la prohibición de la herencia, al objeto de asegurar que lo que cada uno posea sea fruto exclusivo de su esfuerzo.

Y eso era todo. Unas vías tan lentas y confiadas en la bondad natural de los seres humanos, algo cuya existencia nadie ha sido nunca capaz de demostrar, tenían poco que ofrecer, y los obreros las rechazaron enseguida. Dos grandes ideologías, que, del todo conscientes de la urgencia de sus necesidades, no sólo prometían al proletariado un paraíso en la tierra, sino que se aprestaban a luchar por él, se repartirían sus lealtades en las últimas décadas del siglo XIX.

81

¿Por qué los anarquistas y los marxistas se odiaban tanto?

Las propuestas de los socialistas utópicos podían funcionar quizá sobre el papel, e incluso dar una respuesta puntual a las necesidades de aquellos que pudieran y quisieran embarcarse en ellas. Pero, dado que dependían de la buena voluntad de los poderosos, difícilmente podían servir para mejorar en gran medida y en un plazo de tiempo razonable el nivel de vida de la clase obrera. Era evidente que se necesitaba otra cosa, una doctrina a un tiempo social y política capaz de reunir en un solo movimiento el análisis teórico de los problemas sociales, la elaboración formal de alternativas y la organización de las masas obreras para hacer posible su puesta en práctica. Dos grandes doctrinas cumplieron hacia mediados del siglo XIX las tres condiciones, pero desde postulados y medios de acción mucho más incompatibles de lo que con frecuencia se supone: el anarquismo y el marxismo. El odio entre ambos no era, pues, tan sólo una mera cuestión de personas o de talantes; era una cuestión de ideas; era una cuestión de su distinta concepción del ser humano.

El anarquismo nació de la reflexión de pensadores como el filósofo francés, de origen humilde, Pierre-Joseph Proudhon y los aristócratas rusos Mijaíl Bakunin y Piotr Kropotkin. Aun con notables diferencias, coincidían sus teóricos en considerar imposible cualquier reforma real de la sociedad y propugnaban su destrucción total por medio de una revolución espontánea que dejaría paso a un orden por completo nuevo y distinto. En él, suprimidos por fin la religión y el Estado, en los que no ven los anarquistas sino meras herramientas de dominación de los poderosos, los campos de labor y las fábricas se convertirían en propiedad colectiva de los trabajadores, y, alcanzada la plena libertad y la absoluta igualdad entre los individuos, hombres y mujeres, cada uno recibiría según su necesidad y aportaría según su capacidad.

El marxismo, llamado así por su principal inspirador, el alemán Karl Marx, se declaraba también revolucionario, pero, dotado de una compleja concepción filosófica del mundo y de la historia, concebía la revolución de un modo muy distinto. Habría de ser un proceso inexorable, de alcance mundial, que lograría el éxito bajo la dirección de un partido fuerte y organizado, capaz de conquistar el Estado; le seguiría una etapa transitoria de «dictadura del proletariado» en la que el partido socialista se valdría del poder para transformar en su raíz el orden vigente, y concluiría en una sociedad sin clases, no muy distinta de la anarquista, en la que los seres humanos vivirían en perfecta armonía.

¿Dónde residían, entonces, las verdaderas diferencias entre ambas doctrinas? Para empezar, los teóricos marxistas estimaban conveniente, aunque sólo de forma transitoria, la creación de un Estado popular, un Estado de y para los trabajadores, mientras el anarquismo propugna la abolición del Estado, pues cree que, por su propia esencia, no puede sino servir a los intereses de los grupos sociales dominantes. En realidad, los anarquistas piensan que el proceso de toma de decisiones en

Conferencia de la Asociación Internacional de Trabajadores, 1864. El enfrentamiento entre Marx y Bakunin no era sólo de naturaleza táctica, sino filosófica. Marxismo y anarquismo eran, en realidad, dos concepciones antagónicas del ser humano y de la historia.

el seno de la sociedad debe involucrar a todos; en la supuesta «dictadura del proletariado» de los marxistas el poder seguiría en manos de unos pocos, por más que proclamen gobernar por y para todos.

Por otro lado, el marxismo es una doctrina de una elevada complejidad teórica que parece hallar respuesta para todos y cada uno de los sucesos históricos en los procesos económicos subyacentes y en su influencia sobre la política y las relaciones sociales. Para Bakunin, por el contrario, en tan almibarada complejidad se oculta la perversa intención de los intelectuales marxistas de mantener en sus propias manos el timón del movimiento obrero y cortar así de raíz cualquier posible discrepancia en su seno, pronto condenada como peligroso desviacionismo y reprimida en nombre de los intereses de una clase obrera que son en realidad los de sus líderes.

La propia lucha obrera se plantea en términos muy distintos. Bakunin se muestra firmemente convencido de que las organizaciones revolucionarias deben actuar de acuerdo con el principio del debate libre y democrático, lo que quizá les resta eficacia, pero anticipa en su funcionamiento la naturaleza de la sociedad igualitaria y justa que se desea construir. Marx, por el contrario, propugna un liderazgo jerárquico y ascendente que culmina en el llamado «centralismo democrático», principio organizativo en virtud del cual todos discuten pero sólo la cúpula decide. Los partidos y sindicatos marxistas son disciplinados y eficaces, pero en modo alguno democráticos ni en su organización ni en su funcionamiento.

En realidad, el anarquismo es una doctrina libertaria, fruto de una sólida fe en el ser humano y en su capacidad para lograr por sí mismo su emancipación. El marxismo, sin embargo, es un credo autoritario que pone de manifiesto una escasa confianza en el individuo, al que considera necesitado de disciplina y organización para alcanzar cualquier logro. Por ello, la convivencia entre ambas corrientes en el seno de un movimiento obrero que, en las últimas décadas del siglo, poseía ya una organización que trascendía los límites de las fronteras nacionales, resultó por completo imposible. Los marxistas acabaron por imponerse y expulsaron a Bakunin y a sus seguidores de la Asociación Internacional de Trabajadores, a la que convirtieron en una organización de partidos fuertemente centralizados, con un programa de mínimos basado en la lucha por avances sociales y laborales concretos, y otro de máximos basado en la conquista del Estado como medio para el triunfo de la revolución social.

El futuro demostraría, en cualquier caso, el pobre desempeño como profetas de los líderes de una y otra corriente. Los anarquistas, víctimas de su fobia a toda forma de autoridad, terminaron por disgregarse en múltiples facciones que propugnaban desde la lucha sindical al mero terrorismo. Los marxistas, entregados a la lucha política y sindical en el marco legal existente, acabaron por integrarse en él cuando la extensión del sufragio universal y la mejora del nivel de vida de los obreros se lo aconsejaron. Sólo en los países más atrasados, en especial la Rusia de los zares, pervivieron las condiciones que, ya en el siglo XX, harían posible la revolución, aunque bajo una forma algo distinta a la esperada por Marx. En Occidente, el desarrollo económico, las reformas sociales y políticas y la extensión, limitada pero cierta, de la doctrina social de la Iglesia terminarían por diluir el fervor revolucionario del proletariado organizado.

82

¿Y QUÉ OPINABA LA IGLESIA CATÓLICA SOBRE LA CUESTIÓN SOCIAL?

La Iglesia, que no permaneció nunca a lo largo de su dilatada historia, porque no podía hacerlo, ajena a cuanto a su alrededor hacían y pensaban los poderosos o los que pudieran llegar a serlo, no lo hizo tampoco en relación con la «cuestión social». Sus planteamientos éticos, que constituían uno de los pilares de su fe, debían impedirle que cerrara los ojos ante la espantosa miseria que crecía sin cesar en los suburbios de las pujantes ciudades industriales. Pero era el creciente éxito entre los obreros europeos de los postulados socialistas y anarquistas, que rechazaban de plano la religión y a sus ministros, lo que convertía en un asunto urgente la necesidad de ofrecer una respuesta a sus anhelos de justicia y bienestar que, desde la ortodoxia católica, pudiera competir con ellos y frenar en seco la sangría que sus templos sufrían en favor de los sindicatos y los partidos que abarrotaban, domingo a domingo, sus locales.

La respuesta fue la denominada «Doctrina Social de la Iglesia». Aunque sus vagidos de recién nacida se rastrean sin dificultad a mediados del siglo XIX, cuando el jesuita Luigi Taparelli habló por vez primera de justicia social, lo cierto es que sólo se formuló de manera coherente en encíclicas papales como la *Rerum Novarum* de León XIII, en 1891, o la *Quadragesimo Anno* de Pío XI, de 1931. Como cabía esperar, no había en sus textos nada revolucionario; ni una simple frase podía leerse en términos que pudieran hacer pensar que la Iglesia católica cuestionaba de algún modo el orden social vigente. Aunque se condenaba por igual al marxismo y al liberalismo, no se cuestionaba la legitimidad de la propiedad privada, por grande que fuera su acumulación en unas solas manos o perniciosos los efectos de esta última sobre la dignidad de millones de seres humanos.

Sobre el papel, la Iglesia proclamaba que la propiedad privada se justificaba siempre que cumpliera la función social a la que estaba llamada por su propia naturaleza. El dueño de fábricas o tierras recibía la sanción moral de su derecho a poseerlas si las usaba de manera que revirtieran en beneficio de la colectividad. Pero se trataba de un argumento perverso que podía leerse sin dificultad, y de hecho así lo hacía en la práctica la propia Iglesia, a la inversa, convirtiéndolo en una legitimación universal de la propiedad privada: la función social que podía tener la propiedad convertía en buena y legítima cualquier propiedad, la desempeñara o no.

Y si no cuestionaba desde la teoría los fundamentos del sistema, mucho menos iba la Iglesia a combatirlos en la práctica. Tras las admoniciones escasamente enérgicas a los patronos para que compartieran de buen grado su riqueza con sus trabajadores; tras el rechazo frontal a la lucha de clases; tras la crítica feroz al materialismo de que hacían gala las doctrinas obreras en boga, no podía propugnar la Iglesia organizaciones distintas de las cooperativas agrarias en las que los pequeños propietarios se unieran de buen grado para reducir costes y maximizar beneficios, los círculos obreros construidos sobre los principios de la caridad y el apoyo mutuo o los sindicatos, más bien amarillos, que preferirían entenderse con los patronos que presionarlos para que cedieran a sus reivindicaciones.

No podía la Iglesia con semejantes armas, dialécticas y organizativas, competir con mucho éxito con sus rivales socialistas y anarquistas. Y no lo hizo. El obrerismo católico arraigó allí donde las diferencias sociales no eran demasiado profundas ni la herida de la lucha de clases se hallaba en exceso enconada. En el campo, la llama de la doctrina social de la Iglesia prendió donde escaseaba el jornalero y era el pequeño propietario la especie obrera predominante. En la ciudad fue siempre marginal, pues tenía muy poco que ofrecer si los patronos no se avenían a dar de grado lo que los sindicatos católicos no estaban dispuestos a arrancar por la fuerza.

La Iglesia, de haber sido coherente con sus propios postulados, sin hipotecarlos, como con tanta frecuencia hizo a lo largo del siglo XIX, en beneficio de los poderosos, podría quizá haber ofrecido a los obreros una tercera vía, alejada por igual de los extremos de la revolución y la reacción, como de hecho proclamaba. Pero, salvo excepciones vinculadas a la obra personal de poderosas individualidades, nunca lo hizo y, en la práctica, fue un actor secundario en el drama social de la industrialización.

VIII

EL FIN DEL ANTIGUO ORDEN

83

¿POR QUÉ LOS EUROPEOS SE CONVIRTIERON EN DUEÑOS DEL MUNDO?

A lo largo del siglo XIX, y en especial en su segunda mitad, las grandes potencias europeas, encabezadas por Gran Bretaña, Francia y, un poco más tarde, el Imperio alemán, experimentaron una prodigiosa mutación para entrar de lleno en un nuevo sistema económico que autores como Hilferding o Lenin denominaron «Capitalismo Financiero». Su población se incrementó hasta unas tasas jamás alcanzadas con anterioridad. Sus instalaciones fabriles, cada vez más profusas y complejas, aumentaron su producción y la diversificaron. Los capitales, fruto de los colosales beneficios asegurados por unos avances técnicos que reducían sin cesar los costes, se acumularon a un ritmo acelerado, y grandes corporaciones que reunían bajo una dirección única intereses industriales y financieros surgieron por doquier, prestas a repartirse un mercado en el que la libre competencia resultaba cada vez más difícil.

Como consecuencia de todo ello, Europa se hizo más poderosa que nunca. Sus ejércitos y armadas, que los avances

Exploradores ingleses en el África colonial. La poderosa Europa nacida de la industrialización impuso al mundo sus intereses y sus normas. El mundo actual es, en buena medida, hijo del imperialismo.

tecnológicos propiciados por la segunda revolución industrial habían transformado en invencibles, se extendieron sin apenas obstáculos por los cinco continentes, imponiendo su dominio, directo o indirecto, allí donde existía algún recurso que extraer o un mercado que conquistar. Entre 1880 y 1914, los europeos se habían convertido en los dueños, formales o informales, de casi todas las tierras emergidas del planeta, con dos únicas excepciones significativas: el continente helado e inaccesible de la Antártida y los pujantes Estados Unidos de América, señores indiscutibles ellos mismos de un imperio sobre el Hemisferio Occidental que no era menos real por carecer de títulos oficiales de soberanía. Había comenzado la era del imperialismo.

A pesar de las apariencias, pues el imperialismo había sido una práctica recurrente a lo largo de la historia humana, se trataba en esta ocasión de un fenómeno del todo nuevo. Los mecanismos que provocan en el último tercio del siglo XIX la expansión y la universalización de los imperios coloniales nunca se habían manifestado con anterioridad, o al menos no lo habían hecho en igual grado. ¿A qué se debió, pues, esta nueva y distinta eclosión colonial?

Si hubiera que reducir la respuesta a un par de palabras, diríamos que el imperialismo no era sino el hijo espurio, pero vigoroso, de la Revolución Industrial, o, con mayor precisión, de una serie de procesos concomitantes con la Revolución Industrial. Veamos, pues, cuáles son esos procesos.

Es necesario, para empezar, prestar atención a los cambios demográficos. A partir de 1850, la población de los países más industrializados comenzó a crecer a un ritmo nunca visto. La natalidad se mantenía en tasas muy altas gracias a la mejora de la productividad agraria, mientras la mortalidad caía en picado como resultado de los progresos experimentados por la medicina y, algo más tarde, por la higiene. A la vez, la creciente pérdida de empleos que la mecanización acelerada provocaba en el campo impulsaba a los desesperados jornaleros en paro hacia las ciudades, donde las fábricas, a pesar de su rápido desarrollo, no eran capaces de crear los puestos de trabajo necesarios para absorber la imparable marea humana. Este proceso, a la par que la desesperación de tantas personas privadas de futuro por cambios cuyo alcance desconocían, alimentó enseguida una intensa emigración hacia el otro lado del océano. América, Australia y África se convirtieron en tierras de promisión para una generación entera de europeos.

Los gobiernos, cuya inquietud ante las reivindicaciones de las cada vez más poderosas organizaciones obreras no dejaba de aumentar, tardaron poco en percatarse de que una manera muy simple de relajar las fuertes tensiones sociales generadas por la rápida industrialización era fomentar esa emigración, mucho más fácil cuando el destino se hallaba bajo el control, directo o no, de la nación emisora. Grandes territorios casi vírgenes como Canadá, Sudáfrica o Australia se convirtieron de ese modo en colonias de poblamiento en las que los blancos, constituyeran o no la mayoría de los residentes locales, pronto comenzaron a apropiarse de las fuentes de riqueza en detrimento de la población autóctona.

Las nuevas necesidades económicas ocuparon también un lugar destacado entre las causas del imperialismo. El desarrollo industrial requería materias primas abundantes que sólo la conquista o el control indirecto de los territorios donde se hallaban podía preservar de la insaciable voracidad de las potencias competidoras, y ello en un contexto en el que la demanda presionaba los precios al alza. Además, la extracción de las materias primas y la explotación de los recursos energéticos de esos territorios, por abundantes que fueran, exigía casi siempre grandes inversiones iniciales, que se materializaban en la construcción de puertos, carreteras, vías férreas y otras infraestructuras cuya financiación ofrecía una rentable salida a los capitales acumulados en los países ricos, previniendo de ese modo una excesiva caída de su remuneración, y una demanda segura para las mercancías que, del todo cerrados los mercados interiores de las naciones competidoras por un férreo proteccionismo, no encontraban clientes sino con gran dificultad más allá de las propias fronteras.

El imperialismo fue también, en mayor o menor grado según los casos, un fenómeno de naturaleza ideológica. No se trataba tan sólo de encontrar argumentos más presentables con los que justificar el despiadado expolio de las riquezas de otros y la apropiación descarada de sus territorios. Algunas de las ideas manejadas, y no sólo las religiosas, eran sinceras, aunque no por ello siempre acertadas. El proselitismo natural de las distintas iglesias cristianas actuó como poderoso estímulo del imperialismo, pues a menudo tras la cruz llegaban los capitales y tras ellos, los cañones, y una vez plantada la bandera, los púlpitos servían de eficaz valladar ideológico contra cualquier ideología contraria a los intereses de la metrópoli.

Pero había más. Por una parte, la conciencia de pertenecer a una civilización que se tenía a sí misma por superior sirvió en muchas ocasiones a los europeos como útil coartada para justificar la imposición descarada, en beneficio propio, de los valores occidentales, disfrazados sin pudor de avances económicos, sociales y culturales objetivos para los pueblos colonizados. Por otra parte, la conciencia del propio poder económico y militar nutrió un nacionalismo extremo que no podía por menos que impulsar nuevas conquistas en abierta competencia con las otras grandes potencias. Y si el poder que ahora se poseía era escaso, como le sucedía a estados en decadencia como Italia, Portugal o España, siempre podía apelarse al recuerdo de un pasado más o menos glorioso.

En cualquier caso, fueron los barcos y los cañones que la Revolución Industrial había hecho tan poderosos lo que hizo de las naciones europeas las dueñas del mundo y no la supuesta superioridad de su civilización, algunos de cuyos principios, si bien suponían un avance innegable en la difícil marcha de la humanidad hacia la libertad y la justicia, no habían pasado del papel ni siquiera en los estados que en teoría habían hecho de ellos los fundamentos de su orden social y político.

84

¿Cuáles fueron las causas de la Primera Guerra mundial?

Es este uno de esos asuntos de calado en la historia humana en que resulta forzado distinguir las apariencias de la realidad o, en otras palabras, los disparadores del proceso de sus causas reales o, como gustan más de decir los historiadores, sus causas profundas. Los primeros están claros. La guerra estalló a finales de julio de 1914, apenas un mes después de que el heredero del Imperio austrohúngaro, el archiduque Francisco Fernando, fuera asesinado en las calles de Sarajevo por el nacionalista bosnio Gavrilo Princip, y su Gobierno, tras culpar a Serbia del atentado, le declarase la guerra, disparando, como fichas de dominó que se derribaban unas a otras, la ejecución en cadena de los tratados de alianza vigentes entre las grandes potencias europeas y, por ende, la conflagración general en el continente.

Pero si nos quedáramos en eso, no entenderíamos por qué estalló en realidad la Primera Guerra Mundial, o la Gran Guerra, como se la conoció hasta que estalló la Segunda. Si un atentado fue capaz de provocar un conflicto que costó al mundo más de ocho millones de muertos en una época en la que los magnicidios no resultaban demasiado infrecuentes, es que hay otras razones a las que atender. Veamos cuáles eran.

Como vimos, en 1815, tras la caída de Napoleón, el equilibrio entre las grandes potencias había vuelto a erigirse en principio rector de las relaciones internacionales europeas. El Reino Unido, Austria, Rusia y Prusia, a las que se añadió más tarde Francia, diseñaron en el Congreso de Viena un nuevo mapa de Europa concebido para evitar a toda costa la aparición de otro caudillo capaz de trastocar, con su genio militar, la forzada armonía entre los estados.

Primera página de la edición del 12 de julio de 1914 del periódico italiano *Domenica del Corriere*, con un dibujo de Achille Beltrame en el que se representa a Gavrilo Princip asesinando al archiduque Francisco Fernando de Austria en Sarajevo.

La Pentarquía se mantuvo, con apenas alteraciones, durante unas décadas. Luego, en el último tercio del siglo, los efectos de la Revolución Industrial se hicieron sentir en el terreno de las relaciones diplomáticas. De manera inopinada, aparecieron grandes potencias fuera de Europa, como los Estados Unidos y Japón; dentro de ella, Alemania, recién llegada al club de los poderosos, pronto despuntó en poderío y ambición. Dirigida con pragmática habilidad por Otto von Bismarck, logró por un tiempo preservar mediante artificios diplomáticos su flamante hegemonía sin levantar contra ella una alianza de los demás grandes estados. Pero después de 1890, caído el Canciller de Hierro, sus sucesores apuestan por una política más agresiva. Alemania, postergada en el reparto colonial, reclama «un lugar bajo el sol» acorde con la magnitud de su economía.

Las tensiones entre las grandes potencias, hasta entonces larvadas, se intensifican. Los conflictos provocados dentro de Europa por las encontradas ambiciones territoriales de las naciones se agravan como resultado de los repetidos choques que se producen en el mundo colonial. Las crisis diplomáticas que se suceden con regular cadencia conforman un nuevo sistema de relaciones internacionales en el que, frente a frente, dos grandes alianzas reúnen a las principales potencias. El Reino Unido, Francia y Rusia, que forman la Triple Entente, miran con desconfianza a los Imperios Centrales, Alemania y Austria-Hungría, que, con el concurso de la frustrada Italia, forman la Triple Alianza. La tensa bipolaridad, la *Paz Armada*, alimenta el armamentismo. Los estados mayores, convencidos de la inminencia de una guerra general, diseñan complejos planes estratégicos. Hacia 1914 la tensión es tan grande que muchos desean ya que estalle. El barril rebosa de pólvora. Basta con que alguien acerque una cerilla prendida para que explote. Es lo que, en realidad, sucede el 28 de junio. El asesinato de Sarajevo sólo es un disparador, no la causa de la guerra.

Aún hay más; es necesario mirar al pasado con mayor profundidad, con ojos más inquisitivos, para comprender lo que subyace bajo el estruendo de los cañones y el alambicado boato de la diplomacia. La apariencia que ofrecía el mundo occidental a los ojos de cualquier observador a finales de 1914 había de ser magnífica. Poderoso como nunca y muy seguro de sí mismo, Occidente dominaba el mundo y parecía hallarse en la plenitud de su desenvolvimiento histórico. La Revolución Industrial le había conferido una superioridad tecnológica, económica y militar que ninguna civilización había disfrutado jamás; sus lenguas y sus credos eran ahora los del mundo; su civilización, la que parecía portar la antorcha del progreso de la humanidad entera.

Sin embargo, las apariencias pueden engañar, incluso al historiador. El triunfo de la modernidad no era tan completo como parecía; las tinieblas del pasado no se habían disipado aún del todo. La economía de la mayor parte de Europa se basaba aún en la agricultura, la manufactura orientada hacia el consumo y el pequeño comercio. La producción a gran escala de bienes de capital era todavía secundaria. La aristocracia, terrateniente, militar o de toga, continuaba predominando en el seno de las clases dirigentes. La gran burguesía, deseosa de legitimidad, buscaba emparentar con ella; seguía comprando títulos nobiliarios, abría sus empresas a la participación de los nobles, y, admiradora impenitente de los aristócratas, copiaba su estilo, imitaba sus gestos, ansiaba parecerse a ellos. En los gobiernos, el triunfo de la burguesía no se había saldado con la total derrota de la nobleza, sino con un acuerdo de paz sin vencedores ni vencidos por el que ambas compartían el poder. Entre las grandes potencias, sólo hay una República, Francia. El resto son monarquías cuyos soberanos conservan un poder real. Los parlamentos elegidos no lo son nunca por completo ni por toda la población, sino cortes bicamerales en las que los senados, reserva aún de la aristocracia, sirven de contrapeso a las tendencias democráticas de las cámaras elegidas mediante el sufragio.

Las mentalidades aún han cambiado menos. Al principio, la cultura decimonónica, entregada al historicismo y seducida por los *revivals*, mira con nostalgia al pasado. Luego, cuando el romanticismo se repliega frente al realismo y el naturalismo, es la crítica a la burguesía y a su descarnada explotación social el foco de interés de la literatura y las bellas artes. Por último, la crisis de la conciencia europea que cierra la centuria despliega un feroz ataque contra los valores burgueses. El racionalismo, la fe en el progreso y el optimismo histórico son objeto de fieras críticas desde perspectivas irracionalistas y vitalistas que, pasadas unas décadas, alimentarán la agresión más brutal que se hubiera producido nunca contra el mundo occidental.

Y, como escribiera Gramsci, lo peor no es que lo viejo se negara a morir, sino que conservaba aún suficientes energías para tratar de imponerse por la fuerza sobre lo nuevo. Ese intento es, precisamente, el que subyace bajo la Gran Guerra. Entre 1914 y 1918, Europa asiste al canto de cisne del Antiguo Régimen, su postrer tentativa de asegurar su supervivencia, por la que luchaban sobre todo los Imperios Centrales y sus aliados. Derrotadas en 1918, las fuerzas del pasado fueron todavía capaces de renacer de sus cenizas y, bajo el disfraz de los fascismos, retar de nuevo a sus enemigos en 1939. Su aplastamiento definitivo, al término de la Segunda Guerra Mundial, revistió un significado trascendental. El triunfo de Hitler, dispuesto como estaba a sepultar los valores esenciales de la tradición europea, habría supuesto el final de nuestra civilización. Su derrota aseguró la supervivencia de Occidente.

85

¿Y POR QUÉ PERDIÓ ALEMANIA LA GRAN GUERRA?

La Gran Guerra fue, en muchos sentidos, como ya tuvimos ocasión de comprobar, el primer conflicto bélico que podríamos considerar del todo *moderno*. Pero, siéndolo en muchas cosas, lo fue sobre todo en una: las nuevas bases sobre las que se asentaba el poder militar. Antes de la industrialización de las grandes potencias, incluso tras el notable incremento del volumen y el coste de las fuerzas armadas que Geoffrey Parker denominó *revolución militar* de la Edad Moderna, la guerra había sido cosa de unos pocos. En la práctica, seguía tratándose de una sucesión discontinua de enfrentamientos entre ejércitos más o menos profesionales y asedios de plazas fuertes que sólo venían a alterar las seculares rutinas de la población civil cuando los frentes de combate se hallaban más o menos próximos a las comarcas donde transcurría su existencia. Sólo la Revolución Industrial lo cambió todo: el poder militar se convirtió en un correlato del poder económico y demográfico de los estados, de modo que en cualquier conflicto bélico de cierta duración librado entre potencias o coaliciones de potencias, la victoria tendía a corresponder a la larga a la nación dotada de una industria más poderosa y unos recursos más abundantes. Como diría años después el primer ministro británico Winston Churchill, refiriéndose a la derrota del Eje, la guerra se había convertido en «la aplicación debida de la fuerza arrolladora».

Esta evidencia quedó demostrada una y otra vez desde mediados del siglo XIX. En la conocida como guerra de Crimea, entre 1853 y 1856, el zar Nicolás I, que contaba con un inmenso pero anticuado ejército, fue derrotado por las fuerzas, mucho más reducidas pero también más modernas, de Gran Bretaña y Francia, que habían acudido en socorro del Imperio otomano para evitar que Rusia se hiciera con el control de los estrechos del Bósforo y los Dardanelos y lograra así su anhelado acceso al Mediterráneo. La lentitud de la movilización del ejército zarista, lastrada por la escasa densidad de la red ferroviaria rusa, convirtió en inútil su aplastante superioridad numérica y resultó determinante su derrota final.

Firma del tratado de paz con Alemania en el Salón de los Espejos de Versalles, el 28 de junio de 1919, por William Orpen.

Algo muy semejante sucedió en 1898, cuando la flota norteamericana infligió dos humillantes derrotas a la vieja Armada española en Santiago de Cuba y Cavite, y en 1905, cuando los impresionantes pero anticuados barcos de guerra rusos de la Flota del Báltico fueron aniquilados en la batalla de Tsushima por la moderna armada japonesa del almirante Togo, mucho menor en tonelaje, que la destruyó por completo al único coste de tres pequeños torpederos.

Con estos precedentes, a la altura del verano de 1914, el pronóstico sobre lo que iba a ocurrir no debía de resultar en exceso difícil. En el momento de iniciarse las hostilidades, la comparación entre las fuerzas enfrentadas beneficiaba ya con claridad a la Triple Entente frente a los Imperios Centrales, tanto en el terreno militar como en el demográfico y económico, e incluso en el estratégico. Y las cosas no harían sino empeorar desde entonces, con el respiro puntual que supuso para Alemania la retirada del conflicto de la Rusia de Lenin. Los Imperios alemán, austrohúngaro y otomano sólo recibieron el apoyo de la pequeña Bulgaria; Gran Bretaña y Francia perdieron el apoyo ruso, pero ganaron el de Italia, Japón y, sobre todo, el de los Estados Unidos de América, ya entonces la primera potencia económica mundial, amén del de otros muchos estados. Las cifras son harto elocuentes. Los Imperios Centrales lograron movilizar en el curso de la guerra, tras un colosal esfuerzo, nada menos que veintitrés millones de soldados; la Triple Entente y sus numerosos aliados, más de cuarenta y dos millones. Y eso no era todo. Si bien Alemania era en 1914 una gran potencia industrial, la primera de Europa, sus aliados sufrían aún un notable atraso, que había por fuerza de repercutir en la rapidez de sus movimientos y la eficacia de sus tropas. Por su parte, Gran Bretaña y Francia no sólo eran aún grandes potencias industriales, sino que poseían los mayores imperios coloniales del mundo, de los que podían obtener cantidades ingentes de materias primas y recursos energéticos y una fuente inagotable de reclutas con los que nutrir sus ejércitos.

La cuestión, por tanto, no es por qué perdió la guerra Alemania, sino por qué no la perdió antes. El mito propalado por los nazis en virtud del cual debía atribuirse la derrota a una presunta «puñalada por la espalda» perpetrada por los judíos y sus aliados bolcheviques carece de todo fundamento. Es cierto que el Imperio alemán se desmoronó en noviembre de 1918 como resultado de la «revolución espartaquista» acaudillada por Karl Liebknecht y Rose Luxemburg, que propició, sin desearlo, el ascenso al poder del Partido Socialdemócrata y la posterior firma del armisticio. Pero para entonces ya estaba claro que la derrota militar era cuestión de tiempo y que no iba a ser mucho. El fracaso de la última ofensiva del Ejército alemán en Francia, que hubo de detenerse, con sus divisiones exhaustas, a ciento veinte kilómetros de París, y la afluencia masiva de tropas norteamericanas a los puertos franceses del Atlántico hacía inminente la rotura del frente occidental por los aliados. Además, por entonces el resto de los frentes se estaban desmoronado ya, sus aliados capitulaban y Alemania se quedaba sola frente a la mayor maquinaria bélica jamás vista con anterioridad. Lo único que hicieron los comunistas germanos fue acelerar lo inevitable, en modo alguno provocarlo. La puñalada por la espalda nunca existió, pero creer en ella resultó muy útil para millones de alemanes deseosos de hallar un culpable sobre el que descargar la frustración provocada por una derrota tan humillante como inevitable.

86

¿Por qué hubo por fin una revolución en Rusia?

La tensión en el interior de los gobiernos y las legaciones diplomáticas de los principales estados europeos en los meses anteriores al estallido de la Gran Guerra era tan grande que muchos de los ministros y embajadores, e incluso buena parte de la opinión pública, terminaron por desear que se produjera lo antes posible, como si se tratara de una auténtica liberación. La confianza en que la poderosa tecnología bélica nacida de la industria moderna alimentaría rápidas ofensivas y, por ende, una guerra corta sirvió de acicate a ese deseo. La veleidad de creer que a fin de año los soldados habrían regresado a casa se convirtió en una suerte de consigna, y con esa gratuita certeza partieron hacia el frente muchos de ellos.

Sin duda no habrían pensado así de haber sabido qué tipo de conflicto les aguardaba en realidad. En lugar de una guerra relámpago, protagonizada por rápidos movimientos de las tropas, el armamento moderno generó una verdadera «guerra de trincheras», mucho más lenta y desde luego más destructiva que ninguna conflagración anterior. La Gran Guerra provocó así abundantes bajas militares y sufrimientos horribles entre la población civil, e implicó, de uno u otro modo, a la práctica totalidad de los estados soberanos, que lucharon con todas las armas a su alcance, entregados a una guerra total en la que cada aspecto de la vida colectiva, desde la economía a la propaganda, quedó rendido al control del Gobierno con el único objetivo de asegurar la victoria final.

Con ello, en casi todos los países la conflagración tuvo el efecto de elevar hasta un punto crítico tensiones larvadas de mayor o menor gravedad, ya fueran de naturaleza social, ya de orden político. Violentas algaradas, revueltas y motines reiterados se produjeron en todos los estados contendientes, aunque sólo en la Rusia zarista, aliada de las potencias occidentales, pero en un estadio de desarrollo económico muy distinto, la situación derivó en una verdadera revolución imposible de reprimir.

Reunión del consejo obrero de la fábrica Putilov, fotografía de Albert Rhys Williams (1883-1962). Los sóviets, consejos de obreros o campesinos, se erigieron en protagonistas de la revolución, aunque la descentralización del poder en el nuevo Estado socialista fue un fenómeno efímero.

¿Por qué sucedió así? ¿Por qué Rusia y no Alemania, que contaba con un proletariado mucho más numeroso y, desde luego, mejor organizado? Una vez más, resulta útil acudir aquí a la socorrida metáfora del barril y la cerilla, que nos permite comprender mejor las causas profundas del fenómeno y el disparador que lo inició. Veamos, pues, primero cómo el tonel se había llenado de pólvora.

El Imperio de los zares constituía, a comienzos del siglo XX, una terrible paradoja que lo convertía en campo abonado para el estallido de un verdadero movimiento revolucionario. En lo político, Rusia seguía siendo una monarquía absoluta de derecho divino en la que el poder del soberano carecía de limitación alguna. Pero dicho régimen, que había sobrevivido sin excesivos problemas mientras gobernaba una sociedad de campesinos analfabetos, se asentaba ahora sobre un polvorín social, resultado de un rápido, pero muy desigual, crecimiento económico.

Es cierto que en 1914 el campesinado pobre seguía constituyendo la aplastante mayoría de la población rusa, pero el acelerado desarrollo, impulsado con decisión por los gobiernos, con el concurso obligado de capitales y técnicos extranjeros, y basado en grandes complejos mineros e industriales que daban empleo a miles de obreros, había dado vida a un proletariado fabril pequeño en porcentaje, pero muy numeroso y consciente de su penosa situación, que no conocía aún las mejoras en su nivel de vida que habían ya empezado a disfrutar sus camaradas occidentales. El desigual desarrollo ruso había originado también una burguesía y unas clases medias que, aunque exiguas, aspiraban, como antes que ellas habían hecho sus homólogas occidentales, a participar en el poder.

Un primer aviso se produjo en 1905, cuando la guerra contra Japón, que se saldó con una humillante derrota rusa, avivó el descontento social larvado durante décadas y provocó todo un año de motines entre las tropas, huelgas obreras masivas, multitudinarias manifestaciones y violentas ocupaciones de fincas. La violencia sólo empezó a amainar cuando el Gobierno, aterrado por el cariz que tomaban unos sucesos que la mera represión no era capaz de frenar, se avino a convocar elecciones para constituir una Duma o cámara de carácter representativo y prometió desarrollar un completo programa de reformas sociales y políticas que parecían conducir por fin al viejo Imperio de los zares por la senda del parlamentarismo constitucional.

Quizá si las promesas de 1905 se hubieran cumplido las cosas habrían sido distintas. Una verdadera reforma política capaz de otorgar participación en el poder a los grupos sociales crecidos al calor de la industrialización habría enfriado el ardor revolucionario de muchos, abriendo el camino hacia un desarrollo más equilibrado. Pero, bien al contrario, la mayor parte de las promesas quedaron incumplidas, lo que no hizo sino aumentar más y más las tensiones internas de la sociedad rusa. En otras palabras, el barril siguió llenándose de pólvora. Cuando las reiteradas derrotas rusas en la Gran Guerra, en un contexto de rápido empeoramiento del nivel de vida de las capas populares, mostraron con claridad la debilidad militar del Estado, terminaron de crearse las condiciones objetivas para una revolución. La cerilla se había encendido.

Pero hay una pregunta más: ¿por qué no logró la burguesía rusa hacerse con el control de la revolución social, como habían hecho poco más de un siglo antes sus homólogas norteamericana o francesa?

Soldados rusos heridos volviendo del frente, por George H. Mewes, *National Geographic Magazine*, volumen 31 (1917). Las derrotas en el frente desmoralizaron a los soldados y agravaron las condiciones de vida de la población, creando el caldo de cultivo de la revolución.

Lo cierto es que lo intentó. La revolución dio comienzo en febrero de 1917, cuando al enorme descontento político provocado por la catastrófica gestión de la guerra se sumó la profunda irritación de los humildes, que sufrían una inflación desbocada y una brutal carestía de alimentos y productos básicos. A principios de aquel mes, las protestas populares se encadenaron y volvió a darse una situación similar a la de 1905. Entonces, la oposición liberal trató de capitalizar los desórdenes para forzar, como hiciera la burguesía francesa en 1789, la caída del Gobierno zarista y la convocatoria de un verdadero Parlamento. Durante unos meses pareció lograrlo. Todo parecía indicar que Rusia se había embarcado, con un siglo de retraso, en una revolución burguesa: un Gobierno provisional se hizo con el poder e inició la reforma política del decrépito estado absolutista.

Pero la relación de fuerzas en la sociedad rusa era muy distinta de la que se había puesto de manifiesto en otros países. El proletariado, rural y urbano, era ya numeroso; la respuesta zarista a la frustrada revolución de 1905 le había convencido de que la reforma no podía ser la solución; se hallaba lo bastante organizado como para imponer sus propias recetas, y contaba con líderes que consideraban llegado el momento de la revolución. Frente a ellos no había sino unas clases medias todavía débiles, una burguesía enclenque y una alianza más bien quebradiza de las clases propietarias, que discrepaban profundamente sobre las soluciones que requería el país, pues junto a los partidarios de las reformas liberales no faltaban los defensores a ultranza del absolutismo.

Así las cosas, el Partido Bolchevique, dirigido por Vladimir Illich Lenin, pudo dar con facilidad el golpe de Estado que le abrió las puertas del poder y, una vez conquistado, lo usó para transformar de raíz la sociedad y la política. La revolución social profetizada por Karl Marx se había realizado al fin, con algunos matices, en octubre de 1917, pero no en Alemania, como él había supuesto, sino en Rusia, allí donde menos lo habría esperado el pensador alemán.

87

¿POR QUÉ FUERON TAN FELICES LOS AÑOS VEINTE?

Si hubiera que responder con una frase sencilla, sin duda sería esta: por la extensión de los créditos al consumo. Porque fueron los préstamos generalizados a bajo interés y con escasas garantías los que, al alcanzar a las ya entonces nutridas capas medias de la sociedad norteamericana, les permitieron acceder a un mundo desconocido y seductor, pletórico de información, comodidades y diversiones, que hasta ese instante les había estado vedado por completo y tenían por exclusivo de los ricos. Como sucediera en el ya lejano Renacimiento con los estratos más ilustrados de la aristocracia y la burguesía europeas, los ciudadanos de aquella América victoriosa en la Gran Guerra se dispusieron a apurar hasta las heces la copa de la vida, en cuyo cristal antiguo descubrían ahora matices insospechados que atraían su atención con fuerza irresistible.

Algo tuvieron que ver en ello los avances técnicos. Los Felices Veinte fueron la época del teléfono y la lavadora, del automóvil y el avión, de la radio y el cine, del fonógrafo y la moda. La tecnología moderna, hija de la segunda revolución

Una noche de 1920 en Los Ángeles, Archivo fotográfico del *New York Times*. La alegre vida nocturna de los años veinte en los Estados Unidos ofrece una buena prueba de la mentalidad optimista y hedonista que se había impuesto en los países más avanzados en el período de Entreguerras.

industrial, parecía capaz de conseguirlo todo y de llegar a todos; de repente, el mundo semejaba no tener fronteras, ni físicas ni espirituales, porque los avances técnicos empezaban a tener también efecto sobre las mentalidades, las costumbres y los usos sociales.

La pacata moral tradicional se desmoronaba poco a poco frente a los decididos embates de la modernidad. Veía la luz una cosmovisión hedonista, amante de la novedad, seducida por el dinero fácil y ansiosa de gastarlo, ávida de distracciones y deseosa de sepultar bien hondo el recuerdo de los desastres de la Gran Guerra, cuya sombra ominosa se había prolongado ya demasiado tiempo sobre las cabezas de quienes los habían sufrido.

La mujer, en particular, comenzó a liberarse al fin de las pesadas cadenas económicas, sociales, políticas y morales que seguían condenándola a una posición subordinada al varón en el seno de aquellas sociedades en cambio acelerado. El sufragismo, nacido a finales del siglo anterior, empezó a lograr sus metas en algunos estados en los que la Gran Guerra, al despoblar las fábricas de hombres llamados a filas, había abierto sus puertas a las mujeres que ocuparon sus puestos, concediéndoles a un tiempo el orgullo y la fuerza necesarios para reclamar con renovados bríos su legítimo derecho al voto.

Mientras, los felices años veinte contemplaron también por vez primera, para escándalo de unos y admiración de otros, la eclosión de figuras femeninas tan carismáticas como la de la piloto norteamericana Amelia Earhart, la primera mujer que cruzó en avión y en solitario el océano Atlántico, grandes damas que demostraban que no había nada que impidiera a las de su sexo emprender todo aquello que los hombres venían haciendo solos desde el alba de los tiempos, y servían así de modelo a millones de mujeres occidentales que las miraban con admiración.

Más allá de estos hechos, los años veinte dieron a luz un nuevo arquetipo femenino, las *flappers*, que venía a destruir por completo la imagen tradicional de mujer soltera recatada y recluida en la casa de su padre, a la espera siempre anhelante de convertirse en esposa y madre. Joven, rebelde, insinuante, con su maquillaje llamativo, su vestido corto con plumas y flecos y su peinado *bob cut*, esta nueva mujer urbana y moderna tenía su propio trabajo y a menudo vivía sola, salía de noche, bebía licores fuertes, fumaba con boquilla, conducía automóviles a gran velocidad, escuchaba música de *jazz* y bailaba charlestón. Constituía, en fin, un desafío, consciente e integral, a la moral tradicional, y un primer paso, valiente y resuelto, por un camino que, por desgracia, muchas mujeres tuvieron luego que desandar tras la feroz ola de conservadurismo que siguió al final de la Segunda Guerra Mundial.

No fueron sólo las mujeres las que desanduvieron ese camino; lo hizo Occidente en su conjunto. Porque ese fue el cruel designio de aquellos años locos, a los que enseguida seguirían, sin aparente solución de continuidad, la eclosión de los totalitarismos y el peor conflicto bélico que la humanidad ha conocido jamás. No era en realidad sino el destino cierto de los edificios construidos sobre barro, sólidos en sus fachadas, pero frágiles en sus cimientos, como lo había sido la ficticia prosperidad de los años veinte. A punto de concluir la década, una terrible crisis económica castigaría sin clemencia a aquella sociedad que vivía por encima de sus posibilidades.

88

¿Qué provocó la Gran Depresión?

La despreocupada felicidad de aquellos «años locos» de la década de 1920 había de concluir por fuerza en una grave depresión que atenazó durante largo tiempo la economía, e incluso el espíritu, de un mundo hecho a vivir sin pensar en el futuro y obviando problemas muy profundos que nadie parecía preocupado por resolver.

Los estados beligerantes en la Gran Guerra, tras agotar sus reservas de oro, habían costeado el conflicto mediante la emisión masiva de papel moneda y, en el caso de los aliados, el recurso a los créditos norteamericanos. De este modo, en 1918 se hallaron sin capitales para financiar la recuperación y con no pocas dificultades para obtenerlos mediante el comercio, pues sus monedas, sobrevaluadas, actuaban como freno a las exportaciones.

De haber sido el gobierno estadounidense consciente del papel crucial que ahora desempeñaba en la economía mundial, habría reaccionado de inmediato. Su gran mercado interior, abierto al comercio internacional, habría impulsado una recuperación sólida de los países europeos, ofreciendo a sus empresas la demanda que necesitaban para recuperar sus beneficios, reinvertirlos y poner de nuevo en marcha el círculo virtuoso del crecimiento. Pero, bien al contrario, optó por un férreo proteccionismo, y fue el crédito el que ocupó el papel de la economía real, construyendo sobre los frágiles cimientos de la economía financiera una prosperidad que era sólo aparente. Veamos cómo sucedió.

Los bancos norteamericanos concedieron a los países vencidos, Alemania y Austria sobre todo, créditos con los que pagaban sus reparaciones de guerra a los vencedores. Estos las utilizaban para satisfacer las deudas contraídas y poner de nuevo en marcha sus débiles economías. Con ello, el sistema financiero internacional se hizo circular y también muy frágil. El dinero salía de los Estados Unidos y regresaba al mismo lugar. Si, por cualquier motivo, el grifo del crédito se cerraba, la economía mundial se colapsaría.

Y eso fue exactamente lo que sucedió. La economía del gigante norteamericano parecía mucho más sólida de lo que era en realidad. El campo empezaba ya a sufrir los efectos de la competencia exterior; las industrias tradicionales no se recuperaban, y el sistema bancario, integrado por incontables entidades de tamaño muy reducido, era muy frágil. La renta, además, se hallaba repartida de forma muy desigual, lo que hacía difícil sostener a largo plazo un consumo masivo. A pesar de ello, la demanda interna comenzó a crecer sin cesar sostenida por el crédito, lo que condujo a las familias a un nivel de endeudamiento muy peligroso.

Los problemas no terminaban ahí. El ciudadano medio no sólo se endeudaba para adquirir bienes de consumo, sino también acciones. Jugar en bolsa, y hacerlo con financiación bancaria, se convirtió en el deporte nacional, incluso para las empresas, que desviaron al mercado bursátil una parte de su inversión en detrimento de la economía real. Todo fue bien mientras los índices, sostenidos por la demanda incesante, siguieron subiendo. Pero en el momento en que la confianza cayera y los índices frenaran su ascenso, la tendencia podía invertirse enseguida, arrastrando con ella al conjunto de la economía, cuya aparente prosperidad dependía en exclusiva del crédito.

Así ocurrió en el otoño de 1929. El 23 de octubre las acciones empezaron a bajar. Unos días después, en el llamado «Martes Negro» de la bolsa neoyorquina, el pánico se apoderó de los inversores. En unas semanas se volatilizaron cincuenta mil millones de dólares, un cifra verdaderamente disparatada para la época. Millones de ciudadanos, incapaces de devolver sus créditos, se arruinaron por completo, arrastrando con ellos a los bancos, la mayoría pequeños, que les habían prestado el dinero sin garantía alguna. Muchas compañías, que también se habían endeudado para invertir en bolsa, quebraron. El desempleo se disparó, hundiendo la demanda nacional, y con ella nuevas empresas que se encontraron de la noche a la mañana con que nadie podía comprar sus productos, en un terrible círculo vicioso que se alimentaba de sí mismo. En pocos meses, el paro alcanzaba ya a más de diez millones de trabajadores, el veinticinco por ciento de la población activa. El capitalismo no había sufrido jamás una depresión semejante.

Foto de Florence Owens Thompson, de 32 años, madre de 7 hijos, tomada en Nipomo, California, en marzo de 1936 por Dorothea Lange. Muestra a los desposeídos cosechadores de California y, por extensión, refleja la gran miseria creada por la crisis de 1929 en un país en el que apenas existían mecanismos de protección social.

Pero lo peor estaba aún por llegar. Los bancos de Estados Unidos, desesperados, repatriaron sus capitales del exterior y cerraron de inmediato la llave del crédito internacional. Sin préstamos que los alimentaran, los frágiles sistemas financieros de las naciones vencidas en la Gran Guerra, Alemania y Austria sobre todo, se colapsaron al instante, arrastrando con ellos al abismo a sus economías y, a un tiempo, las de los países vencedores, privados de igual modo de los capitales de que dependían. El cierre masivo de empresas, los despidos y la desesperación se extendieron por Europa Occidental. Una profunda depresión económica se enseñoreó del mundo.

Los gobiernos, que ignoraban por completo su naturaleza, incluso la agravaron con sus medidas, inspiradas en las recetas deflacionistas tradicionales, pensadas para hacer frente a crisis de naturaleza muy distinta, como habían sido las del xix. El optimismo de los años locos se esfumó; el espíritu de paz y cooperación entre los estados dejó paso a una defensa cerril de los intereses nacionales. La Sociedad de las Naciones se mostró incapaz de frenar la renovada agresividad de algunas potencias. A mediados de los años treinta, negros nubarrones volvieron a aparecer sobre el horizonte.

89

¿POR QUÉ UN MAESTRO DE ESCUELA SE CONVIRTIÓ EN EL AMO DE ITALIA?

La crisis económica de la posguerra, primero, y la Gran Depresión, después, hicieron crecer con desusado vigor las semillas que la guerra había plantado. El regreso a casa de los soldados desmovilizados había sido muy difícil. Muchos de ellos, embrutecidos después de cuatro largos años sumidos en el infierno cotidiano de las trincheras, no parecían capaces de reintegrarse sin más a la vida civil. El desempleo, alimentado por la pasmosa lentitud de la recuperación económica, no facilitaba las cosas. Las graves tensiones entre los obreros, que miraban con simpatía la revolución rusa, y los patronos, que temían su contagio, se resolvían con frecuencia en violentos choques en los que muchos antiguos soldados, inadaptados y en paro, de nuevo con armas en unas manos que no se habían desacostumbrado de ellas, servían como milicias patronales que no eran sino verdaderos ejércitos de matones a sueldo de los empresarios. Las clases medias, que se sentían indefensas y atrapadas entre obreros y patronos organizados y entregados a la violencia, temían por sus intereses e incluso por sus vidas. Y así las cosas, la misma democracia, a todas luces incapaz de evitar una guerra tan desastrosa como la sufrida, parecía a muchos una impotente pantomima que debía ser desmontada cuanto antes.

Estos hechos alarmantes se producían en todos los estados de Europa occidental. Pero había algunos en los que se ponían de manifiesto con mayor gravedad. El caso de Italia resulta especialmente significativo. Aunque se encontraba entre las potencias vencedoras en la Gran Guerra, el premio obtenido había sido muy inferior a sus exigencias. Trieste, Trentino, Alto Adigio, Istria y Zara, sus ganancias territoriales, no eran sino insignificantes pedazos de tierra que no compensaban en absoluto su enorme sacrificio en vidas humanas, más de seiscientas mil, y la espantosa crisis económica que padecían ahora los italianos, víctimas del desempleo masivo y una inflación desbocada.

La frustración se sumó de ese modo al hambre y la miseria para empujar hacia las filas del anarcosindicalismo y del comunismo, recién nacido en Rusia, a un gran número de obreros y campesinos que habían perdido toda esperanza. La temperatura social empezó a elevarse con rapidez. Las huelgas masivas, los encierros en las fábricas, los asaltos a tiendas y almacenes y las ocupaciones de latifundios se extendieron por todo el país como un reguero de pólvora. La historia conoce este período como el Bienio Rojo.

Las clases propietarias fueron pronto presas del pánico. Contaban con el aparato represor del Estado, pero no confiaban en absoluto en él, amén de que la izquierda podía acabar haciéndose con el poder y usarlo en beneficio de sus aspiraciones. Además, Italia era una democracia joven y sus instituciones eran todavía muy débiles. Había que buscar otros remedios más enérgicos y expeditivos que pudieran funcionar fuera de los, para ellos, demasiado estrechos e ineficaces límites de la legalidad vigente. El fascismo se los ofreció.

Las semillas de lo que luego sería el fascismo se encuentran en el «escuadrismo». Frente a las milicias armadas de los obreros, comenzaron a surgir en la derecha italiana voces que sostenían la conveniencia de enfrentarse a los sindicatos usando sus mismas armas. Entre ellas, la más sonora fue pronto la del periodista Benito Mussolini, un antiguo maestro de escuela, de origen humilde, que había militado en el Partido Socialista Italiano hasta 1914, cuando su defensa de la entrada en la Gran Guerra le granjeó la expulsión de sus filas.

Mussolini había fundado en 1919 un grupo llamado *Fasci Italiani di Combattimento*, una violenta organización paramilitar de ideología ultranacionalista, anticomunista y antiliberal entre cuyos primeros militantes se hallaban intelectuales nacionalistas, exoficiales del ejército, antiguos soldados de élite y jóvenes terratenientes. Sus camisas negras, su seña de identidad más visible en una época en que todo el mundo parecía amar los uniformes, pronto se convirtieron para los empresarios italianos en sinónimo de seguridad frente a las milicias obreras. Financiados por los patronos, se enfrentaban a los obreros con violencia descarnada: rompían huelgas; evacuaban fábricas por la fuerza, y, si lo estimaban oportuno, no retrocedían ante el asesinato de líderes políticos y sindicales de la izquierda, todo ello sin que la policía o los jueces movieran un solo dedo para impedirlo.

En 1921, los *Fasci* se transformaron en una nueva fuerza política, el Partido Nacional Fascista. No sólo los empresarios saludaron su nacimiento con cierta esperanza. Para una buena parte de las aterrorizadas clases medias, los gobiernos de la posguerra, basados en inestables coaliciones de los partidos burgueses, no habían sido capaces de manejar la situación con eficacia. La creación, ese mismo año, del Partido Comunista italiano, que, a imitación de su modelo soviético, predicaba la toma violenta del poder por parte de los obreros integrados en una organización fuertemente disciplinada, no parecía presagiar nada bueno para el futuro. Para estos grupos sociales, los fascistas podían ser la solución, siempre que aceptaran un papel subordinado.

Pero Mussolini no estaba dispuesto a aceptar ese papel. Él era un líder carismático que veía en la obediencia ciega, la juventud y la violencia las herramientas con las que moldear un mundo nuevo que habría de nacer de las cenizas del antiguo. Su objetivo era el poder, el único camino que podía llevarle a implantar el Estado en el que soñaba: monolítico, centralista y autoritario; sin partidos ni facciones; apto para situar a Italia a la cabeza de las grandes potencias; al frente de una economía regulada en beneficio de todas las clases, sin sindicatos ni patronales, capaz de colmar las necesidades nacionales, sin dependencia alguna del exterior, y señor absoluto de una cultura moderna y secular, libre de las ataduras, religiosas o laicas, de la tradición y las normas heredadas, pero no menos de los postulados ingenuamente racionalistas del liberalismo burgués.

Lo intentó primero por medios pacíficos, pero las urnas le dieron la espalda. En los comicios de 1921 logró tan sólo treinta y cinco escaños. La difícil coyuntura de la que hasta entonces se habían alimentado los fascistas comenzaba ya a resultarles desfavorable. Lo peor de la crisis parecía haber pasado, con lo que empezaba a hacerlo también la tensión social que los había convertido en útiles aliados de las clases acomodadas. Mussolini comprendió que si se lo pensaba unos meses más, quizá nunca llegaría al Gobierno, pues muchos de sus viejos socios empezaban ya a ver en él a un

Mussolini en la Marcha sobre Roma, 25 de octubre de 1922. Fotografía de autor desconocido. La apelación a las masas fue desde sus inicios uno de los rasgos más característicos de los movimientos fascistas.

amigo incómodo. En su visión de las cosas, la única salida era el golpe de Estado.

Mediado el mes de octubre de 1922, Benito Mussolini organizó masivas manifestaciones en las grandes ciudades del país. En unos pocos días, sus seguidores, valiéndose de una extrema violencia, y sin reacción alguna de las fuerzas de seguridad del Estado, se hicieron con el control total del norte de Italia. A continuación, masas de fascistas armados y ataviados con sus camisas negras inundaron las carreteras y las vías férreas que conducían a la capital. Era la «Marcha sobre Roma». El día 25, una amenazante multitud de seguidores del *Duce* contemplaba sin recato su violento reflejo en las oscuras aguas del Tíber. El Gobierno, presidido por entonces por el político liberal Luigi Facta, pidió al rey Víctor Manuel III la proclamación del estado de sitio, pero el monarca se negó. El 30 de octubre encargaba a Benito Mussolini la formación de un nuevo gabinete; al día siguiente, veinticinco mil camisas negras desfilaban por las atestadas avenidas de Roma. El fascismo había triunfado.

90

¿Por qué un simple cabo se convirtió en dictador de Alemania?

Todos los factores que operaban en el caso de Italia lo hacían también en el de Alemania, sólo que con superior intensidad, pues Alemania, a diferencia de Italia, era una de las grandes potencias europeas, si no la mayor. Además, el país no figuraba entre los vencedores en la Gran Guerra, sino que, al contrario, era el más conspicuo de los perdedores, y por ello había soportado en mucha mayor medida el castigo impuesto por las potencias vencedoras en el conflicto.

Lo cierto es que el Tratado de Versalles, para la opinión pública alemana un verdadero *diktat* que su gobierno se había visto forzado a sancionar sin negociación alguna, provocó una repulsa unánime. Dos de sus cláusulas resultaban especialmente insufribles: las brutales reparaciones impuestas a Alemania por considerarla responsable de la guerra —y es cierto que podría haber evitado su estallido en el verano de 1914, pero los demás estados podrían haberlo hecho también— y las grandes amputaciones territoriales practicadas en su frontera oriental, que supusieron incluso la absurda y humillante división del país en dos partes aisladas entre sí.

En cualquier caso, se trató de un enorme error de las potencias vencedoras. Sus gobiernos, sin desearlo, habían puesto a fuego lento un sustancioso caldo de cultivo en el que enseguida crecerían los morbíficos bacilos del nacionalismo exacerbado y revanchista. Era cierto que si todo marchaba bien para los alemanes, la mayoría de ellos terminaría por olvidar la humillación de Versalles y centraría su atención en sus asuntos. Pero si la economía tardaba en recuperarse y el desempleo se mantenía en cotas muy elevadas, podían ser muchos los que cayeran en la desesperación y terminaran por escuchar los seductores cantos de sirena de los adalides de la venganza.

Y esto fue lo que sucedió. Las dificultades propias de la posguerra se prolongaron en el tiempo como consecuencia del insoportable peso que las reparaciones suponían para Alemania. En 1923, la economía se colapsó. Para pagar las reparaciones, el

Soldados durante la ocupación del Ruhr en 1923. En enero de ese año, franceses y belgas enviaron sus tropas a ocupar la región industrial más importante de Alemania como garantía del pago de las reparaciones, provocando con ello una huelga general que se prolongó en el tiempo gracias a la decidida ayuda del propio Gobierno alemán.

gobierno se había embarcado en una emisión masiva de papel moneda que le permitía hacerles frente con una divisa que valía cada vez menos. Sin embargo, las potencias acreedoras terminaron por rechazar esta añagaza y exigieron el pago en bienes como carbón, hierro, acero o madera. Para asegurarse el cobro, en enero de 1923 franceses y belgas enviaron sus tropas a ocupar la cuenca del Ruhr, la región industrial más importante de Alemania.

La respuesta no se hizo esperar. La región quedó de inmediato paralizada por una huelga general que el gobierno germano apoyó sufragando con dinero público los salarios de los huelguistas. Para hacerlo, no tuvo otra salida que emitir enormes cantidades de papel moneda, con los desastrosos efectos que cabe suponer: los precios se dispararon hasta tal punto que los billetes no eran lo bastante grandes para dar cabida al número de ceros de su valor facial —llegaron a imprimirse billetes de cien billones de marcos—; la población acabó por rechazarlos, y durante un tiempo el país regresó al trueque y a la economía natural.

Aunque las potencias aliadas terminaron por aceptar una renegociación del pago de las reparaciones y el gobierno logró controlar la subida de los precios mediante la emisión del *rentenmark*, una nueva divisa avalada por el patrimonio inmobiliario del país, ya era demasiado tarde. La clase media alemana había visto cómo sus ahorros se volatilizaban de la noche a la mañana mientras prosperaban los contrabandistas, los usureros, los especuladores, los propietarios de casas y tierras, y los banqueros sin escrúpulos, muchos de ellos judíos. Los valores burgueses se desmoronaron: ¿cómo seguir creyendo como antes en el ahorro, el esfuerzo, la frugalidad y la confianza en los demás? La fe en la democracia y sus instituciones se resquebrajó: ¿acaso no se había mostrado el Gobierno por completo incapaz de dar solución a la crisis? Y, como corolario inexorable, se agudizó el odio hacia las potencias aliadas, cuya descomunal avaricia había llevado a la ruina al pueblo alemán. Quizá había llegado el momento, pensaron muchos, de pagar con la misma moneda, romper de una vez con lo caduco, con todo lo que no funcionaba y apostar por nuevas recetas y soluciones más imaginativas. Alimentado por el resentimiento y el cinismo, cierto espíritu de aventura, iconoclasta y violento, arraigó profundamente entre los alemanes.

Es cierto que el triunfo final del nazismo no se produjo entonces. El llamado Putsch de la cervecería, que tuvo lugar en Múnich, Baviera, el 9 de noviembre de 1923, y terminó con los huesos de un joven e inexperto Hitler en la cárcel, fue un fracaso total. Pero las semillas ya se habían sembrado. Durante los años siguientes, el partido que acaudillaba el carismático agitador, llamado de forma elocuente Partido Obrero Alemán nacional Socialista (NSDAP), cambió de estrategia. Renunciando a la toma violenta del poder, se convertiría en una fuerza política legal que trataría de conquistar en las urnas lo que las calles le habían negado.

Con toda probabilidad, en condiciones normales jamás habría alcanzado el poder. Pero las condiciones en las que se encontraba Alemania no volvieron nunca a serlo hasta 1945. Si bien el país logró caminar hacia la recuperación gracias al Plan Dawes de 1924, que le permitía una situación financiera más razonable, el estallido de la gran crisis económica de 1929 lo colocó de nuevo al borde del colapso, el contexto perfecto

La Marienplatz de Múnich durante el Putsch de la cervecería, que tuvo lugar en dicha ciudad el 9 de noviembre de 1923. Bundesarchiv Bild, 119-1486.

para el progreso de la demagogia en la que Hitler y los suyos eran consumados maestros.

En efecto, la crisis catapultó los resultados electorales de los dos partidos extremos del panorama político alemán, los comunistas del KPD y los nazis del NSDAP. En las elecciones de 1930, sumaban entre ambos más del cincuenta por ciento de los escaños. Como sucedió en Italia, los ricos se asustaron y, sin entender qué clase de monstruo estaban alimentando, dieron en pensar que Hitler podía ser un aliado útil para frenar el rápido avance del comunismo y comenzaron a financiar sus actividades. Mientras, la miseria y el paro no dejaban de crecer; nazis y comunistas se enfrentaban a tiros en las calles, y los partidos tradicionales, cada vez más desacreditados, al igual que la propia democracia, se revelaban incapaces de ponerse de acuerdo ni siquiera para formar gobiernos estables. En los comicios de 1932, el NSDAP fue la fuerza política más votada. En enero de 1933, con el apoyo de los conservadores de von Papen, Hitler se convertía en canciller de Alemania. El caballo había cruzado las murallas de Troya; era cuestión de tiempo que cayera la noche y los demonios ocultos en su vientre salieran de él y, revelando su verdadero y espeluznante rostro, destruyeran la agonizante democracia alemana.

91

¿Por qué Gran Bretaña y Francia no detuvieron a Hitler?

Pero si muchos alemanes no entendieron lo que Hitler significaba hasta que fue demasiado tarde, no se mostraron mucho más avispados los dirigentes de las grandes potencias occidentales, Gran Bretaña y Francia sobre todo, que se avinieron una y otra vez a sus exigencias sin reparar en que, al igual que el fuego de una hoguera se aviva en lugar de apagarse cuanta más madera se arroja sobre ella, la ambición de un dictador sólo crece, en lugar de aplacarse, cuanta mayor debilidad se muestra ante sus pretensiones.

El audaz revisionismo de Hitler se puso de manifiesto muy pronto. El 7 de marzo de 1936, tropas alemanas penetraron en Renania, región del país cuya militarización había prohibido explícitamente el Tratado de Versalles. Poco después, en julio, estallaba la guerra civil española, y Hitler, junto a su aliado Mussolini, enviaba ayuda militar al bando sublevado contra la autoridad legalmente constituida en el país.

Ninguna de estas acciones provocó respuesta alguna por parte de Gran Bretaña y Francia. El primer ministro británico, Neville Chamberlain, ni siquiera protesta en marzo y su homólogo francés, Édouard Daladier, se ve obligado a hacer lo mismo para evitar quedar aislado. En los meses siguientes, ambos gobiernos, tan inicuos como inconscientes, idean la farsa de la «No Intervención» como respuesta concertada de las grandes potencias ante el conflicto español, situando en un mismo nivel a los sublevados y al gobierno legítimo del país, pero no mueven un solo dedo mientras Alemania e Italia van incrementando el montante de su auxilio a Franco.

Es sólo el principio. Entre las cláusulas del Tratado de Versalles figuraba también la restricción a cien mil hombres de las fuerzas armadas alemanas, y una clara limitación en la magnitud de su aviación y su flota. Pero Hitler se embarcó enseguida en una política de rápido rearme que hizo del reconstituido Ejército alemán, la *Wehrmacht*, el más poderoso y moderno de Europa, sin que franceses ni británicos

Adolf Hitler pronuncia un discurso el 15 de marzo de 1938 en la Heldenplatz de Viena desde el balcón del palacio imperial. Archivo Federal Alemán.

mostraran oposición alguna. Tampoco lo hicieron cuando la ambición nazi empezó a proyectarse más allá de sus fronteras. En marzo de 1938 se consumaba el *Anschluss*, la incorporación de Austria a Alemania, una acción también prohibida por el Tratado de Versalles, y el silencio anglofrancés volvía a ser, una vez más, clamoroso.

¿Por qué esta actitud? Por supuesto, se trataba en primer lugar de una apuesta personal del *premier* británico Chamberlain, que sin duda creía sinceramente en su utilidad para preservar la paz. Pero detrás de esta convicción latía sin duda el recuerdo de la pavorosa Gran Guerra, que tanto dolor había causado a los europeos, y su deseo de evitar a toda costa su repetición. No cabe descartar, además, que en la conciencia de los políticos occidentales pesara un poco el sentimiento de culpabilidad. En el fondo sabían que el trato dispensado a Alemania en 1918 había sido exageradamente severo, y quizá creían que algunas de las cláusulas impuestas en Versalles eran injustas y carecía por tanto de sentido arriesgarse a un conflicto diplomático con Alemania por atrincherarse en la exigencia de su cumplimiento. En el fondo, nadie que posea una cierta decencia es capaz de defender a capa y espada una postura de cuya legitimidad no está del todo seguro. Y eso era lo que quizá

El fin del antiguo orden

La infantería polaca marchando, septiembre de 1939, poco después de la invasión alemana. Después de sucesivas cesiones vergonzantes, Francia y Gran Bretaña decidieron declarar por fin la guerra a Hitler. Daba así comienzo la Segunda Guerra Mundial.

le sucedía a los gobernantes de Gran Bretaña y Francia en la cuarta década del siglo XX.

Sin embargo, la duda no justifica su mísero proceder de aquellos años. Para evitar la guerra, Chamberlain y Daladier se avinieron a sacrificar en el altar de la paz todos aquellos valores sin cuya existencia la misma paz no vale la pena: la libertad, la justicia y el derecho de los pueblos de gobernarse a sí mismos. La República española, que hubo de rendirse en 1939, fue la primera víctima propiciatoria; Checoslovaquia sería la segunda. En un supremo acto de iniquidad cuando, en 1938, Hitler prometió que se conformaría con los Sudetes, arguyendo que esta región checoslovaca estaba habitada por gentes de habla germana, Gran Bretaña y Francia aceptaron su anexión sin permitir siquiera a Checoslovaquia opinar al respecto. Tras la conferencia, celebrada en Múnich, Neville Chamberlain regresó a Londres y proclamó al descender del avión que los acuerdos garantizaban «la paz para su tiempo». Pero, como habría supuesto cualquier persona sensata, tan vergonzosa debilidad de las potencias occidentales no sólo no apaciguó a Hitler, sino que lo espoleó: a comienzos de 1939 se anexionaba el resto del país, y tampoco en esta ocasión hicieron nada franceses ni británicos. Con toda razón pudo entonces el arrojado Winston Churchill, futuro sucesor de Chamberlain a la cabeza del gobierno británico, espetarle en el Parlamento al entonces primer ministro: «Tuvo usted para elegir entre la humillación y la guerra, eligió la humillación y nos llevará a la guerra». El 1 de septiembre de 1939 la *Wehrmacht* daba comienzo a la invasión de Polonia. Había empezado la Segunda Guerra Mundial.

92

¿Por qué fue tan distinta la Segunda Guerra Mundial?

La Segunda Guerra Mundial, que, aunque aún no había recibido ese nombre, dio comienzo el 1 de septiembre de 1939, fue una reedición, mil veces multiplicada en intensidad, de la Primera. Pero no se trató tan sólo de una cuestión de grado. Si la Gran Guerra había cambiado el mundo, su hermana lo cambiaría mucho más, hasta el punto de que muchos investigadores, cuestionando la tradicional periodización de la historia, propusieron dar por terminada en agosto de 1945 la ya venerable Edad Contemporánea. A partir de ese año habría dado comienzo la historia del mundo actual.

No les falta razón. Como la de 1914, fue una guerra mundial. Al igual que entonces, el conflicto comenzó en Europa y se extendió luego al resto del mundo. Pero si en la Gran Guerra las operaciones bélicas que se desarrollaron fuera del Viejo Continente tuvieron una importancia menor, ahora resultaron determinantes. La rápida ocupación japonesa en Asia y el Pacífico, que llevó en unos meses sus tropas a las puertas de Australia, exigió a los ejércitos aliados largos años de sangrientas batallas hasta forzar la rendición de los nipones. El designio alemán de asfixiar la economía británica mediante los continuos ataques de sus submarinos condujo a una lucha crucial en el Atlántico que se prolongó durante toda la guerra, y a una encarnizada refriega en el norte de África, donde fue necesario frenar a las tropas acorazadas alemanas antes de que alcanzaran el Canal de Suez y yugularan así el comercio inglés con la India a la vez que accedían al petróleo del Cáucaso.

Fue también una guerra ideológica, pero mucho más reñida que la anterior, pues la lucha no enfrentaba ahora a los partidarios de regímenes abiertos en mayor o menor medida al liberalismo, sino, de forma manifiesta, a los valedores de dos visiones del mundo, la democracia y el fascismo, por completo incompatibles, y, de forma larvada, pero evidente después de 1945, a otras dos no menos inconciliables: la democracia capitalista y el comunismo soviético.

Se trató, asimismo, de una guerra total, ya que cada dimensión de la vida social se puso, bajo control del Estado, al servicio de la victoria. Pero el grado de intervención alcanzado entre 1914 y 1918 palidece frente al conseguido ahora por los gobiernos. El control exhaustivo de la emisión de moneda buscó evitar la repetición de los procesos de depreciación ocurridos tras la Gran Guerra. El empleo de mano de obra femenina, y, en el caso alemán, incluso de prisioneros de guerra y convictos sacados de las cárceles, permitió compensar la masiva incorporación de obreros al frente y evitar así una fuerte caída de la producción. La reconversión de la industria para potenciar la fabricación de armamento y pertrechos permitió asegurar el suministro continuo de los ejércitos en lucha. Y, en fin, la implantación de eficaces sistemas de racionamiento y la regulación de los cultivos para potenciar los de mayor aporte calórico permitieron exorcizar el fantasma del hambre y sus peligrosos efectos sobre la moral de las poblaciones.

Como su predecesora, la Segunda Guerra Mundial impuso grandes sufrimientos a la población civil. La aviación, ahora mucho más poderosa y eficaz, permitió bombardeos sistemáticos que buscaban sembrar el terror y la desmoralización del enemigo, y arrasaron para ello ciudades enteras, como Coventry, en el Reino Unido, o Dresde, en Alemania. Decenas de millones de personas abandonaron para siempre sus hogares, forzadas por las deportaciones durante el conflicto o el cambio de soberanía de los territorios una vez concluido aquel. Por último, el número de muertos se elevó, en el más optimista de los recuentos, a cincuenta millones, entre ellos seis millones de judíos masacrados sin otro motivo que la pertenencia a una etnia considerada inferior por los jerarcas nazis, un genocidio brutal que coloca a la Segunda Guerra Mundial a la cabeza de la

Lanzacohetes soviético Katiuska. La tecnología bélica experimentó un desarrollo acelerado durante la Segunda Guerra Mundial.

barbarie humana de todos los tiempos y marca una diferencia no sólo de número, sino de grado, entre ambos conflictos.

El armamento y las tácticas de combate muestran también cambios determinantes. A lo largo del conflicto, los campos de batalla conocieron continuas innovaciones armamentísticas. Artillería autopropulsada, carros de combate pesados, aviones a reacción o cohetes de largo alcance eran, en todo caso, armas mucho más destructivas, que se producían a un ritmo mucho mayor y se mostraban capaces de superar los sistemas de defensa estática todavía eficaces en la guerra anterior. Además, el ejército alemán optó desde el principio por una táctica ofensiva, la denominada *Blitzkrieg*, o 'guerra relámpago', que se basaba en un uso imaginativo y mucho más eficiente de la aviación y los elementos acorazados, lo que le permitió desbaratar con increíble rapidez toda resistencia.

Uno tras otro, Polonia, Dinamarca, Noruega, Holanda, Bélgica, Luxemburgo y Francia cayeron frente al fulminante avance de la *Wehrmacht*. En el este, las invasiones y los golpes de estado configuraban las fronteras al capricho de Hitler y su aliado Mussolini. En unos meses, mientras sus aliados nipones implantaban su nuevo orden en Asia, los nazis se habían convertido en los amos de Europa

¿Por qué, entonces, la guerra no fue corta, sino incluso más larga que su predecesora? Las razones son diversas. Alemania podía valerse de su aplastante supremacía militar y económica para imponer su voluntad a Europa Occidental, pero los británicos contaban para sobrevivir con el mar, donde eran claramente superiores, y los recursos inagotables de su inmenso imperio. Tras el fracaso de su fuerza aérea en el verano de 1940, la invasión alemana de Inglaterra se convertía en imposible, y con ella una rápida victoria de Hitler. Luego, el ataque alemán a la URSS, en junio de 1941, y la entrada en guerra de los Estados Unidos de América sellaron el destino del conflicto. La superioridad aliada se hizo tan aplastante que sólo las ventajas estratégicas ganadas por Alemania demoraron una derrota ya inevitable. Si algo había demostrado la guerra, era que en la era industrial la capacidad militar es un correlato del potencial demográfico, económico y tecnológico, y si el conflicto se prolonga lo suficiente, la victoria corresponderá siempre al que lo posea en mayor grado. El lanzamiento de dos bombas atómicas sobre el Japón en agosto de 1945 impresionó tanto al mundo como a Robert E. Lewis, copiloto del *Enola Gay*, el avión que lanzó la primera de ellas, que se preguntó: «Dios mío ¿qué hemos hecho?». Después de aquel día, nada volvería a ser como antes.

IX

QUO VADIS, HUMANITAS?

93

¿POR QUÉ SE PRODUJO LA DESCOLONIZACIÓN?

La Segunda Guerra Mundial cambió el mundo para siempre y de raíz. Terminó bruscamente con la conmovedora candidez de los Años Locos; obligó de nuevo a las personas corrientes a mirar cara a cara a los horrores de una guerra total que pocos años antes había creído imposible repetir; barrió de un solo gesto la secular hegemonía de los europeos, y, en lo que fue el cambio quizá más visible de todos, dio a luz un nuevo planisferio político en el que, en el transcurso de tan sólo un par de décadas, más de un centenar de nuevos estados soberanos debutaron como actores independientes sobre el hasta entonces selecto escenario de las relaciones internacionales.

Es cierto que el proceso, que conocemos con el nombre de descolonización, se había iniciado algo antes, al término de la Gran Guerra. Pero entonces sólo habían resultado afectados los imperios, bastante reducidos en extensión, de Alemania y Turquía, y el destino de algunos de los pueblos liberados no había sido la independencia, sino el cambio de amo, pues sus territorios no se habían convertido en estados soberanos, sino en «mandatos» administrados temporalmente por las potencias vencedoras en nombre de la Sociedad de las Naciones con el pretexto de que no se encontraban aún lo bastante «maduros» para tomar las riendas de su propio destino.

Lo que ahora sucede es bien distinto. Son los grandes imperios coloniales, el inglés y el francés sobre todo, los afectados, y el destino de los pueblos colonizados no es otro que la independencia. Pero ¿por qué ahora? ¿Cuáles fueron las causas de esa desamortización acelerada de territorios coloniales que dio a luz en muy poco tiempo a una verdadera pléyade de nuevos estados?

Lo cierto es que se trata de un proceso complejo. Las guerras mundiales, en especial la Segunda, habían trastocado en gran medida el orden vigente en los territorios coloniales. La demanda de materias primas y productos industriales por parte de las potencias beligerantes dinamizó sus economías e impulsó, en niveles distintos según los territorios, claro está, el desarrollo de pequeñas élites autóctonas, así como de los grupos sociales propios de las sociedades modernas, como la burguesía, las clases medias y los trabajadores asalariados. De algún modo, fue desarrollándose en aquellos pueblos una disfunción o desajuste bastante similar al que dio origen a las revoluciones burguesas a caballo entre los siglos XVIII y XIX: sus sociedades eran ya demasiado modernas, aunque no sin terribles desequilibrios, para que pudieran contenerlas por mucho tiempo las rígidas carcasas del colonialismo.

¿Por qué? Es evidente. Los nuevos grupos emergidos como resultado del crecimiento económico eran, a diferencia de las sociedades tradicionales que se rigen por la autoridad y la costumbre y se manifiestan reacias al cambio, sensibles a las proclamas de libertad que Occidente lanzaba al mundo. Cuando documentos tan impactantes como los célebres Catorce Puntos del presidente Wilson, de enero de 1918, o la Carta del Atlántico, de agosto de 1941 alcanzaron los ya educados oídos de las nuevas élites coloniales se convirtió en una mera cuestión de tiempo que al menos algunos de los pueblos africanos y asiáticos, conducidos por esas élites y con el apoyo de unas masas urbanas emergentes, reclamasen su derecho a disfrutar de prerrogativas tan seductoras como las que Occidente revelaba al mundo. Partidos nacionalistas que exigían la independencia y movimientos transnacionales que aspiraban a la unificación de los pueblos

Firma de la Carta del Atlántico el 14 de agosto de 1941 a bordo del buque británico HMS *Príncipe de Gales*. En la imagen Winston Churchill y Franklin D. Roosevelt estampando su firma al pie del documento.

que compartían una misma etnia, cultura o religión, como el panarabismo, el panafricanismo o el panislamismo, brotaron por doquier en las colonias.

Se trataba de una marea imparable, o, al menos, las potencias europeas, exhaustas por el colosal esfuerzo bélico, no poseían ya los medios para detenerla. Por ello, aunque en un primer momento su reacción fue muy diversa, dialogante en algún caso, reticente en otros, con el tiempo tuvieron que rendirse ante lo inevitable y reconocer la independencia de los nuevos estados. Pero la inteligencia y la visión histórica con que actuaron fue muy distinta.

El Gobierno británico, haciendo gala de una notable intuición acerca del futuro, sacrificó enseguida la soberanía política sobre sus colonias y, en la mayor parte de los casos, les concedió con rapidez la independencia a cambio de preservar los preciosos vínculos económicos y espirituales que le unían con ellas. En 1949, el orgulloso Imperio británico dio paso a la llamada Commonwealth, una mancomunidad de estados independientes, todavía vigente hoy, que reconocen como propio al soberano del Reino Unido. Francia, con pericia mucho menor, trató de poner en práctica algo semejante, pero su organización, la Comunidad Francesa, no cosechó un éxito equiparable. Los demás estados recorrieron caminos muy diferentes. Alemania, como hemos dicho, había perdido sus colonias en 1919, como parte de las duras condiciones de paz impuestas por los vencedores, y lo mismo le había ocurrido a Turquía. En cuanto a las dependencias italianas, españolas, portuguesas, holandesas y belgas, fueron también accediendo a la soberanía entre los años cuarenta y setenta del siglo XX. Al concluir esa década, casi culminada la descolonización, dos centenares de estados habían marcado sus fronteras sobre la ahora abarrotada superficie del planeta. Un nuevo mundo había nacido.

94

¿Por qué cuando acabó la colonización dio comienzo el neocolonialismo?

Pero ¿era de verdad tan nuevo? Lo cierto es que no. En realidad, a la situación creada tras las independencias de los pueblos africanos y asiáticos y su rápida metamorfosis en estados soberanos, cortados, no sin cierta premura, por los patrones históricos occidentales, podría aplicársele con total precisión la célebre frase que el literato italiano de la primera mitad del siglo XX Giuseppe Tomasi di Lampedusa utilizó en su única novela, *El Gatopardo*, para definir el cinismo con el que los partidarios del Antiguo Régimen se amoldaron al triunfo inevitable de la revolución burguesa, usándolo en su propio beneficio: «Que todo cambie para que todo siga igual».

¿Qué cambió y qué siguió igual? Cambiaron los ropajes que vestían estos nuevos actores en la escena internacional, envueltos ahora en el oropel de sus himnos y banderas; no lo hizo su realidad social y económica, y no lo hizo, sobre todo, su dependencia de sus antiguas, u otras nuevas, metrópolis. Había terminado el colonialismo; estas jóvenes naciones no eran ya, técnicamente, colonias; poseían gobiernos y ejércitos y disfrutaban de todos los atributos externos de la soberanía. Pero lo cierto es que muchas de las decisiones cruciales que condicionaban el futuro de estos pueblos y la vida cotidiana de sus ciudadanos se adoptaban fuera, y casi siempre muy lejos, de sus flamantes fronteras. Había dado comienzo el neocolonialismo.

La expresión, que fuera acuñada por el líder de la independencia de Ghana Nwane N`Krumah en su obra *El neocolonialismo, último estadio del imperialismo*, no puede ser más acertada a la luz de cuál era, y sigue siendo en muchos casos, la realidad que se ocultaba tras la emancipación de las antiguas colonias. Porque los derroteros que siguieron estas jóvenes naciones fueron similares y, en la mayor parte de los casos, deprimentes.

Algunas de ellas, como diminutos satélites atrapados en las órbitas de la Unión Soviética o de la República Popular China, instauraron sistemas más o menos copiados de uno u otro estado comunista; otras, las más, siguieron sometidas a la fuerte gravedad de Occidente, pagando con su lealtad y su subordinación ayudas interesadas y casi siempre exiguas. Sólo las que contaban con líderes más clarividentes trataron de navegar solas a través de las procelosas aguas de la Guerra Fría. La Conferencia de Bandung, en 1955, que reunió a los representantes de una treintena de estados, sentó las bases de lo que luego se llamaría Movimiento de los Países No Alineados, que llegaría a integrar unas cien naciones. Pero, fuera cual fuese su militancia, era mucho más lo que unía a estos países que lo que los separaba. Los males que padecían, gravísimos, eran semejantes, y eran ellos, mucho más que la constitución de un tercer bloque entre los otros dos, que pronto se reveló ilusoria, los que mejor identificaban la realidad del que sería conocido muy pronto como Tercer Mundo.

La expresión, acuñada en los años cincuenta por el economista francés Alfred Sauvy con objeto de resaltar las similitudes que presentaba la situación de estos países con la del Tercer Estado en los momentos previos a la Revolución francesa, englobaba estados muy dispares, pero que poseían indudables rasgos comunes. Lo cierto es que casi todas las naciones africanas, muchas asiáticas y un buen número de las iberoamericanas sufrían una misma y penosa situación. La malnutrición y el acelerado crecimiento de la población mantenían baja la renta y lastraban el desarrollo económico. Su dependencia de la tecnología, los capitales y los mercados de los países ricos las condenaba al papel de suministradoras de materias primas baratas. La intensa contradicción entre una nimia parcela de modernidad, vinculada a los intereses extranjeros, y el inmenso erial de arcaísmo de la economía agraria tradicional, de muy exigua productividad, generaba desequilibrios muy difíciles de superar. Su corolario social, la profunda brecha que separaba a las oligarquías propietarias o simplemente gestoras de la riqueza de la enorme masa de personas depauperadas, originaba una inestabilidad crónica. Y su consecuencia política, la cronificación de corruptos regímenes autoritarios, bien ocultos tras el antifaz de una democracia sólo aparente, bien encarnados en monarquías tradicionales o dictaduras militares, dificultaba todavía más la evolución de aquellos estados hacia el progreso y la libertad.

Tal era, y es aún en buena parte del mundo, la realidad que venía a amparar el neocolonialismo, una sutil y muy eficaz herramienta de perpetuación de la dependencia de la mayoría de la humanidad respecto a la minoría que seguía dirigiéndola. Había, desde luego, profundas diferencias que se pusieron pronto de manifiesto. Las naciones de América Latina parecían condenadas a aspirar sin éxito al desarrollo, oscilando sin cesar entre la oligarquía corrupta y el espejismo revolucionario. Mientras, los países productores de petróleo eran opulentos, pero corruptos y autoritarios. Las míseras naciones africanas, víctimas del tribalismo y la guerra civil endémica, agonizaban sin que a nadie pareciera importarle. Los «dragones asiáticos», impulsados por los cuantiosos capitales japoneses y por una arraigada moral social de austeridad y esfuerzo, levantaban con decisión el vuelo del desarrollo. Sólo los grandes estados, como China y la India, parecían llamados a contarse entre los gigantes del siglo XXI. Pero, vistas desde la distancia adecuada, aquellas naciones no eran sino solitarias torres a medio hacer que emergían sobre un mar de chabolas.

95

¿Cuál fue el origen del feminismo?

Es probable que, interrogadas al respecto, la mayoría de las personas situaran los primeros pasos de este movimiento en los años posteriores a 1945, incluso en las dinámicas décadas de los sesenta o setenta del siglo XX. En cualquier caso, no

Retrato de Olimpia de Gouges, por Alexandre Kucharsky (1741-1819). En 1791 escribió su famosa Declaración de los derechos de la Mujer y la Ciudadana, que comenzaba con las siguientes palabras: «Hombre, ¿eres capaz de ser justo? Una mujer te hace esta pregunta».

resultaría demasiado chocante que todas ellas, salvo las más avisadas, lo considerasen un fenómeno más bien reciente. Sin embargo, no es así. El feminismo es en realidad tan antiguo como el liberalismo; ve la luz en la Ilustración y sus raíces se hunden bien profundas en el fértil sustrato ideológico de la Revolución francesa.

Fue entonces cuando algunos, muy pocos, hombres y mujeres repararon en la profunda contradicción en la que incurría el liberalismo emergente: ¿acaso no lo era proclamar los derechos inalienables del hombre y del ciudadano, como había hecho la Asamblea Nacional francesa el 28 de agosto de 1789, sin incluir también a las mujeres como sujeto de esos mismos derechos? ¿Es que eran estas, de algún modo, menos humanas que los hombres? ¿Había en su naturaleza alguna tara o menoscabo, físico o intelectual, que las hiciera acreedoras a inferiores prerrogativas que sus compañeros varones? Así lo hizo notar Condorcet, quien, indignado, comparó su posición legal en la sociedad naciente con la de los esclavos, y, sobre todo, Olimpia de Gouges, que publicó en 1791 una valiente Declaración de los derechos de la Mujer y la Ciudadana, en todo similar a la de 1789 excepto en el sujeto de esos derechos.

Fueron los primeros pasos. Casi a la vez, veía la luz al otro lado del canal de La Mancha el feminismo anglosajón, que debe su nacimiento a la obra de Mary Wollstonecraft. En su *Vindicación de los derechos de la mujer,* de 1792, la lúcida ensayista inglesa denunciaba el paralelismo existente entre el tiránico absolutismo de los reyes sobre la sociedad y el de los varones sobre el hogar. Tampoco permanecían pasivas las mujeres norteamericanas, cuyo nivel de alfabetización, sin duda favorecido por el énfasis en la lectura de la Biblia que ponían las sectas protestantes mayoritarias al otro lado del Atlántico, propició su rápida concienciación. La *Declaración de Seneca Falls,* el 19 de julio de 1848, puede considerarse el documento fundacional del feminismo norteamericano, y un notable hito en el camino hacia el progreso de la humanidad. En él, más allá de la obligada reivindicación del derecho al voto, se vislumbra una verdadera filosofía feminista de la historia, que la interpreta desde la óptica de la reivindicación de la igualdad, siempre negada en todos los ámbitos a la mujer. ¿Acaso es menos importante el derecho al trabajo o a la autonomía respecto a padres o maridos que el de depositar una papeleta en una urna?

Pero cuando, algo después, ya en 1869, el conocido filósofo inglés John Stuart Mill, quizá sensibilizado por su esposa, Harriet Taylor Mill, reivindicaba también el sufragio femenino, considerando, con no poca candidez, que bastaba con que las mujeres votaran para que quedaran eliminados los frenos que impedían su progreso efectivo, la lucha por conseguirlo, fuera o no ingenua, se convirtió en la meta fundamental del movimiento feminista durante décadas, al punto de que este y el sufragismo se identificaron en la práctica al menos hasta los años posteriores a la Segunda Guerra Mundial. Es la llamada «Segunda Ola» del feminismo.

Para entonces, las fuerzas impersonales de la historia habían empezado por fin a jugar en favor de las mujeres. Porque, en contra de lo que pueda suponerse, no fueron la progresiva concienciación de los hombres que detentaban el poder ni la creciente movilización de las propias mujeres los factores decisivos en la conquista del sufragio femenino, sino el creciente peso que fueron adquiriendo aquellas en la nueva economía nacida de la segunda revolución industrial, y, sobre todo, el gran salto que supuso su incorporación masiva al mundo laboral en los países beligerantes en la Primera Guerra Mundial.

En efecto, los gobiernos aliados, sometidos a las exigencias de una guerra total, decretaron una movilización masiva que condujo en muy poco tiempo a los frentes de combate a millones de varones en todo el mundo. Muchas fábricas quedaron desiertas: ¿quién, sino las mujeres, podía ocupar las plazas vacantes? ¿Y acaso podía negarse luego el derecho al voto a aquellas que con su esfuerzo habían contribuido de manera tan decisiva a la victoria final? Por supuesto, no se trató tan sólo de la mera constatación de esa evidencia; la movilización, pacífica en unos casos, violenta en otros, siguió siendo necesaria y alcanzó niveles nunca vistos con anterioridad. Pero, por fin, en el transcurso del inquieto e idealista período de Entreguerras, un país tras otro fue reconociendo a las mujeres el soñado derecho al voto. Entre los grandes estados democráticos occidentales, sólo Francia e Italia esperaron a 1945 para establecerlo así en sus constituciones, aunque otros, como la misma España, que lo había implantado en fecha tan temprana como 1931, lo perdieron y hubieron de reimplantarlo después.

Pero el sufragio no era todo. Su reconocimiento era una condición necesaria, pero no suficiente. ¿Bastaba, acaso, con reconocérselo a las mujeres para asegurar que desaparecerían de un plumazo las discriminaciones, legales o de otro tipo, que limitaban sus derechos y sus posibilidades efectivas de equipararse por completo a los varones? Da comienzo así la que suele denominarse «Tercera Ola» del feminismo, que, de la mano de autoras como Simone de Beauvoir o Betty Friedan, autora del elocuente libro titulado *La mística de la feminidad*, se embarca ya en una lucha global contra cualquier ley, institución, práctica o principio que actúe como mecanismo discriminador de las mujeres respecto a los varones. Bajo el lema «lo personal es político», nuevos temas van incorporándose a las preocupaciones del feminismo, desde la contracepción a los estereotipos sexuales, desde el aborto a la violencia de género, desde el reparto de roles en el hogar al invisible «techo de cristal» que, más allá de la ley, limita *de facto* el acceso de la mujer a puestos de responsabilidad en el mundo de la política o en el de la empresa.

El feminismo, por tanto, no es tan nuevo como muchos piensan, pero tampoco es pasado, como les interesa pensar a otros, y no sólo en los países emergentes o en el Tercer Mundo, sino en aquellas naciones que, como la nuestra, se proclaman estados sociales y democráticos de derecho. La verdadera igualdad entre hombres y mujeres, más allá de las leyes y las palabras, de las constituciones y del lenguaje de la corrección política, es aún una meta que la humanidad se encuentra lejos de haber alcanzado.

96

¿Qué fue la Guerra Fría?

La derrota final de los totalitarismos fascistas europeos había fortalecido en gran medida a un enemigo anterior y mucho más poderoso de las democracias que sólo la agresión hitleriana de 1941 había convertido en su aliado fortuito: la Unión Soviética. Las divisiones del Ejército Rojo habían liberado del dominio nazi y colocado bajo su control toda Europa al este de Berlín, la capital alemana, donde se habían encontrado con las tropas de las potencias democráticas en mayo de 1945. Se trataba de una oportunidad de exportar su régimen que Iósif Stalin, el líder soviético, no podía dejar pasar. Y no lo hizo. De manera más o menos sutil, impuso en los países ocupados gobiernos provisionales controlados por los partidos comunistas leales a Moscú y se aprestó a reconstruir en beneficio propio sus dislocadas economías. El acuerdo alcanzado en Yalta, cerca del mar Negro, en febrero de 1945 por el que los «tres grandes», el norteamericano Franklin D. Roosevelt, el británico Winston Churchill y el mismo Stalin, juraron preservar el derecho de los pueblos liberados de la ocupación nazi a expresarse sin cortapisas en unas elecciones democráticas era ya un papel mojado. Polonia, Rumanía, Hungría, Bulgaria y Albania se organizaron enseguida como «democracias populares» controladas por partidos comunistas estalinistas y satelizadas por la URSS. Con razón dijo Winston Churchill el 5 de marzo de 1946 que de Stettin, en el Báltico, a Trieste, en el Adriático, un «telón de acero» había caído sobre el continente.

¿Se conformaría con ello Stalin? Todo parecía indicar que no. En la Alemania ocupada por los aliados, la URSS no parecía dispuesta a facilitar la reunificación territorial del país si con ello caía en la órbita occidental. En Irán, que rusos, norteamericanos y británicos habían acordado evacuar, las tropas soviéticas fomentaron el espíritu separatista del norte del territorio con la esperanza de desgajarlo y convertirlo en un nuevo satélite soviético. Turquía estuvo a punto de perder Armenia en favor de la URSS. Y el resultado de los comicios griegos, que se habían saldado con el triunfo monárquico, no fue respetado por los comunistas, que llevaron al país a una guerra civil. Los mismos estados de Occidente empezaban a mostrar síntomas elocuentes. La pobreza y la desesperación eran tan grandes que un triunfo comunista parecía más probable que nunca. En Francia, las primeras elecciones hacían del PCF la fuerza más votada. Comunistas y socialistas juntos alcanzaban en Italia el cuarenta por ciento de los sufragios.

Harry S. Truman, el nuevo presidente norteamericano, no estaba, empero, dispuesto a perder Europa. Su célebre Doctrina Truman, formulada ante el Congreso el 12 de marzo de 1947, proclamaba el firme compromiso de su gobierno de prestar socorro a los que denominó «pueblos libres amenazados por la subversión comunista». De inmediato, los gobiernos de Grecia y Turquía recibieron cuatrocientos millones de dólares en concepto de ayuda económica. Poco después, en julio, veía la luz el Plan Marshall, que haría llover sobre Europa Occidental, entre 1948 y 1961, más de treinta mil millones de dólares en forma de donaciones y préstamos.

El ambiente empezó a caldearse. La Unión Soviética tildó el Plan de instrumento al servicio del imperialismo yanqui, cosa que en parte era, e impidió a sus satélites beneficiarse de él. Sólo Yugoslavia, dirigida por Josip Broz Tito, rechazó de plano las amenazas de Stalin y empezó a recibir ayuda. Checoslovaquia trató de hacerlo también, pero en febrero de 1948 un golpe de Estado daba el poder a los comunistas, que enseguida sacaron al país del Plan. Como respuesta, británicos, norteamericanos y franceses aceleraron la reunificación territorial de las zonas de Alemania occidental que todavía ocupaban sus ejércitos. Pero Stalin reaccionó con celeridad. En junio decretaba el bloqueo de Berlín, dividida también en cuatro distritos de ocupación pero situada en el centro de la zona bajo control soviético, que hubo de ser abastecida por aire durante más de un año. En 1949, el estratégico país centroeuropeo se rompía en dos. Al oeste, la denominada República Federal de Alemania

Un grupo de ciudadanos observa el aterrizaje de un C-54 norteamericano en el aeropuerto Tempelhof de Berlín en 1948. El bloqueo soviético de Berlín provocó uno de los primeros episodios de lo que se llamó la Guerra Fría.

sería una democracia capitalista; al este, la llamada República Democrática Alemana, contará con un régimen comunista a imagen de la URSS. ¿Qué estaba pasando? El 16 de abril de 1947, el consejero presidencial norteamericano Bernard Baruch había dicho en un discurso: «No nos engañemos: estamos inmersos en una guerra fría». Pero ¿en qué consistía este nuevo tipo de guerra del que nunca nadie antes había oído hablar?

Su principal rasgo era la ausencia de enfrentamiento bélico directo entre los dos rivales. Por lo demás, el conflicto poseía todos los rasgos propios de una guerra. Las grandes potencias se apresuraron a organizar a sus aliados e imponerles disciplina. En 1949, la llamada Organización del Tratado del Atlántico Norte, más conocida por su acrónimo OTAN, encuadraba en una alianza militar a las democracias capitalistas occidentales leales a los Estados Unidos; el Pacto de Varsovia, en 1955, hizo lo propio con los satélites de la Unión Soviética. Se iniciaba así sobre el tablero del mundo una tensa partida de ajedrez en la que jamás habrá un jaque al rey. Todas las armas eran legítimas excepto el ataque directo. La sólida definición de la ortodoxia ideológica y la represión de las posibles desviaciones; la ayuda económica pagada en términos de influencia política y militar; el apoyo a los bandos enfrentados en los incesantes conflictos que se suceden en Asia y África; el equilibrio entre arsenales atómicos suficientes para destruir el planeta; la propaganda, la subversión, el espionaje... se usaron, según el momento, para minar la cohesión y la influencia del enemigo y fortalecer las propias.

A veces, las reglas tácitas se rompen y parece inminente el estallido de una guerra abierta. Pero el riesgo de destrucción masiva a escala planetaria es tan alto que resulta entonces necesario sentarse a negociar. Tras la guerra de Corea, en 1953, Nikita Kruschev, heredero de Stalin, y Dwight D. Eisenhower, que sucede a Truman, parecen aproximar posiciones. Es un espejismo. La nacionalización egipcia del canal de Suez y la violenta interrupción de la revolución húngara por la invasión soviética del país, en 1956, frustran de nuevo los intentos de coexistencia pacífica. Pero el ambiente vuelve a relajarse con el ascenso a la presidencia norteamericana del demócrata John F. Kennedy. En 1962, la tensión provocada por la instalación de misiles soviéticos en la Cuba de Fidel Castro hace que el mundo aguante la respiración, pero, una vez más, el diálogo aleja el fantasma del holocausto nuclear. Sólo el inicio poco después de la prolongada guerra de Vietnam impide nuevas aproximaciones entre los bloques hasta su conclusión, en 1975.

97

¿Y QUIÉN LA GANÓ?

La Conferencia de Helsinki de 1975 parecía marcar el final de una lucha entre bloques que se había prolongado durante tres décadas de insoportable tensión en las que el mundo se había encontrado más de una vez al borde del holocausto nuclear. Su razón de ser era precisamente esa: abrir camino a las negociaciones para la limitación del peligroso armamento atómico que ambos bloques atesoraban en cantidad suficiente para asegurar varias veces la destrucción total del planeta. El demócrata Jimmy Carter, presidente norteamericano, y Leonid Breznev, el dirigente soviético, parecen por fin abiertos a un diálogo sincero.

Pero se trataba de una nueva y frustrante alucinación. La invasión soviética de Afganistán, en 1979, y la llegada a la Casa Blanca del republicano y fanático anticomunista Ronald Reagan, un año después, inauguraban una segunda etapa de la Guerra Fría que sólo concluía, una década más tarde, cuando la exhausta Unión Soviética presenciaba, impotente, la ruina de su hegemonía en el este de Europa.

La Revolución de 1989 constituyó el reverso histórico de los triunfos comunistas de 1945. La hoz y el martillo se batieron en retirada en todo el continente. Derribado el muro de Berlín, Alemania volvía a ser un solo estado. Incluso China, donde la revolución dirigida por Mao Zedong había implantado en 1949 un régimen comunista, sacrificaba la rígida ortodoxia leninista en aras del desarrollo económico. En 1991, la propia URSS renunciaba al comunismo y, sin un gobierno totalitario que las mantuviera unidas entre sí por la fuerza, las diecisiete repúblicas que la integraban proclamaban de inmediato su independencia. La llamada Comunidad de Estados Independientes que había querido servir de heredera de la fenecida URSS es, en su mismo nombre, toda una declaración de impotencia. La Guerra Fría había acabado. Sólo quedaba una superpotencia: los Estados Unidos de América.

Parecía, pues, que el largo conflicto había tenido un claro vencedor. Sin embargo, el rotundo triunfo del capitalismo que encarnaba mejor que nadie el coloso norteamericano –antes que de la democracia, pues no todos los aliados de los Estados Unidos lo eran– no había sido completo y tampoco sería del todo duradero.

Durante el conflicto, las democracias capitalistas habían recibido una notable influencia de los postulados soviéticos. Por supuesto, en un sentido escrupuloso, sólo sectores muy limitados de la intelectualidad y la clase política occidentales habían abrazado en algún momento sin matices el comunismo predicado por la Unión Soviética, y se trataba de sectores cada

Manifestación del 4 de noviembre de 1989 en la célebre Alexanderplatz de Berlín, en la que el pueblo de la RDA exigió a su gobierno reformas políticas profundas. Seis días después, los berlineses empezaban a derribar el muro que separaba en dos mitades la antigua capital de Alemania.
Archivo Federal Alemán, 183-1989-1104-437.

vez más minoritarios en los años finales del siglo XX. Pero en un sentido amplio, después de la Segunda Guerra Mundial las políticas preferidas por la mayoría de los gobiernos europeos recogían algunos elementos ajenos al capitalismo, al menos tal como había sido concebido este de manera tradicional. Y el miedo al comunismo había sido, al menos en buena medida, la razón del éxito más o menos duradero de las políticas que los implantaron. Aunque la URSS acabó perdiendo con claridad la Guerra Fría, resultaría difícil creer que la historia de las democracias occidentales habría sido idéntica de no haber existido Moscú y sus aliados.

¿Cuáles eran estos elementos? Es obvio que el primero de ellos, y el más evidente, fue el sistema de protección social financiado con fondos públicos, que solía incluir seguros de accidentes, vejez o desempleo. Aunque, por supuesto, había comenzado a introducirse en las últimas décadas del siglo XIX en países como la Alemania del canciller Bismarck y el Reino Unido, los propios Estados Unidos habían tardado mucho en introducir mecanismos de protección de ese tipo, que sólo se generalizaron por completo después de 1945.

Pero la intervención estatal no se limitó a la introducción de mecanismos de protección social, sino que pronto puso de manifiesto una decidida vocación intervencionista en la propia actividad económica, un rasgo típico, *mutatis mutandi*, de las economías de planificación central del bloque soviético. Después de 1945, los gobiernos europeos comenzaron a usar masivamente el gasto público como herramienta indirecta para potenciar el desarrollo de aquellos sectores industriales a los que, como sucedía en plena Guerra Fría con la industria de defensa, atribuían un carácter estratégico. Pero fue el papel del Estado como productor directo de bienes y servicios el que experimentó por entonces un gran auge al embarcarse algunos gobiernos en una intensa política de nacionalizaciones que abarcó sectores tan diversos como la defensa, la siderurgia y la minería, los ferrocarriles o las líneas aéreas. En el caso más extremo, protagonizado por los gobiernos laboristas del Reino Unido, el Estado llegó a suponer por sí solo en la década de 1960 cerca de la mitad del Producto Interior Bruto del país. En cualquier caso, el fenómeno fue tan intenso y generalizado que mereció que se acuñara una nueva expresión para referirse a los sistemas capitalistas con fuerte participación estatal, a los que algún economista quizá no del todo bienintencionado propuso denominar «economías mixtas». Si había que exorcizar el fantasma de la revolución, estaba claro que la forma más inteligente de hacerlo era la reforma.

98

¿Por qué quieren unirse los europeos?

Mientras los dos nuevos amos del planeta se alzaban orgullosos sobre sus imperios sin nombre, Europa se mostraba al mundo como la reliquia decadente de un pasado glorioso. Hacia 1939, mientras la Segunda Guerra Mundial daba sus primeros pasos, aquel continente orgulloso que aún gobernaba la mitad de la Tierra podía seguir pensando que conservaba la primacía. Pero se trataba de un triste espejismo que el fin del conflicto no tardaría en desvanecer. La Europa de 1945 sólo podía soñar con la supervivencia.

Sobre sus tierras otra vez arrasadas por una guerra feroz se proyectaban las alargadas sombras de los dos gigantes que parecían prestos a seguir usándolas como campo de batalla, pero los estados europeos no eran en el nuevo combate sino patéticos convidados de piedra. La era de Europa ya había pasado. En el reloj de la historia sonaba la hora de las superpotencias a escala planetaria, y ningún país de aquel continente envejecido y falto de energías podía aspirar a ese rango.

Para frenar el proceso sólo existía una solución razonable: la unidad. No era un disparate. Los estados europeos, tan distintos en tantas cosas, compartían, no obstante, la misma civilización de raíces griegas, latinas, cristianas y germanas. La idea de la unificación no era nueva. El mismo Napoleón había afirmado que Europa era una sola nación y toda guerra entre europeos una guerra civil. Después de la Gran Guerra, el concepto volvió a ponerse de moda. Un diplomático austriaco, el conde Richard Nikolaus de Coudenhove-Kalergi, fundó en 1923 un movimiento al que denominó «Pan-Europa». Seis años después, el primer ministro francés Aristide Briand defendía ante la Sociedad de las Naciones la idea de una federación de naciones europeas basada en la cooperación política y social. Pero la crisis vuelve recelosos a los gobiernos, que se repliegan sobre sí mismos, y la guerra hace luego que todo se olvide por un tiempo. Es ahora, en 1945, cuando la evidencia del declinar de Europa hace inevitable la reacción. Winston Churchill, con su característica agudeza, lo proclama así en septiembre de 1946 en un célebre discurso pronunciado en la Universidad suiza de Zúrich. «Debemos construir –dice– una especie de Estados Unidos de Europa».

Pero ¿qué camino seguir? Las opciones eran diversas. La más obvia era la integración política, pero la Conferencia de La Haya, en mayo de 1948, mostró cegado ese camino, al menos mientras no se resolviera la radical discrepancia entre federalistas y confederalistas. Otra opción pasaba por la firma de una alianza militar permanente como instrumento para preservar la independencia de Europa frente a los bloques nacientes. Pero la «Unión Europea Occidental», fundada en ese mismo año, pasó enseguida a segundo plano ante la creación de la OTAN, tutelada por los Estados Unidos. Quedaba, pues, despejada tan sólo la vía más

Firma del Tratado de Roma, 25 de marzo de 1957. Comenzaba su andadura la entonces llamada Comunidad Económica Europea.

modesta, la más lenta, la que apostaba por la integración económica progresiva como paso previo a la integración política. Fue este camino el que se siguió al fin y el que, con el tiempo, demostró ser el más acertado.

La opción elegida se benefició en un primer momento de la sensatez de personajes como los políticos franceses Jean Monnet y Robert Schuman, que propusieron una integración gradual a partir de un único sector estratégico al que se irían agregando más tarde los demás. La creación de la Comunidad Económica del Carbón y del Acero (CECA), en 1951, marcó, así, el primer hito en el camino de la unificación económica. El proceso se nutrió también de factores externos, como los organismos creados por el Plan Marshall para administrar las ayudas. Las miras de aquellos perspicaces pioneros eran muy ambiciosas, y el ritmo de la integración hubo luego de ralentizarse, pero el camino estaba trazado. El 25 de marzo de 1957, el Tratado de Roma, por el que se creaba la Comunidad Económica Europea, obligaba a Francia, Alemania, Italia, Luxemburgo, Bélgica y los Países Bajos a trabajar por la integración económica como vía hacia la integración política.

Las décadas siguientes mostrarían la enormidad del reto. Europa era en 1960 muy diversa, no sólo en lo cultural y lo político, sino incluso en lo económico, pues las diferencias de renta entre los distintos estados eran muy grandes. No lo eran menos las distancias en cuanto a sentimiento. Alemanes y franceses podían sentirse muy europeos, pero los británicos, siempre vueltos hacia sus hermanos del otro lado del océano, miraban con recelo las iniciativas que venían del continente, y sólo se integraron en la CEE, en 1973, cuando comprendieron que se trataba de la mejor opción. Las crisis económicas, por otra parte, ponían de tanto en tanto a prueba la firmeza de la voluntad integradora: ¿se mostrarían los países más ricos proclives a prestar ayuda a los menos opulentos con preferencia sobre las necesidades de sus propios ciudadanos golpeados por el paro y la inflación? No menos relevante era el ritmo y la dirección de las futuras ampliaciones: ¿habría de darse prioridad a la incorporación de nuevos miembros o a la integración política de los existentes? ¿Qué países debían ser admitidos antes? ¿Cuáles serían los límites de la futura Europa una vez implantada la democracia liberal en los estados de la órbita soviética?

Todas estas cuestiones han conservado su vigencia a lo largo de medio siglo de unificación, y algunas de ellas aún lo hacen en la actual Unión Europea de veintiocho miembros. En realidad, hasta hace unos meses parecía que, con la excepción de las fuerzas radicales de uno u otro extremo del espectro político, ningún partido se plantea otra alternativa. La salida de la Unión del Reino Unido, aprobada en referéndum por su ciudadanía en junio de 2016, en el caso de convertirse en realidad, quizá obligue a los dirigentes europeos a replantearse los parámetros y los objetivos de la Unión. Pero esto no cambia en nada el dato esencial: el futuro de Europa pasa por afirmar su unidad, o, simplemente, no tendrá futuro.

99

¿DE VERDAD HA LLEGADO EL FIN DE LA HISTORIA?

Los años noventa del siglo XX no sólo certificaron la victoria de los Estados Unidos y sus aliados en su conflicto de cuatro décadas contra la URSS y sus satélites. Significaron también el triunfo definitivo del orden burgués, capitalista y liberal que había comenzado a desarrollarse en la plenitud del Medievo, mil años antes. Y, en fin, levantaron acta del éxito de Occidente, triunfante sobre el comunismo soviético, la última amenaza de alguna entidad que se había erigido contra la civilización que encarnaba. A punto de cruzar la frontera del milenio, hubo quienes, como el politólogo norteamericano de origen japonés Francis Fukuyama, autor de una obra con ese título, afirmaron que todo aquello significaba, sin más, el fin de la historia.

Pero la audaz, superficial y no poco oportunista tesis de Fukuyama no sólo resultaba cuando menos sospechosa por su descarada afinidad con los principios rectores de la política exterior norteamericana del momento, de evidente cuño neoconservador, sino que pasaba del todo por alto un detalle no precisamente despreciable. Era cierto que Occidente había superado con éxito el poderoso reto que había lanzado contra él el comunismo. Pero el gran problema del subdesarrollo, que compromete el futuro de muchos pueblos africanos y asiáticos, escollo terrible en el camino colectivo de la humanidad hacia la libertad, la justicia, el progreso y la paz, continuaba sin resolverse. ¿Cómo podía levantarse acta del fin de la historia cuando la cuestión de mayor relevancia de la historia, incluso entendida desde una perspectiva tan reduccionista como la que adopta Fukuyama, seguía y sigue estando ahí, aunque nos convenga hacer como si no existiera, recordándonos nuestra impotencia para resolverla?

Además, suponer que todos los pueblos de la tierra, a poco que esté a su alcance, abrazarán con entusiasmo los valores propios de la civilización occidental como si fueran la verdad revelada es, cuando menos, pecar de inconsciencia. No puede negarse que Occidente aparenta ser, en estos momentos, la civilización de mayor éxito del planeta. Los derechos de los individuos, hombres y mujeres, garantizados por ley; la democracia parlamentaria, la propiedad privada y la libertad de mercado, y la clara separación entre la dimensión religiosa y la política, principales señas de identidad del mundo occidental, constituyen el modelo en el que se miran los pueblos del mundo, tal como desearon de manera consciente las potencias vencedoras en 1945.

La extensión de la sociedad de consumo y, a través de ella, de los valores occidentales; la influencia económica y, si es necesario, la intervención militar directa se han venido usando con el fin de que así fuera desde el término de la Segunda Guerra Mundial, al menos donde las naciones occidentales, en especial los Estados Unidos, han podido hacerlo. Los derechos humanos, el libre mercado, la democracia y la secularización siguen ganando terreno hoy en Asia oriental y meridional, en la Europa del este, en Iberoamérica e incluso, con mayores dificultades, entre las naciones africanas. Y, en fin, millones de seres humanos, año tras año, arriesgan sus vidas animados por la esperanza de encontrar en Occidente la libertad y el bienestar que no les ofrecen sus países de origen, y, en su mayoría, terminan por abrazar los valores de la tierra que los acoge. Las fuerzas de la modernidad, al menos la modernidad occidental, son poderosas y continúan avanzando.

Los últimos años, sin embargo, han demostrado que el triunfo de la democracia parlamentaria y el capitalismo está resultando un poco más problemático de lo que se preveía. La integración en los países receptores de muchos inmigrantes pertenecientes a determinadas culturas resulta más trabajosa de lo que a veces se piensa. Además, en numerosas ciudades occidentales, inmigración no equivale tanto a integración y prosperidad como a exclusión y miseria. Los recién llegados, muchos de los que llevan ya décadas en el país de acogida, e incluso buena parte de los que han nacido en él, en especial si se trata de mujeres, permanecen apartados de las ventajas que las democracias occidentales garantizan a sus ciudadanos y ciudadanas; se refugian en sus valores y tradiciones, y, en ocasiones, incluso reaccionan con notable violencia contra la sociedad que parece rechazarlos.

Pero más elocuente es lo que sucede en los propios países de origen de los inmigrantes. Algunas naciones, entre ellas la populosa China, en la que habitan uno de cada cinco seres humanos, impugnan sin dudar la sedicente universalidad de los valores occidentales, sin excluir siquiera de su rechazo la democracia y los derechos humanos, y tratan de igualar tan sólo su desarrollo económico y su progreso técnico. Otros estados, como Rusia, que alberga alrededor de ciento cuarenta y cinco millones de personas, y la práctica totalidad de las naciones africanas, parecen afrontar notorios problemas para alcanzar la modernidad, aun deseándola en todas sus dimensiones.

Pero el problema más grave parece provenir del mundo musulmán. La última década ha presenciado no sólo terribles atentados consumados por fanáticos terroristas dispuestos a inmolarse, sino la aparición de poderosas organizaciones capaces incluso de tomar el control de regiones enteras, frente a las cuales la moderna tecnología bélica occidental parece impotente. Pero la cuestión fundamental no es sólo cómo derrotar al terrorismo; lo verdaderamente crucial es dilucidar si la civilización islámica puede evolucionar hacia un estadio en el que se concilien la modernidad y el mahometismo.

Uno de los rasgos básicos de la cultura occidental y, por ende, de la modernidad, es la nítida separación entre religión y política. En un régimen democrático el Estado no tiene, ni puede tener, confesión religiosa alguna, ni abrazar una ética concreta más allá del compromiso genérico con la preservación de los derechos humanos fundamentales, entre los que ocupa un lugar destacado el de elegir y practicar una religión y una moral determinadas. Pero para el islam resulta impensable un Estado neutro en materia moral y religiosa, pues no concibe dimensión alguna del ser humano ajena a la religión. Por ello, los países musulmanes devienen impermeables en muy alto grado al materialismo, el hedonismo y el relativismo moral que acompañan por doquier a la modernidad, incluso cuando, por efecto de la exportación de petróleo, sus sociedades han alcanzado un importante nivel de riqueza, pero también, y parece que en no menor medida, a la democracia y las libertades individuales. Quizá por ello sus países generan el mayor número de fanáticos terroristas dispuestos al martirio para atentar contra Occidente, que consideran la diabólica encarnación de todo mal. Si existe un argumento sólido en contra de la convicción de que el mundo entero avanza hacia la comunión universal con la visión de las cosas propia de la civilización occidental, es la contumacia con que las sociedades islámicas se aferran a sus señas colectivas de identidad.

El pasado reciente, y quizá también el inmediato futuro, aparecen así definidos ante nuestros ojos con unos perfiles más semejantes a lo que el célebre politólogo de la Universidad de Harvard Samuel P. Huntington denominó en 1996 «choque de civilizaciones» que a la victoria sin matices del Occidente que profetizara Francis Fukuyama en su popular ensayo. Así entendido, el fin de la historia, si alguna vez se produce, estaría, desde luego, muy lejano, a no ser, claro está, que el planeta que habitamos alcance sus límites antes de que hayamos descubierto la manera de abandonarlo. Pero en ese caso el fin de la historia sería el fin de la humanidad.

100

¿SE APROXIMA EL FIN DE LA HUMANIDAD?

Se trata en nuestros días de una pregunta recurrente que podría formularse del siguiente modo: si la población humana, y con ella su consumo de bienes y servicios, continúan acrecentándose de forma indefinida al ritmo que ahora lo hacen, ¿se agotarán los recursos del planeta y con ellos toda posibilidad de asegurar la sostenibilidad de nuestro desarrollo y su extensión a la humanidad entera?

El presente no invita al optimismo. Los grandes países emergentes, en especial China y la India, aumentan su PIB a una cadencia acelerada y constante. En el momento en que alcancen un nivel de desarrollo equiparable al de las actuales naciones avanzadas de Occidente, algo que sucederá pronto, se hará muy acuciante el problema de la creciente escasez de alimentos, materias primas y otros recursos naturales.

Es cierto que la convergencia en los niveles de renta de los distintos países se inició ya en los años posteriores a la Segunda Guerra Mundial. En un primer momento, en las décadas de 1950 y 1960, las naciones de Europa Occidental y Japón, devastadas por la guerra, convergieron con Estados Unidos. Les siguieron, entre 1960 y 1980, los llamados «Tigres Asiáticos», es decir, Hong Kong, Corea del Sur, Tailandia, Taiwán y Singapur. Y algo más tarde, en el último cuarto del siglo XX, empezaron también a hacerlo los grandes estados de Asia y algunos de otros continentes, como Brasil, Rusia y México.

El problema empezó a plantearse entonces. China y la India, por sí solas, suponen más de un tercio de la población mundial. El Fondo Monetario Internacional (FMI) ha calculado que en sólo cinco años, entre 2005 y 2010, la participación de los países avanzados en el Producto Interior Bruto mundial ha caído del sesenta y tres al cincuenta y tres por ciento, y lo ha hecho ya por debajo del cincuenta por ciento en 2013. China, la principal responsable de esta pérdida de peso específico de las economías occidentales, midiendo su PIB a paridad de poder adquisitivo, es ya en la actualidad la primera economía del planeta, por delante de los Estados Unidos, mientras la India, por su parte, ha escalado hasta el tercer puesto por

El mar de Aral en la actualidad. Como puede advertirse, el antiguo lecho marino se ha convertido en un desierto salino carente de vida tras reducirse la antigua masa de agua a un cuarto de su extensión original.

delante de Japón. Si el proceso sigue acelerándose y nuevas naciones se incorporan a él, un porcentaje muy alto de la humanidad podría disfrutar de un nivel de renta semejante al de los países avanzados en dos o tres décadas.

¿Qué consecuencias tendrán semejantes cambios para el conjunto de la humanidad? Es difícil de asegurar, pero podemos anticipar algunas cosas. El consumo de energía se disparará. El FMI ha calculado que la demanda energética mundial será un cincuenta por ciento superior a la actual en 2035, pero otras predicciones son menos optimistas y hablan de un incremento a medio plazo del trescientos por ciento. Si esto sucede, los combustibles fósiles se agotarán con rapidez o se harán tan escasos que sus precios se tornarán por completo inalcanzables para muchos estados, llevando cerca del colapso la economía mundial. Pero peores serán las consecuencias sobre la demanda de alimentos. El precio de los bienes de primera necesidad se incrementará de tal modo que la presión sobre las tierras cultivables llevará a su agotamiento en muchas regiones, lo que probablemente acarree terribles hambrunas en buena parte del planeta. Algo semejante sucedería con las materias primas y los recursos minerales de uso industrial.

El impacto geopolítico de esta carestía generalizada de alimentos, materias primas y fuentes de energía sin duda será terrible. Algunos países se desestabilizarán hasta el punto de convertirse en estados fallidos, como la Somalia de la primera década del siglo XXI, y el poder y las armas acabarán en las manos de señores de la guerra semejantes a los del actual Afganistán, que explotarán sin escrúpulos a la población civil, condenándola a la miseria y el hambre. Las guerras civiles por el control de las materias primas y fuentes de energía locales multiplicarán su número, drenando un porcentaje creciente de los escasos recursos para financiar la compra de armas, cuyo mercado negro crecerá sin cesar. Ingentes oleadas de inmigrantes huidos de la miseria y la violencia llamarán con fuerza a las puertas de los países que logren conservar un mínimo de estabilidad y estos, plegándose a los insistentes requerimientos de su población, cerrarán por completo sus fronteras. La cooperación internacional y la libertad de comercio dejarán enseguida paso al proteccionismo y a los enfrentamientos por el control de las fuentes de energía, las materias primas y los yacimientos de minerales. Las últimas tierras vírgenes del planeta, en la Antártida y el Ártico, sufrirán una cruel depredación de sus recursos naturales, al igual que los océanos y la atmósfera. Y, en el peor de los casos, un conflicto a escala global, quizá con empleo de armamento nuclear, químico y bacteriológico, entre vastas alianzas militares de dimensión planetaria dirigidas tal vez por Estados Unidos y China, pondrá el punto final maltusiano, reequilibrando una vez más la población del planeta y sus recursos naturales, a una larga era de hambrunas, pandemias, guerras y muerte. La prosperidad iniciada en los países de Occidente a comienzos del siglo XIX, y que parecía al alcance de una buena parte de los hombres y mujeres del planeta en las primeras décadas del siglo XXI, no habrá sido sino un fugaz sueño que enseguida devolverá a la humanidad a un triste destino del que no habrá sido capaz de escapar.

¿Existe alguna alternativa a esta versión moderna de los cuatro jinetes del Apocalipsis? El pasado parece sugerir que sí. La humanidad ha logrado ya en otras ocasiones salir de situaciones parecidas. Lo hizo diez mil años antes de nuestra era, cuando el cambio climático y la presión demográfica la forzaron a dejar la economía depredadora para convertirse en agricultora y ganadera. Y volvió a hacerlo a comienzos del siglo XIX, cuando la Revolución Industrial nos liberó al fin de la trampa maltusiana y, después de algunos duros sacrificios iniciales, se inició una larga era de progresiva prosperidad y libertad creciente. La solución ha sido siempre la misma: la tecnología. Pero ¿qué tecnología? Las renovables no resultan, hoy por hoy, suficientes para proporcionar la cantidad de energía que requeriría un planeta con un consumo per cápita muy superior al actual. La fusión fría, que sí lo sería, no parece que vaya a estar disponible en unas décadas, y cuando lo esté quizá sea ya tarde. En cuanto a los alimentos, podríamos obtenerlos del fondo de los océanos o quizá elaborarlos a partir de nutrientes sintéticos. Pero ¿de dónde extraeríamos el hierro, el cobre, el aluminio y muchos otros metales que, hoy por hoy, requiere nuestra industria? Los plásticos, agotadas las reservas de petróleo, no serían ya una alternativa. Si en el futuro seremos capaces de producir materiales sintéticos resistentes y duraderos, es algo que, como es lógico, no podemos saber aún. En todo caso, más pronto o más tarde, esta isla en medio de la vastedad del océano cósmico que es nuestro planeta alcanzará sus límites. Y cuando ese instante llegue, sólo se encontrarán a nuestra disposición dos alternativas: reducir a un tiempo la población y el consumo de la humanidad o, si disponemos ya de la tecnología necesaria, cruzar el espacio, como antes lo hemos hecho con los mares de nuestro planeta, y buscar más allá de su oscuridad la luz que ilumine nuestro destino como especie.

BIBLIOGRAFÍA

A continuación, me permito sugerirles algunas obras de historia de carácter general cuya lectura puede resultarles interesante para completar o ampliar los conocimientos adquiridos. Se trata de obras muy distintas, más literarias unas, más eruditas otras, pero todas ellas excelentes y muy recomendables tanto para seguir iniciándose en la historia como para disfrutar de ella cuando se lleva ya tiempo transitando por sus siempre sugerentes caminos.

AYDON, Cyril. *Historia del hombre.* Barcelona: Planeta, 2009 (Ed. Or. 2007). Una historia general de la humanidad escrita con un estilo dinámico y sencillo que logra enganchar al lector desde las primeras páginas. Desde la Prehistoria hasta el más cercano presente.

BERNSTEIN, William J. *Un intercambio espléndido. Cómo el comercio modeló el mundo desde Sumeria hasta hoy.* Barcelona: Ariel, 2010 (Ed. Or. 2008). Hermosa obra que narra la historia del comercio desde sus orígenes en la antigua Mesopotamia hasta la globalización actual, desde el presupuesto de que la tendencia al intercambio es innata en el individuo y a ella se debe en buena medida el progreso de la humanidad.

BLAINEY, Geoffrey. *Una brevísima historia del mundo*. Barcelona: Península, 2007 (Ed. Or. 2000). Versión abreviada de una obra anterior más extensa de este historiador australiano que constituye una de las síntesis más seductoras de las aparecidas en los últimos años, pues en ella se presta atención a lo cotidiano y a lo excepcional, a la vida de los humildes y a la de los reyes, en un fresco que abarca la historia de la humanidad desde sus orígenes africanos hasta el presente.

CAMERON, Rondo. *Historia económica mundial. Desde el Paleolítico hasta el presente*. Madrid: Alianza Editorial, 2015 (Ed. Or. 1989). Magnífica síntesis de la evolución económica de la humanidad que no requiere conocimientos previos de teoría económica. Especialmente útil para el período de la Revolución Industrial, la especialidad del autor, que analiza desde una perspectiva global y nada eurocéntrica.

CARPENTIER, Jean y LEBRUN, Jacques. *Breve historia de Europa*. Madrid: Alianza Editorial, 2014 (Ed. Or. 2004). Libro denso y completo que prima los procesos sobre los hechos. Inicia cada capítulo con una breve síntesis y lo complementa con material gráfico y numerosos documentos escritos extraídos de fuentes primarias. Al final de la obra, un apéndice de mapas, tablas y gráficos, un glosario de términos específicos y una breve cronología ponen el colofón a este libro de gran utilidad para alcanzar un conocimiento básico de la historia de Europa.

CHRISTIAN, David. *Mapas del Tiempo. Introducción a la «Gran Historia»*. Barcelona: Crítica, 2010 (Ed. Or. 2004). Libro peculiar que trata de unir la historia natural y la humana en una sola y única peripecia que comienza con el *Big Bang* y continúa con los principales hitos de la evolución del planeta y de la especie, desde la explosión cámbrica a la Revolución Industrial, pasando por el desarrollo de la agricultura y la globalización.

COMÍN, Francisco. *Historia económica mundial. De los orígenes a la actualidad*. Madrid: Alianza Editorial, 2011. Denso manual de historia económica de gran utilidad y muy sugerente por las reflexiones sobre el futuro inmediato con las que nos deleita su autor al final de sus ochocientas páginas.

CROUZET, Maurice. *Historia general de las civilizaciones*. Barcelona: Destino, 1981 (Ed. Or. 1958). Clásico aún no superado que describe y explica la historia desde la perspectiva global e integradora del concepto de civilización, en el que lo económico, lo social, lo político y lo cultural se unen para comprender los principales procesos del devenir humano.

DIAMOND, Jared. *Armas, gérmenes y acero*. Madrid: Debate, 2004 (Ed. Or. 1997). Recorrido nada eurocéntrico por los grandes procesos de la historia que da comienzo hace trece mil años, con la aparición de la agricultura, y se despliega en una notable variedad de sociedades que se enfrentan entre sí con distintos grados de éxito en el marco del progreso general de la humanidad.

GARCÍA HERRÁN, David. *Historia Universal. XXI capítulos fundamentales*. Madrid: Sílex, 2013. Síntesis actualizada, ágil y bien documentada de los procesos y acontecimientos más destacados de la historia humana, desde una perspectiva no eurocéntrica y globalizadora que integra las dimensiones económica, social, política y cultural del pasado.

HARARI, Yubal Norari. *De animales a dioses. Breve historia de la humanidad*. Barcelona: Debate, 2014. Como su título indica, la obra traza un completo recorrido de la historia humana que trata de dar respuesta a los grandes interrogantes que plantea su desarrollo, integrando en ella perspectivas tan distintas como las que aportan la biología, la antropología o la economía.

ÍÑIGO FERNÁNDEZ, Luis E. *Breve historia del mundo*. Madrid: Nowtilus, 2011 (dos reediciones en 2015). En la misma línea que la anterior, amplia la perspectiva al conjunto de la humanidad. Realmente breve, no incluye mapas conceptuales, pero sí ilustraciones que sirven de apoyo a un texto de gran belleza literaria y claridad expositiva.

NASH, Mary. *Mujeres en el mundo: historia, retos y movimientos*. Madrid: Alianza Editorial, 2012 (Ed. Or. 2005). Magnífica introducción a la historia de las mujeres y del feminismo. Esta segunda edición ampliada incluye un capítulo sobre los temas que se han convertido en candentes en los últimos años, como la violencia de género y el cuidado, así como acerca de la participación de las mujeres en los fenómenos históricos más recientes, como la Primavera Árabe o la lucha por la protección del medio ambiente.

POUNDS, Norman J. G. *La vida cotidiana. Historia de la cultura material*. Barcelona: Crítica, 1999 (Ed. Or. 1989). Libro denso y completo que dibuja un vívido fresco de la vida de los humildes a lo largo del tiempo a partir de elementos como las herramientas, la vivienda o el vestido. Profusamente ilustrado con fotos y representaciones gráficas que proporcionan un excelente apoyo al texto.

ROBERTS, John Morris. *Historia del mundo*. Madrid: Debate, 2010 (Ed. Or. 2002). Esta obra del historiador británico es quizá la más exhaustiva disponible en el mercado en un solo volumen, aunque sea de casi mil trescientas páginas. Los principales hechos y procesos de la historia desde la aparición del *Homo sapiens* hasta el 11-S son tratados con exhaustividad en un lenguaje claro y elegante.

TOUCHARD, Jean. *Historia de las ideas políticas*. Madrid: Tecnos, 2006 (Ed. Or. 1961). Obra clásica que junto a la de George Sabine se ha convertido en el manual introductorio por excelencia a la historia de la teoría política.

WATSON, Peter. *Ideas. Historia intelectual de la humanidad* Barcelona: Crítica, 2010 (Ed. Or. 2005). Obra reciente y muy voluminosa que no se limita a la teoría política como el anterior, sino que aborda la evolución de las ideas entendidas en un sentido muy amplio, incluyendo en ellas las que se hayan presentes en el lenguaje primitivo, la cocina o la familia, y valorando su impacto sobre la vida cotidiana.

ZELDIN, Theodore. *Historia íntima de la humanidad*. Barcelona: Plataforma Editorial, 2014. Recorrido muy original, profundo y enriquecedor por algunas de las cuestiones presentes en todas las sociedades humanas desde el comienzo de su historia: la libertad, el sexo, la alimentación, el placer, la soledad, el poder.

www.ingramcontent.com/pod-product-compliance
Lightning Source LLC
Chambersburg PA
CBHW070734170426
43200CB00007B/525